算法交易
制胜策略与原理
|珍藏版|

ALGORITHMIC
TRADING
Winning Strategies and
Their Rationale

[美] 欧内斯特·陈（Ernest P. Chan） 著
高闻酉 黄蕊 译

机械工业出版社
CHINA MACHINE PRESS

本书是一本引人入胜、信息量大、覆盖各类交易策略的图书。无论个人投资者，还是机构投资者，都可以借鉴和使用其中的策略。本书详细介绍了多种交易制胜策略，包括均值回归、动量等不同类型，清晰阐述了算法交易的原理及背后逻辑。它涵盖从策略设计到实施的关键环节，通过大量实例和数学、软件知识，展现如何构建简单且有效的线性策略。无论是交易新手还是有经验的从业者，都能从中获取实用知识，提升对算法交易的理解与运用能力，掌握在市场中获利的诀窍。

Ernest P. Chan. Algorithmic Trading：Winning Strategies and Their Rationale.

ISBN 978-1-118-46014-6

Copyright © 2013 by Ernest P. Chan.

This translation published under license. Authorized translation from the English language edition, Published by John Wiley & Sons. Simplified Chinese translation copyright © 2025 by China Machine Press.

No part of this book may be reproduced or transmitted in any form or by any means, electronic or mechanical, including photocopying, recording or any information storage and retrieval system, without permission, in writing, from the publisher. Copies of this book sold without a Wiley sticker on the cover are unauthorized and illegal.

All rights reserved.

本书中文简体字版由 John Wiley & Sons 公司授权机械工业出版社在全球独家出版发行。未经出版者书面许可，不得以任何方式抄袭、复制或节录本书中的任何部分。

本书封底贴有 John Wiley & Sons 公司防伪标签，无标签者不得销售。

北京市版权局著作权合同登记　图字：01-2013-8068 号。

图书在版编目（CIP）数据

算法交易：制胜策略与原理：珍藏版 /（美）欧内斯特·陈（Ernest P. Chan）著；高闻酉，黄蕊译. -- 北京：机械工业出版社，2025. 3. -- ISBN 978-7-111-78066-3

I. F830.9

中国国家版本馆 CIP 数据核字第 20259J0G74 号

机械工业出版社（北京市百万庄大街 22 号　邮政编码 100037）

策划编辑：顾　煦　　　　　　　　责任编辑：顾　煦　牛汉原

责任校对：王文凭　李可意　景　飞　责任印制：张　博

北京铭成印刷有限公司印刷

2025 年 6 月第 1 版第 1 次印刷

170mm×230mm・19 印张・1 插页・199 千字

标准书号：ISBN 978-7-111-78066-3

定价：99.00 元

电话服务　　　　　　　　　　网络服务

客服电话：010-88361066　　　机　工　官　网：www.cmpbook.com

　　　　　010-88379833　　　机　工　官　博：weibo.com/cmp1952

　　　　　010-68326294　　　金　书　网：www.golden-book.com

封底无防伪标均为盗版　　　　机工教育服务网：www.cmpedu.com

献给我的父母、叶锦鸿、程,
　　还有我的搭档——本。

| 前 言 |

本书所涉及的是一个适用于散户和机构交易者的、实用型的交易算法及相关策略，但它并不是一个在金融理论方面的学术专著。相反，我希望向读者呈现过去几十年里一些最有用的金融研究成果，将它们与我实际交易中运用这些理论所获得的见解相融合，使其通俗易懂。

因为在本书当中，交易策略处于一个中心的位置，所以，我们将广泛地涵盖这些交易策略，它们大致可分为：均值回归序列和动量序列。我们将为每一类策略所相关的交易制定相应的技术标准，而同样重要的是，我们要探寻交易策略运行的基本原理。同时，所有研究的重点是简易型的以及线性的交易策略，以此避免复杂策略常常会有的过度拟合和数据探测问题。

在均值回归交易策略相关的序列当中，我们将讨论多种统计技术 [如扩展版的迪基－富勒检验（Dickey-Fuller 检验，即 ADF 检验）、赫斯特（Hurst）指数、方差比检验、半衰期检验模式等] 以检测时间序列的均值回归之属性，以及相关的平稳性；同时，我们还要检测一个由金融工具所构建的投资组合之协整属性［相关检测模式包括协整型 ADF 检验（CADF 检验）、约翰森（Johansen）检验等］。我们不只要把这些统计检验应用到时间序列上，我们还想让你明白相关测试的真正用意以及简易数学方程背后的深层含义。

我们将解析一些具有均值回归属性之投资组合所相关的最简单的技术和策略模式［如线性交易模式、布林带线、卡尔曼过滤法则（Kalman filter）等］。另外，我们还要解析在向相关的测试模型和交易策略模型输入相应数据之时，我们应该输入原价还是价格对数，抑或是价格比率——到底哪种形式是最有效的，特别是我们还要说明：多用途的且与多种交易策略相关的卡尔曼过滤法则对交易者而言是不是有效。在本书当中，时间序列与横截面式的（横向的）均值回归交易策略的区别将被讨论。我们将探讨在均值回归交易策略之中，尤其是在处理点差的时候，"缩放技术"和突出错误数据风险的做法到底有哪些优势与劣势。

均值回归交易策略的案例来自日间和盘中的股票交易模式、交易所交易基金（ETF 基金）之间的配对交易和多重交易、ETF 基金与成分股票之间的交易、货币之配对交易、期货之跨期与跨市场的套利交易。我们将解释最近几年，由于暗池交易和高频交易的兴起，使得前述这些交易策略在实际的操作过程中面临很大的挑战；我们还将说明某些基本面的要素是如何能够应对一个目前非常有利可图的 ETF 基金之配对交易所出现的、暂时性的背离情境的；同时，我们要说明如何应用同样的要素构建一种改进型的交易策略。

在讨论货币交易时，我们很小心地对相关问题进行了相应解析，即我们要解释为什么其收益率的计算方法相对于股票交易者而言，似乎很陌生，而且，在相应的概念当中，诸如滚动收益率之类的问题有时可能是非常重要的。我们特别强调要致力于研究：现货收益率与滚动收益率之间的关系，以及一些从期货价格相关的简易数学模型中衍生的期货交易策略。本书当中，我们还以图示以及数学的表现形式探讨了现货溢价和期货溢价的概念。另外，相应的章节将介绍货币工具均值回归的属性，并且，引入期货之中一个非常特殊的形式——波动率期货（VX期货），同时，解析其形成有利可图交易策略的基本过程。

在动量交易策略相关的序列中，我们首先分析了一些关于时间序列型动量模式的统计检验方法，其中，最为重要的主题是探索股票和期货动量运行模式的四个驱动因子，并且，为从时间序列型和横向型动量运行模式中提取相应收益而贡献相关的策略。期货的滚动收益是动量模式的一个驱动因子，但事实证明：在许多不同的情况下，被迫减价出售资产和回购模式是股票与ETF基金动量运行模式的主要驱动因子。同时，基于新闻事件、对信息的敏感度、杠杆式ETF基金、订单流量以及高频交易等因素，一些较新型的动量型交易策略被开发出来。最后，我们将探讨动量型交易策略与均值回归型交易策略之利弊，进而在近期金融史上，且于不同的市场机制之下，去发现那些具有完全不同特质的风险收益。

我一直认为：在发表的刊物之中，在许多图书、杂志和博客当中，我们会很容易地找到所谓的盈利型交易策略，但是，如果要探究相应策略为什么存在缺陷，那就非常困难了，这也许是最终注定的。所以，尽管强调了原型策略的重要性，我们还是要讨论相应算法与交易策略中常见的缺陷，这在使相关读者深入理解交易策略的本来面目方面，是最有价值的，而且从相应的回测程序来看，前述的这些缺陷会导致实时交易的结果与回测的绩效之间存在很大的差异。即使是精通交易算法的专业人士也会同意这样一种说法，那就是：相同的理论策略既可产生可观的盈利，也会造成糟糕的损失，这取决于策略实施的细节。因此，在本书当中，我会着重检验相应交易策略的回测效果和实施效果；同时，我还要解析如下概念，即数据探测过程中所产生的偏差、与企业退市相关联的相应股票的生存偏差问题、初级市场与综合市场的报价问题、货币报价的地区依赖性、卖空限制所引发的细微差别、连续期货合约的构建问题，以及期货的收盘价格与结算价格的回测问题。另外，我们也突出了一些情况，即在相应的历史事件当中，一旦"策略属性"发生变更，即使是最正确的回测系统也无法预测此策略的未来收益。

  我还注意到：我们需要选择合适的软件平台来进行相应的回测和自动化的运行工作，而既定的 MATLAB© 软件（其中，有我最喜欢的编程语言）也不再是本书的唯一选项；我们还需要根据科学技术的发展现状，对相应编程技巧的每一个层次和许多不同的预算功能进行相关的调查；特别是，我们已经注意到交易者的"集成开发环境"——可以从具有工业实力的平台（如 Deltix 平台）到无数开放式的源代码版本（如 TradeLink 版本）进行依次排列。就像我们解释的那样，从回测系统到现实交易的切换模式是评估相应平台最重要的标准——在这种情况下，时下较热的"复杂事件处理"的概念也将被引入本书所设置的情境之中。

在之前的一本书中，我探讨了风险和资金管理的问题，该书建立在凯利公式（Kelly formula）之上——确定最优杠杆比例以及平衡收益与风险的资本配置。在这里，我再次提及风险和资金管理，且仍然是基于凯利公式。但于本书当中，我结合了经过历练的风险管理实际经验进行分析，其中包括：所谓的"黑天鹅事件"（Black Swan）、投资组合之风险比例固化模式以及止损机制。[美国联邦最高法院的法官罗伯特·杰克逊（Robert H. Jackson）已经阐述过凯利公式的应用，他说："我们要利用一点实践的智慧来调和其纯理性的逻辑。"]而我们特别关注的情况是：在现实的条件下，当我们不能设定收益率的高斯分布的模式之时，我们需要如何找到最佳的杠杆比例。此外，我们认为，"风险指标体系"可能是全面风险管理计划中一个有用的组成部分。蒙特卡罗模拟法的应用是我先前忽略了的一个普通技术。在这里，我们将演示：根据模拟的数据而不是历史的数据来测试回测系统的统计意义，同时，评估某一特定交易策略相关的概率分布的尾部风险。

本书是我之前所写的《量化交易》之后续文本。在那本书中，我专注于交易算法的基本技巧，例如如何确定新型交易策略的思路，如何回测一个交易策略，如何对自动化执行系统进行基本的考量，最后，通过凯利公式得出风险的管理模式。但是，一些有用的典型策略被一定程度地忽略了，但这些不是重点，如果你对交易算法完全陌生，那么，《量化交易》则是一本好书，本书则完全是关乎交易策略的。

本书中的所有案例都是用MATLAB程序代码构建的，不熟悉MATLAB的读者可能要研究量化交易的教程，或在平台mathworks.com上观看免费的研讨会。此外，MATLAB的统计工具箱也偶尔被使用（所有MATLAB产品都可以在并行计算工具箱MathWorks上进行免费试用）。

软件和数学是交易算法的两种语言。读者会发现：相较于我之前的一本书而言，本书涉及更多的数学知识。这是因为我希望在讨论金融市场的概念时，可以注入更多的精度；还有一个原因是我相信用简单的数学模型比通常使用的数据挖掘方法更加具有优势；也就是说，我们不是把许多技术指标或规则放在一个价格序列之中，并观察哪个指标或规则更加有利可图。如此，在数据探测的过程中，容易出现相应的偏差，而我们所试图实现的是凭借一个简单的数学模型去提取一个价格序列的基本属性，同时利用这个模型来计算我们的财务收益。然而，在股票、期货和货币交易中，其所需的数学水平要远低于衍生品交易中所需的高度，任何掌握初级微积分、线性代数和统计的人士都能够在此基础上进行讨论而毫无障碍。如果你发现方程太混乱，那你可以直接去参看相应的案例，并参看其具体操作的软件代码。

虽然我在机构型投资管理行业工作多年，但在写第一本书的时候，我还是一个独立的交易者。在随后的几年里，我已经开始管理两个对冲基金。有时我与一个合作伙伴共同工作，有时我自己单独操作。我在2007年夏的"量子基金"崩溃之时得以幸免，并且在2008年金融危机、2010年金融市场闪电崩盘、2011年美国联邦债务评级下调以及2011～2012年欧洲债务危机中，我都能够存活下来，因此，我比以前更有信心。我可以认定：尽管我确实在过渡期间学到更多的金融知识，然而，初始开发的交易算法是合理的。例如，我发现无论市场预期多么险恶，亲手推翻某个模型始终都不是一个好主意；同时，保守的交易模式始终比过度放债要好，尤其是在管理他人资产的时候；还有，交易策略的表现形式往往具有均值回归的特质；另外，我们的过度自信对相关交易策略而言是最大的危险；最后，在运行错误交易模式和接近灾难的时候，一个人所得到的教训较之于从成功交易所获取的经验而言，更加值得珍惜，而我就是想在本书当中，记录过去四年以来的诸多经验教训。

我的基金管理经验并没有改变本书中的重点，即本书的要旨是为散户型交易者服务。如果具备足够的决心且进行一些修改和完善，所有的策略都可以由一个独立的交易者来实现，此种类型的交易者不需要在券商所在公司开立一个七位数的账户，也不需要五位数的技术成本。我给这些交易者的信息仍然是一样的，即一个资源有限和计算能力不强的人仍然可以按照其指定的游戏规则去挑战强大的行业内部人员。

写作动机

著书的交易人士需要回答其他交易者一个基本的问题：为什么他们会写这样一本书呢？更具体地说，如果所描述的交易策略是正确的，那么，为什么相关交易者会宣传这些策略呢？而这种做法肯定会减少相关策略应用方的未来收益。

我首先回答第二个问题。我所描述的诸多策略对于专业交易者来说是相当熟悉的，所以我对它们如数家珍；其他有如此高能力的交易者在另外一些人运用这些策略的时候，其盈利能力不会受到严重影响。但是，也有一些交易策略具有相反的特质：它们的盈利能力较低，或者，有其他的局限性以至于没有吸引力，而且，我不再认为此类策略适用于我自己所构建的基金式的投资组合，但是，它们仍可以胜任个体交易者的账户。最后，对于我经常描述的策略而言：其在第一眼看上去是非常有前途的，但是，可能包含各种缺陷。对此，我没有进行充分的研究和精化，例如在我的例证当中，相应的测试代码就没有包含相关的交易成本，而这一点恰恰是回测系统当中一个有意义的关键值；还有，我经常使用样本内数据以优化参数、测试性能，如此，则肯定会导致回测的结果不准。在例证当中，所有前述这些缺陷都会使我犯错，因此，简化的版本则更具有说明性和可读性，这些版本可以被称为"原型策略"，它们并不用于交易，但以其阐述常见的交易算法与技术是有用的；同时，它们也可以为读者进一步完善和改进其自身的交易水平提供可用的思路。

那么，我们的基本动机是什么呢？它是这样的：在收集信息方面，大众的知识往往比其他任何方法都有效。因此，本书当中所讨论的策略以及我的第一本书都非常期待广大读者的反馈意见。

资料来源及致谢

本书所选用的大部分素材都不是我发明的。除了传统的、常用的资料（如图书、学术期刊、杂志、博客、在线交易论坛），现在还出现了一种新型的在线专家网络，某些具体问题会被"发帖"，然后，由真正的行业专家来做出回答。我个人就曾受益于这些资源，并且，我由衷地感谢各位在线的专家，他们可以从意想不到的深度和细节来回答我的问题。

在我之前的著作和博客里面，我有幸从许多有见地的读者那里收到大量的反馈信息，而这些人的意见都被充实到我的知识库当中。

在许多机构分析师和交易员出席的新加坡和伦敦的定期研讨会中，就交易算法与规则的各种主题，我曾进行过相应的讲解与授课。与会人士给我提供了非常有价值的见解，而这些见解可能不会轻易地出现在任何公共论坛之上；同时，在加拿大、中国内地、中国香港地区、印度、南非和美国的针对客户端的研讨会上，相应的主题也为我提供了广阔的国际视野，而且也增强了其自身的被关注度。

即使是作为一个独立的交易者和基金经理，我也很荣幸地与许多具有专业知识的金融人士进行合作，其中一些合作是短期的和非正式的，而其他合作则推动了基金管理公司的正式成形；特别是，我要感谢史蒂夫·哈尔佩恩和罗杰·亨特，我和他们曾经进行过广泛的讨论，并且共同策划过无数的合作项目。

我很感激布莱恩·唐宁，他为我介绍了一些在第 1 章中所提到的交易技术；同时，我还要感谢罗斯里奥·英格吉拉，他向我展示了他的外汇交易平台（FXOne）。

最后，非常感谢我的编辑比尔·法隆和 John Wiley & Sons 出版社的各位同仁，他们一直都非常热心地支持我书中的想法；同时，还要感谢策划编辑梅格·弗里伯恩，她的建议绝对是有价值的，并且，我要感谢编辑史蒂文·基里兹，他指导完成了本书的最终格式。

| 目 录 |

前 言

第 1 章 回测及自动化的执行系统 / 1
    1.1 回测的重要性 / 2
    1.2 回测过程中普遍存在的误区 / 5
    1.3 统计学在回测程序上的应用：假设检验 / 25
    1.4 交易策略于何时无须被回测 / 33
    1.5 回测系统对相应收益率具有预测功能吗 / 36
    1.6 对回测系统以及自动化运行平台的抉择 / 38

第 2 章 均值回归模式的基本要义 / 61
    2.1 均值回归与相应的平稳性 / 64
    2.2 平稳测试之后的协整 / 77
    2.3 均值回归策略的利弊分析 / 90

第 3 章 均值回归策略的运行机制 / 94
    3.1 应用价差、价差的对数或相应比率所进行的配对交易 / 96
    3.2 布林带线 / 104

3.3 相应的头寸增持功能可行吗 / 108
3.4 动态线性回归相关的卡尔曼过滤法则 / 111
3.5 卡尔曼过滤法则相关的做市商模型 / 122
3.6 数据误差的危险性 / 124

第 4 章 股票与 ETF 基金的均值回归模式 / 128

4.1 股票配对交易的难点 / 130
4.2 ETF 基金的配对交易（或三重 ETF 基金交易）/ 134
4.3 日间均值回归交易策略：缺口买入模式 / 137
4.4 ETF 基金与成分股之间的套利模式 / 142
4.5 跨行业的均值回归交易策略：线性多 – 空模式 / 151

第 5 章 货币交易与期货交易相关的均值回归的交易策略 / 158

5.1 交叉货币对交易 / 159
5.2 货币交易中的展期利息问题 / 166
5.3 期货之跨期套利的交易 / 170
5.4 期货之跨市场（区域）套利 / 187

第 6 章 日间动量型交易策略 / 194

6.1 时间序列型动量交易策略的检验模式 / 195
6.2 时间序列的交易策略 / 200
6.3 从期货与 ETF 基金之间的套利交易中攫取连续收益 / 205
6.4 横向型动量交易策略 / 211
6.5 动量交易策略的优势与劣势 / 221

第 7 章 盘中动量型交易策略 / 227

7.1 "敞口" 交易策略 / 228

    7.2　信息驱动的动量交易策略 / 231
    7.3　ETF 基金的杠杆交易策略 / 239
    7.4　高频交易策略 / 241

第 8 章　风险管理 / 250
    8.1　最优化的杠杆模式 / 251
    8.2　投资组合相关的风险比例之固化模式（CPPI 模式）/ 267
    8.3　止损机制的解析 / 270
    8.4　风险指标 / 274

结论 / 279

参考文献 / 283

作者简介 / 287

| 第 1 章 |

回测及自动化的执行系统

本书的重点在于研究交易策略的特殊类别，而不是纠缠于普通的回测技术。相对于各种交易策略来说，其中存在着大量需要注意的关键事项以及具有普遍性的缺陷及圈套。对于此，我们应该给予其优先的考量。如果我们不采取措施规避某些交易策略中的缺陷与圈套，而是毫无顾忌地应用此种交易策略，同时对其进行相应的回测，那么，这种回测将毫无意义，而且也可能出现更加糟糕的情况，因为在错误的背景之下所进行的回测会对你产生误导，从而诱发巨大的亏损。

回测技术的主要特色是：对预期收益进行估算，同时，对相应交易策略的绩效进行统计学意义上的权衡。因此，我们有理由对相关的评估数据提出质疑。我们将运用假设检验以及蒙特卡罗模拟等方法对相应预期绩效的统计数据进行全方位、多层次的探讨。一般而言，在对相关特定交易策略进行回测的过程中，相应的交易次数越多，由此而衍生的绩效表现就越好。然而，即使某个特定的回测系统能够完美地运行，也能够规避相应的陷阱，那也不意味着未来的收益是可预期的——情境的瞬时变化会使所有的预期失效，而在金融交易的历史进程中，确实存在一些相关的典型案例。

在回测过程当中，如何选取相应的软件平台是一个非常重要的因素，需要我们进行优先的考量。一个好的平台不仅仅是高效能的，它应该是针对最为广泛的交易类别，尽最大可能地覆盖到相应交易策略的各个领域；同时，相关平台还应该减少乃至消除前述的、相应交易策略中所潜在的圈套与缺陷。接下来，我们需要进行一下相应的解析，即为什么一个良好的回测平台需要与一个完美的自动运行的机制相结合，也就是说，一个最优秀的平台往往需要具备两项功能。

1.1 回测的重要性

所谓回测就是一个根据相关的交易策略填充相应历史数据的过程，其目的就是检验相应策略的运行情况，而作为交易者的我们则希望相应的历史数据为我们自身指明方向，对未来进行预期。因此，这个特定的回测过程的重要性则是不言而喻的，即你以白手起家般的方式开发出一款交易策略，那你当然想了解它的效能了！但是，即便是你从报纸杂志等刊物上解读的某个交易策略，而且你也确信相关的开发者没有对此策略的效能进行夸张去欺骗交易者，你自己仍然需要对此策略进行独立的回测，而且这个过程是必不可少的，这里有以下几个原因。

在通常情况下，某种特定的交易策略之盈利能力对某些相关的运行细节非常敏感，比如，股票的订单是在开盘时植入，还是在开盘后瞬时植入？E-迷你标普500指数的订单是在股票市场收盘的下午4点之前植入，还是在期货市场收盘时段的下午4:15植入？如果我们想敲入买入价或卖出价而触发一笔交易，那么，我们所选定的价格是最新的价格吗？前述的所有这些细节问题在发表的文献当中一般都是免谈的，相关作者为强化文章的主旨而将其搁置，但是，恰恰是这些细节问题影响了某些特定的、正在运行的交易策略的盈利能力。为了对相应的细节问题进行完善的甄别，进而在我们自己的自动化运行系统当中使相应细节发挥效用，唯一可行的路径就是：我们自己要对相关的特定交易策略进行回测，而比较理想的状态是——只要敲一下键盘上的按钮，我们的回测系统就会切换到自动化的运行程序之中，从而确保相关的细节发挥效用。

一旦如上述的回测程序那样，我们运行了某项特定交易策略的每一个环节，那么，我们就可以从微观的角度对相关的细节进行观察，进而分析回测系统或相应交易策略中所存在的漏洞，例如，在我们对某种股票投资组合之交易策略以多头与空头的情境进行双向的回测检验时，我们需要了解一个实际情况，即相对于比较合理的交易规模，某些股票很难买入而且也不易沽出——对此种情况我们考虑了吗？还有，在对相应期货市场中的跨市撮合交易策略进行回测的过程中，我们能够确保两个市场于同一时段收盘吗？我们能够以同一个收盘价格成交吗？将相应交易策略的各种缺陷与漏洞一个一个罗列出来会使读者感到乏味，不过，我在这里还是要对一些具有普遍性的问题进行重点的说明，相关内容将在1.2节体现出来。在通常情况下，每一种金融产品、每一项交易策略都有其自身的、特殊的缺陷与漏洞，而因之形成的误区会使某种交易策略在回测系统中的表现较之以往的实际运行情况要优秀得多——这是特别危险的！

即使我们对自身的交易头寸比较满意，同时在相应的回测程序当中已经对相应策略的所有细节进行了解读与运行，也没有发现什么漏洞，但我们还是要对那些已经成熟的交易策略进行回测检验——这是至关重要的。

对业已开发的比较成熟的交易策略进行回测检验的过程当中，你应该在此种策略发表之后的一定时间序列当中以样本外的数据进行测试。如果植入样本外的数据之后，相关交易策略的表现平平，那就说明相关的交易策略只能在有限的数据集合之下运行，这实际上比人们的普遍认知水平更加重要。很多交易策略的开发者在他们的文章中抱怨，不理想的回测结果是因为进行了"样本外数据验证"而造成的，但实际上，如果样本外数据检测的结果不够理想，作者就会相应调整一些参数，对相关模型进行大幅度的"加减"，从而使相关的交易策略变得无懈可击。因此，真正的"样本外数据检验"不能在某种策略发表且"坐实"之后才开始。

最后一点，通过我们自己对相应的交易策略进行回测，我们可以经常性地对其进行修正与改进，从而使其具有较高概率的收益性、较低概率的风险性。而交易过程中的回测程序需要遵循"科学的原理"——我们应该设定一个套利的前提假设，而此种假设可以来自我们自己对某种金融产品关联市场的直觉经验，也可以取材于业已发表的某项研究成果；接下来，我们需要在回测过程中对相应的假设前提进行"证实"或"证伪"；如果相应的回测结果不那么令人满意，我们可以修正之前所做的假设检验，然后重复前述的过程。

正如我前面所强调的那样：一种交易策略的成功与否取决于相应的细节，一个微妙的细节变化可以使相关策略的运行取得实质性的进展，而我们所进行的相应变动的过程并不复杂，就像改变移动均线的回测时间序列或以开盘价植入订单的方式取代以收盘价成交的方式那样简单。总之，对相关交易策略的回测模式要求我们对每一个细节问题都要进行认真的检测。

1.2　回测过程中普遍存在的误区

在对每一个交易策略进行回测的过程中，针对某一个特定的问题，我们可以允许相应的策略出现一些误差，但是，对其中一些具有普遍性的问题，我们就不能等闲视之了，这些问题与缺陷有的是各类金融工具所共有的，有些是某些特定的金融产品所独具的。

1. 前视偏差

如标题所蕴含的意义那样，所谓"前视偏差"是指：相关的回测系统以未来的价格决定当前的交易信号，或者说，以未来的信息为当前的时刻进行相应的预期。比较普遍的做法是：相应的回测系统以一日间的价格高点和低点作为当天入市的交易信号（但是，在一个交易日结束之前，我们是无法预料当天的最高价位和最低价位的）。前述的这种"前视偏差效应"是一项根本性的程序缺陷，它只能影响理论上的回测系统，但是对实时的交易程序不起任何作用，因为没有哪个实时交易系统能够获得未来的信息。然而，正是因为回测程序与实时交易系统存在前述的这种差异，我们由此就可以找到规避"前视偏差"的方法；如果回测程序与实时交易程序的检测结果相同，那么，两个程序之唯一的差异则源自你向相应系统所填充的数据（比如，你向回测系统填充的是历史数据，而向实时交易系统填充的是即时的行情数据），通过寻找"差异"的方法，我们就可以消除回测程序之中的"前视偏差效应"。在本章接下来的论述当中，我们可以去试着发现一些平台，于其上，我们将采集一些对回测系统与实时交易系统都适用的、相同的源代码。

2. 数据探测法的偏差与完美线性相关问题的解析

数据探测法之所以存在偏差是由于有太多的自由参数附着于完美条件下的随机市场模型之中，从而使相关系统和程序之过往的历史性能看起来不错。然而，随机的行情变幻模式在未来是不可知的，所以向相应的模型填充相应参数的做法并没有多少"预测"的功能。

实际上，纠正上述"偏差"的方法并不神秘：我们可以通过样本外的数据来检测相关的模型——对于那些不能通过检验的模型，我们可以弃之不用；不过，任何事情说起来容易，做起来很难：难道我们真的愿意放弃可能是付出几个星期的辛勤劳动而构建的模型，并将其"弃如敝屣"吗？我认为只有少数人可以；大多数人倾向于对相关的模型以这样或那样的方式进行修正，从而使其在样本内与样本外的数据检测当中均表现良好，但一旦这样做，那后果就是：我们因此会将样本外的数据转换成样本内的数据。

如果你不愿意因为某些特定的模型在样本外数据的框架之下表现平平而舍弃之（可能的原因是：相关模型在运行样本外数据时，由于运气不佳而表现不好），或者说，你在构建模型之时所采集的数据过少，从而真的需要运用最广泛的数据来修正相关的模型，那么，你可以考虑采用交叉验证的方法，也就是说，你可以选择大量的不同类型的数据子集来检测和修正相关的模型，进而确保相关的模型在不同数据子集的架构之下良好地运行。而我们之所以倾向于在短期最大跌幅区间内构建附着高夏普比率之模型的原因是：此种方法能够以最大程度的自动化模式确保相关的模型通过交叉式的检测，而那些不能通过检测的模型所对应的数据子集大都是在下调区间之内缺少相应样本的。

事实上，有一种交易策略的构建方法可以使数据探测过程中所出现的偏差最小化，即尽可能地简化相应模型的构建过程，同时，参数的选择也越少越好。很多交易者喜欢将简单的问题复杂化，自行制定很多烦琐的交易规则，但是他们没有意识到：一个应用较少参数的模型一旦被赋予较复杂的交易规则，那它在数据探测的过程中就极易受到相关误差的影响。由此，我们可以得出结论：非线性模型比线性模型更加容易受到相应误差的干扰，因为非线性模型不仅仅是其构建过程过于烦琐，而且它所采集的随机参数也比线性模型多。如果我们企图以简单的金融工具历史价格的外推法来预期其未来的走势，一个非线性的模型可以更好地填充数据，但它不能做出较好的预期，但是，如果我们向非线性模型与线性模型同样填充大量的参数，相对于非线性模型，我们经常采用微积分的方法，以泰勒连续展开公式求得近似的值，这就意味着：相对于每一个非线性模型，总会有一个相应比较简单的、近似的、线性的解；而我们也不得不承认一个事实，即线性模型的本身是不被采用的（这里也存在一种例外，即在单一事件下弱化某些低阶项，但我们很少用此类事件描述理想金融市场的时间序列）。

还有一个与上下文等价的问题是：我们应该以何种概率分布形式来预期相应的收益呢？我们经常听到一些议论，即所谓的高斯分布理论无法捕捉金融市场的极端事件，但是，抛却高斯分布理论不讲，我们将面临很多概率分布理论的选择问题——如果选择学生t分布理论[⊖]，它能够捕捉收益率曲线的斜率与峰值，那就有用吗？如果选择帕累托分布理论，那它所覆盖的有限二阶矩模型中所有的概率分布就一定有效吗？坦白地讲，我们所做出的任何一项选择都具有主观性，在数量有限的数据观测的情境下所得出的结论也是不完善的。因此，根据奥卡姆剃刀定律，除非有强大的理论与实证的支撑，那些基于非高斯分布理论所形成的概率分布模式将不被采信，高斯的概率分布模式

⊖ 经常应用在对呈正态分布的总体的均值进行估计。——译者注

仍然有效。

线性模型不仅意味着线性价格的预期公式，同时也蕴含了资本的配置方式。现在我们考虑一下：在价格序列之均值回归的模型项下——在接下来的时间序列 dt 的区间内，相应价格的变动值为 dy，且 dy 与均值和当前价格之差成正比，即 d$y(t) = [\lambda y(t-1) + \mu] dt + d\varepsilon$，此方程被称为"乌伦贝克随机微分方程"，在第 2 章，我们将会更加详细地对其进行相应的解析与检验。在通常情况下，相应的交易者喜欢用布林带线的模式，从均值回归的价格序列当中攫取利润，所以，当相关的价格点位超出（或跌破）临界值的时候，我们就会卖出（或买入）相应的金融产品。但是，如果我们被动地盯住线性的模型，那相关价格的每一次增减都会强令我们卖出（或买入），从而使整体的市场行情走势相对于相应的均值水平来说，要么是正偏的，要么是负偏的（对普通的交易者来说，此种现象被称为"轧平"或"缩放"）。在第 3 章中，我们会对此类问题进行探讨。

读者可以在本书当中看到一些与线性交易模型相关的比较典型的案例，其中所涉猎的一些技巧是比较朴素和直观的，相关的论述可以让我们知道：金融交易的收益并不是来自比较敏感的且比较复杂的交易策略，也不是靠耍小聪明而得到的；其实，在行情既定的情境之下，金融交易的收益来自相关市场的无效性⊖。如果你是一个缺乏耐心的读者，那就请你参看例 4-2，其所展示的是一个在交易型开放式指数基

⊖ 在多数情况下，金融市场是有效的。——译者注

金与相关股票投资组合之间进行套利的、线性形式的均值回归交易策略，或者你可以参看例4-3和例4-4，它们所展示的是：在股票交易中，我们应该如何运用多-空统计型策略进行套利的两种线性模式。

在线性预期模型当中最为极端的特定情境是：所有的相关系数的大小是一样的（数学符号不一定是一致的）。假设你要攫取大量的因子数据来预测明天股指的收益率，那么，你有可能选取今天的收益率作为相关的因子，而今天的收益率与明天的收益率呈正相关性；你还可以参照相应股指于今天的波动率（VIX），其与明天的股指收益率呈负相关性。如果你选取几种类似的要素作为影响因子进行评估的话，那你第一时间应该做的是：将相关因子规范化，即将其转换于标准化的程序当中（使用的是样本内数据），其相应数理指令语言是

$$z(i) = [f(i) - \mathrm{mean}(f)] / \mathrm{std}(f) \quad (1\text{-}1)$$

其中，$f(i)$指的是第i个因子，设明天的收益率为R，则

$$R = \mathrm{mean}(R) + \mathrm{std}(R) \sum_{i}^{n} \mathrm{sign}(i) z(i) / n \quad (1\text{-}2)$$

上述两个方程之中，$\mathrm{mean}(f)$表示的是基于历史数据之各类$f(i)$值的均值，$\mathrm{std}(f)$是各类$f(i)$值的标准差，$\mathrm{sign}(i)$代表的是基于历史数据的$f(i)$与R的相关系数，而$\mathrm{mean}(R)$与$\mathrm{std}(R)$各自所代表的是基于历史数据的日间收益率的均值和标准差。诺贝尔经济学奖得主丹尼尔·卡尼曼在其一部畅销著作《思考，快与慢》中曾有如此论述："对各类预测性数据设置相同的权重所得到的公式是优越的，因为它不受单一样本相关的突发事件的影响。"（卡尼曼，2011）

式（1-2）是一个简化版的一般要素模型，经常被应用于预测股票的收益率。而其预测的绝对回报值可能是也可能不是非常准确。然而，其对于预测股票之间的相对回报来说，通常是足够好的。这意味着：如果我们用此模型来对股票进行归类、排序，然后形成一个多空组合，买入高收益的股票，同时做空那些最差的股票，那么，在通常情况下，所建之投资组合的平均收益率基本是正数。

在现实生活当中，如果你只是想对相关的各类股票进行排序，而不是计算相应的预期收益率，那么，除了前述的式（1-1）与式（1-2），还有一个简单的方法来测算 f 因子，即我们可以依据因子 $f(i)$ 来计算相关各类股票的层级㊀，然后，将相应的排序结果乘以因子 $f(i)$ 与相应股票收益率的相关系数 [$\mathrm{sign}(i)$]，最后，将相应序列函数值进行叠加，从而得到总值 rank_s，相应方程为

$$\mathrm{rank}_s = \sum_i^n \mathrm{sign}(i)\,\mathrm{rank}_s(i) \qquad (1\text{-}3)^{\ominus}$$

举个例子说明一下：乔尔·格林布拉特曾经很好地采用双因素模型以"魔幻公式"来对相应的股票进行归类、排序，即 $f(1)$ = 资本回报率，$f(2)$ = 净收益率（格林布拉特，2006）。如果我们买入排名前 30 的股票，且持有 1 年，则 1988～2004 年相关的年化收益率为 30.8%，相较于标准普尔 500 指数的 12.4% 的收益水平来说，依据线性体系所构建的模型是非常有效的！

㊀ 股票排序结果的相应函数为 $\mathrm{rank}_s(i)$。——译者注
㊁ $\mathrm{sign}(i)$ 是符号函数，$i<0$ 时，$\mathrm{sign}(i)=-1$；$i>0$ 时，$\mathrm{sign}(i)=1$；$i=0$ 时，$\mathrm{sign}(i)=0$。——译者注

最后我要提醒大家的是：在你所进行的测试过程当中，无论你多么小心地去规避数据探测中所存在的误差，它总会在不知不觉中渗透进你所构建的模型，因此，我们的测试方法要具有前瞻性，即"后来者居上"，同时，样本数据的攫取一定要遵循真实可靠的原则；另外，具有前瞻性的测试可以采用模拟的方式进行，但相关模型最好是经历"真枪实弹"的洗礼（尽量用最小的杠杆），如此则可以测试那些凭"纸上谈兵"的方法而难以触及的交易策略。如果我们发现在实时交易当中所获取的实际收益率（按夏普比率计算）比回测系统所显示的收益率高出一半，那么，我相信大多数的交易者会非常高兴。

3. 股票的拆分与股息的调整

当某只股票的发行份额由 1 份拆分成 n 份时，相应的股票价格就要除以 n，然而，当某只股票拆分之前你拥有相当的份额，那你的份额也会乘以 n，所以相应的总市值实际上没有什么变化。但是在回测过程当中，我们只会习惯性地观察价格序列以确定相应的交易信号，而不是以市值作为设定的前提条件来决定自己的交易行为。因此，除非在除权日之前我们将相关价格缩小 n 倍，否则，在除权当天，我们会发现：相应的价格会急剧下跌，进而引发错误的交易信号。前述的情况在回测系统与实时交易系统中同时存在，因此，在现实交易当中，我们于除权日开盘之前一定要将相应的、历史性的股票价格除以 n（如果情况相反，即相应资产份额从 1 合成至 n，那我们就应该于除权日之前将历史性的金融资产的价格乘以 n）。

与上同理，当某个公司基于其所发行的每股股票而发放一定金额

的股息 d（或配股），那么，相应的股票价格也要减去这个"d"（不考虑市场行情的变化）。这是因为，如果你拥有这只股票，那么，即使在整体市值没有变化的情况下，你也能以佣金的形式于除权日之前获得一定数量的现金流（或股票）。因此，在回测系统当中，如果你在除权日之前不对相应的、历史性的价格序列进行调整，那么，相关系统就会给出错误的交易信号，此种调整在除权日开盘之前也适用于实时的交易系统（对开放式指数基金也适用，同时，在期权定价系统中，也需要进行此种调整，只是过程稍微复杂一些）。

你可以在很多网站看到股票拆分以及股息分配的信息，它们不仅可以记录历史性的数据，还能够揭晓未来之股票拆分、分红配股以及除权的具体日期，从而可以使我们的自动化交易系统对此类事件做出相应的预判。如果你对股票拆分与分红调整之后的数据感兴趣，那么你可以尝试着下载 csidata.com 网站上的数据。

4. 数据库内相关个股是否退市之问题所诱发的误差项

如果你要对某一个股票交易的模型进行回测，要是相应的历史数据当中不包含那些退市的股票，那你在股票的取舍问题上就会出现偏差。试想一下：如果你所使用的系统要求你在相关股票的最低点买入且长期持有，然而在现实当中，此种交易策略是不可行的，因为如果某个公司发行的股票价格一直在下跌，那么，这个公司有可能会破产，如果在最低点买入，那你相应头寸之损失就是 100%。但是，如果你的相关数据库不涵盖这些退市的股票，只选取那些一直存活的股票，那你的回测效果就会显得非常完美，这是因为，在你将相应的策略运行于实时交易的时候，即使你无法对某些股票的未来进行预期，但如果你所购买的股票虽然跌得很惨，可是最后却能"起死回生"，这样就会使你所应用的相应交易策略显得非常"伟大"。

其实，对相关数据是否涵盖退市股票的问题如果处理不好，那么，相对于应用均值回归策略的多头而言，是非常危险的，也就是说：在前述的情境之下，单纯的多方头寸比多空并行的锁仓模式以及单纯的空方头寸要危险。其原因在于：如前所述，摒弃退市股票的做法使得买方的头寸在回测系统中得以膨胀，因为其符合低买高卖的原则。此外，因之而产生的偏差会使高卖而低买的空方在回测系统中的表现不佳。然而，当某些股票的价格跌至0元时，空方的收益最大，但是这些股票又不体现于回测系统之内，因此，相应而生的误差使得相关系统对股票的空头而言则"显失公平"。对于那些应用均值回归策略且采取多空并行模式的交易者而言，其头寸会出现两种相反的情况，但是，前述系统所产生的误区会使多头收益之权重高于空头收益的比例，所以在近似锁仓的情况下，即使风险得以降低也不能被完全消除。这里要说的是，前述的相关问题在动量模型中的危害不大，尤其是那些有利可图的短期动量型交易模式可以使相应偏差所生成的数据消弭于无形，只是回测效果就不那么"夺人眼球"了。

你可以从csidata.com网站购买那些摒弃了上述误差的历史性数据，类似的网站还有：kibot.com和tickdata.com。或者，你也可以每天在自己的指标系统当中存储所有股票的价格信息从而修正相关的误差，然后，回测最近三年的历史数据，从而降低相应的风险。

5. 初级与综合性的股票价格

在美国，有许多股票在交易所、电子撮合交易平台以及资金暗池⊖之内进行交易，这些交易场所中比较有代表性的机构包括：纽约证券交易所（NYSE，后简称纽交所）、纽交所高增长板市场（NYSE Arca）、纳斯达克（Nasdaq）、艾兰德公司（Island）、BATS交易所⊜、机构计算机网络公司（Instinet）、Liquidnet公司⊜、彭博资讯公司（Bloomberg Tradebook）、高盛集团的Sigma X暗池平台⊛、瑞士信贷集团（Credit Suisse Group AG）的"Crossfinder"暗池交易平台。当你查阅某只股票过往的日收盘价之时，你会发现：其所反映的是当日所有交易时段之内的最后一个执行价格；同理，某一个历史性的日开盘价所反映的是该日所有交易时段之内的第一个执行价格。然而，当你提交一个收盘市价委托或开盘市价委托时，你会发现：相应委托只能传输到初级市场。例如，一个IBM公司股票的收盘市价委托只会传输至纽约证券交易所，SPY公司股票的收盘市价订单会传输到纽交所高增长板市场，而微软公司股票的收盘市价委托则会传输至纳斯达克市场。因此，如果你的交易策略与开盘市价委托或收盘市价委托有关联，那你就需要从初级市场攫取相应价格体系的历史数据，进而准确地回测你的交易模型。但是，如果你在回测系统中使用综合市场的历史数

⊖ 不向公众披露交易信息的场所。——译者注
⊜ 美国第三大电子运营商。——译者注
⊜ 一家专业的网站主机托管服务商、ICANN认证的域名注册商，公司成立于2003年2月，总部位于伦敦。——译者注
⊛ 由对冲基金、机构投资者、经纪交易商以及高盛相关账户的资金流等构成。——译者注

据，那相应的测试效果就不会太理想。让我们详细地分析一下：如果你使用综合市场的历史价格来回测相关的均值回归模型，那么，你的回测效果可能会过于乐观，因为在初级市场之外的交易场所，如果相应价格严重偏离竞价系统所生成的结果，那么，能够成交的股票数量就不会很多，同时在此类市场，第二日的交易价格会围绕前一日的异常价格以均值回归的形式运行相应的升降行情（因为在美国，初级市场的开盘与收盘价格是以竞价的方式确定的，而二级市场的收盘价格却不是由竞价系统生成的）。

与上述情况相类似的瓶颈问题还有：如果你的交易策略与相应行情的高点、低点相关联，而我们所录入的相关历史数据却是来自二级综合市场的，那么，相应的高点与低点就不是初级市场所生成的，因此这些二级市场所生成的价格没有什么代表性，只会使由相对小规模交易而生成的数据显得不怎么靠谱，进而使相关的回测效果表现得过于乐观。

那么，我们在什么地方能够发现初级市场的价格数据呢？彭博资讯的用户可以通过访问的形式获取一部分资料。当然，如果我们之前存储以及使用了一些消除了误差项的数据，那我们就可以从初级市场直接订购相关的数据，然后存储至自己的实时数据库，进而在未来将相应的数据库作为我们参考初级市场的资料来源。当然，如果你自己订购初级市场的数据，那将是非常昂贵的。但是，如果你的经纪人订阅了这些资料，然后将相应数据向其客户进行再次的分配，且将相应的数据共置于相关的数据中心之内，那么，相应的成本费用就会降得很低。但是很不幸，大多数零售型经纪人对于从初级市场所获取的第一手资料采取的是不与客户分享的模式，而像莱姆经纪公司那样的机构性经纪人则可以时常提供一些原始资料。如果我们没有机会接触到初级市场的数据，那么，我们就不能对相应的回测结果过度自信了。

6. 过度依赖市场的货币交易之报价机制

与股票市场相比，货币市场显得比较分散，而且也没有固定的交易场所，同时也没有一定的规章制度对来自不同交易场所的报价进行汇总，从而确定最优化的买入价与卖出价。因此，我们只有在自己所交易的市场攫取相应的数据来回测在该市场的交易策略，才会取得比较理想的效果。

一些流式计算系统（如 Streambase 系统）中的报价集合器可以将来自不同市场的数据资料进行合并，将其纳入一个订单序列。在此情境之下，你可以依据这些合并后的数据进行相应的回测工作，直至你所使用的市场数据成为整个合成订单序列的一个组成部分为止。

实时货币交易相关的报价与历史数据的另一个特征是：在正常情况下，除却买入价 - 卖出价的报价形式，货币交易之相应的交易价格与交易规模是不存在的，或者说，瞬时出现的数据信息会在瞬时之间消失。这是因为对于相应的做市商与电子通信网络的运营商而言，他们没有义务向所有的交易参与方通报相关的价格信息。坦白地说，很多做市商将相关的交易信息视若珍宝，同时将对这些信息的掌控视为自身的专利与特权（他们的这种做法很聪明，因为如货币这般的高频交易策略往往要依赖于订单信息与价格信息，这一点我们在第 7 章会有所涉及。像银行之类的金融机构中的外汇自营交易部门，就擅长将前述的相关信息据为己有）。然而，在相应的外汇交易策略之回测系统当中，因对相同货币对采用买入价-卖出价报价形式而产生的点差在不同市场的数值会有很大差别，进而导致各交易市场对相关交易成本的依赖性过高，对此，我们需要在回测过程中予以高度的重视。

7. 对卖空交易的限制

如果相应的股票交易模型涵盖空方头寸，那么，其前提假设是相关股票可以被做空。然而，有些股票是很难被做空的，因为如果你做空某只股票，那你的经纪人就必须从其他的客户或机构当中去搜罗一定数量的相关股份（当然，交易人也可以从比较程式化的互助基金或者握有大量股票的资产管理人那里获取相应股份），同时给你安排相关的融券业务。但是，如果做空股票的利息数额过大，且相应空头已经存在，那么，公司所发行的大量股票可能已经被"融"出去了，而如果相关股票的波动率有限，那你就很难以融券的方式做空股票，这就意味着：如果你是某只股票的空头，那你需要向融券方支付利息，而不是像股票多头那样获取利息。更为极端的情况是：你可能根本不能按约定数量融入所需的股票。2008~2009年，随着雷曼兄弟公司的倒闭，美国证券交易委员会有几个月的时间禁止做空所有金融行业的股票。所以，如果你在回测系统当中含有相关股票的空方头寸，虽然这些股票很难被融入，但相应系统的表现效果却非常完美，因为其他人不可能做空此类股票，也不可能对系统内的相应空单进行打压。但是，此种情境之下的收益率很不现实，它意味着：如果我们在回测系统当中不考虑做空限制的因素，那将会是很危险的。其实，在你所使用的系统之中，相应的难以融券的股票清单之精准数据很难被发现，这主要取决于你所仰仗的经纪人。一般来说，小盘股的做空限制比大盘股要严格，而其相应的收益率也就不那么可靠，但是，有些时候，在部分封闭式的开放基金（ETF）当中，同样有一些股票难以进行融券业务，例如，雷曼兄弟公司破产后的几个月里，即使对SPY公司的股票，我也不能做融券了！

还有一个做空限制被称为"报升规则"，此规则是美国证券交易委员会制定的，且在1938～2007年得以实施，按照此规则规定：做空某只股票的价格要高于其交易日内最后一个交易价格，而如果此交易价格高于之前的价格，那就以此价格为准（不过，如果做空纳斯达克股票，相应价格要高于相应交易日最后一个报盘价，而不是最后一个交易价格）。2010年，选择性报升规则得以实施，按照其规定：当熔断机制被触发时，空单的交易价格要高于全国最好的报盘价。而所谓"熔断机制"是指：当某只股票的价格降低10%时，则当日此种股票的交易停止，直至第二日恢复正常，此种机制使得市场空单不能够被顺利植入。因此，一个精准的涵盖股票空头的回测系统需要考虑：在假设的相应历史性交易发生之时，相关的做空限制是否生效。如果不考虑这类因素，那么，相应系统的表现就会过于乐观。

8. 连续性期货合约

期货合约存在到期日，所以某一个特定品种的期货合约，比如说原油，对各种不同类型的期货合约大都适用。在通常情况下，相关的交易策略适用于"近月合约"[⊖]，而什么合约属于近月合约则取决于你是否决定将合约循环至下一个交易月，即你何时决定卖出当前的近月合约，同时买入下一个最近到期日的期货合约（假定你是以做多的形式进入期货市场的），而出现循环交易的原因多种多样，比如，如果某些人在当期近月合约到期之前可能决定将合约延展10天；或者，某些人发现期货市场混杂着一些"未平仓合约"；或者，下一个交易月的未平仓合约超过了当前的近月合约，等等，不一而足。然而，当你决定将期货合约延展至下一个交易日之时，你的交易策略会遇到一些麻烦，因为展期时的买入与卖出的行为独立于相关的交易策略，能够导致最小额的回报与损益（P&L）（所谓损益与回报受"展期利息"的影响，我们在第5章会对其进行展开式的探讨，从中我们会发现：所谓展期利息在每一个合约有效期之内的每一天都会生成，它不是一个累积的结果）；不过，让我们值得欣慰的是：大多数期货之历史数据的供应商业已认识到这一点，进而提供"连续合约"的相关数据。

我们不会在这里讨论自己如何创建一个连续的期货合约，因为你可以解读许多期货历史数据供应商网站上的相关信息，但是这其中有一个细微的差别，对此你要有所认识：创建连续合约的第一步需要把相应近月合约的价格链接在一起，同时确定一个特定的循环延展日期，但此种做法可能导致在循环日与之前的时间序列之间存在明显的价差，进而使你的回测系统在展期当日生成虚假的回报与损益数据。

[⊖] 离交割月较近，但还未进入交割月。——译者注

要想对上述情况进行更加深入的了解，我们设近月合约特定日期 T 的当日收盘价为 $p(T)$，而 $T+1$ 期的相同合约之当日收盘价为 $p(T+1)$；另外，设下一个最近交易月份的期货合约（回购/回售合约）于 $T+1$ 期的当日收盘价为 $q(T+1)$。假设 $T+1$ 期为循环展期的时间序列，如果我们以 $p(T)$ 的价格做多近期合约，那么，我们会将这个合约以 $p(T+1)$ 的价格售出，同时以 $q(T+1)$ 的价格回购下一个交易月的期货合约。那么，实施前述策略之后，第 $T+1$ 日的收益率与相应损益是如何计算的呢？按常理，相应损益等于 $p(T+1)-p(T)$，而相应收益率等于 $[p(T+1)-p(T)]/p(T)$。但是，未经调整的连续价格序列在 T 时刻所显示的价格是 $p(T)$，在 $T+1$ 时刻所显示的价格是 $q(T+1)$，如果你按照惯性模式计算相关损益和收益率的话，那么，$q(T+1)-p(T)$ 的损益值与 $[q(T+1)-p(T)]/p(T)$ 的收益率的数值则都是错误的。为了避免这一类错误，相关的数据供应商需要对相应序列数据进行系统性的回调，从而消除所生成的价差，使得在 $T+1$ 期的收益是 $p(T+1)-p(T)$，我们可以将 T 期之前的每一个交易日的价格 $p(t)$ 加上 $q(T+1)-p(T+1)$ 的数值，这样一来，T 时刻至 $T+1$ 时刻之价格变化的数值可以计算成 $q(T+1)-[p(T)+q(T+1)-p(T+1)]=p(T+1)-p(T)$，如此得出的结果就是正确的（当然，在计算的过程中，我们要考虑循环展期的问题，所以，我们必须进行多轮回测调试，从而比较深入地向前探索相关的序列数据）。

那么，我们的问题就此解决了吗？不完全是。在调整后的序列价格已知的情况下，相应的收益率等于 $[p(T+1)-p(T)]/[p(T)+$

$q(T+1)-p(T+1)]$，不是 $[p(T+1)-p(T)]/p(T)$，如果我们利用回调程序将损益数值调整正确，那么，相应收益率的数值就会出现偏差；反之，我们回调相应的价格序列，将收益率调整正确［我们可以将 T 期之前的每个交易日的价格 $p(t)$ 乘以 $q(T+1)/p(T+1)$］，那么，相应的损益数值就会出现偏差。所以，我们很难做到两面兼顾。如果考虑到连续合约序列的便利属性，那你就不得不在损益指标和收益率指标之间"二选其一"进行相关的考量（如果你不想依赖于各种独立的合约来回测你的交易策略，那就在展期之时关注相应的多空交割价格，那么，你就可以对相关的损益数值与收益率同时进行正确的运算了）。

另外，如果我们不对收益率进行回调，而是修正相关的价格数值，那么较远期的价格可能会出现负值，如此则使你的交易策略产生一系列问题，同时也会影响相应收益率的计算。一般来说，要想解决前述的问题，我们需要对所有的价格加入一个常数，从而使其一直是正值。

如果我们的交易策略涉及两个不同合约之间的点差，那么，对回调测试方式的选择就会变得更加重要了——如果你的交易策略所生成的交易信号依赖于两个合约之间的价差，那么，你就必须选择价格相关的回调测试方法，否则，相应的价差就会产生偏差，从而生成错误的交易信号；如果你的策略涉及日历利差（标的资产相同、到期日不同的各类合约之间的利差），那么，回调测试方法的选择就更加重要了。这是因为，日历利差与价差相比，只是一个很小的数值，因此，由展期而诱发的任何误差会使相应利差的百分比显得相对较大，极易使相关的回测系统或实时交易系统生成错误的交易信号。但是，如果你的交易策略依赖于两个合约价格之比率所生成的交易信号，那么，你就必须选择收益率相关的回调测试的方法。

正如你所看到的那样：当你选择一家数据供应商以解读期货的历史数据之时，那你就必须了解这些供应商是如何对待回调这个议题的，因为它肯定会对你的回测系统造成影响。例如，csidata.com 网站只采用价格相关的回调模式，同时加入一个常数以避免相应价格的数值为负数；而 tickdata.com 则允许你在价格相关与收益率相关的模式之间进行选择，但是没有一个常量设置，因此不能保证相应的价格不出现负值的情况。

9. 期货合约的收盘价与结算价

一份由数据供应商提供的期货合约的日收盘价通常就是其结算价格，而不是该合约于当日的最后一个交易价格。请注意：每一个期货合约于每一个交易日都有一个结算价格，哪怕是该合约在某一天根本没有被交易，而如果某一个期货合约被交易，那么，结算价格一般与最后一个交易价格是不一样的。大多数的数据供应商一般将结算价格作为期货合约的当日收盘价，但是，对每笔交易都提供实时数据的供应商来说，如果期货合约在某一个交易日存在交易，那他们可能会只提供实际的交易价格，从而使收盘价成为最后一个日交易价格。那么，我们在回测相关交易策略之时，采信哪一个价格呢？

在大多数情况下，我们采用结算价格，因为如果你在接近收盘时进行交易，那收盘价格则最接近你的交易价格，而期货市场最后记录的交易价格可能在几个小时之前就已经生成了，其与你在接近收盘时所交易的价格关系不大，清楚这一点很重要，尤其在我们要构建一个期货配对交易策略之时。如果你应用结算价格来确定期货的利差，那你要确保两个期货合约价格所对应的时效是相同的（这是可以做到的，如果两个期货合约的标的资产相同，那它们的收盘时间是一致的；如果你要交易不同金融工具之间的利差，那我们将在本节的末尾处进行讨论）。但是，如果你使用最后一个交易价格来确定两个合约的点差，那你采信的价格所对应的两个时效就是不同的，结果也是不正确的，而此种错误则意味着你的回测系统程序会因为不切实际的高额利差生成错误的交易，而当相应利差进行调整的时候，相关交易在系统中的表现会很不真实，其实，在连环交易的情境之下，期货的点差价值不大，而因之生成的膨胀性的回测结果是非常危险的。

如果你的交易策略与日间交易的点差相关，或者说，当你以日间交易的期货价格来回测点差交易绩效之时，你需要掌握两套数据：一个是相应两份期货合约之历史性的买入价及卖出价，另一个是相关点差于本地交换之时的日间数据。前述两种数据是必须有的，因为很多期货合约的流动性不大，所以，如果我们依赖于每根期货价格棒线之上的最后一个交易价格来计算相应的点差，那我们会发现：同一价格棒线之价点所对应的合约 A 与合约 B 在实际交易中所对应之时间序列的差异会非常之大。期货价格图形各个棒线上的最后一个交易价格在时间上是不同步的，因而形成的点差在实际交易当中所对应的价格是不可能被买入或被卖出的。如果我们回测系统当中的日间点差交易策略依赖于每一个日间终值波段价差而不是日间终值价差本身，那么，相应收益率的表现就会显得不切实际。一般来说，比较可信的、提供日间点差交易之历史性数据（包含报价与交易价格）的供应商有cqgdatafactory.com。

这里有一个普遍存在的细节是不能忽视的，即如何回测不同金融市场之间的点差。如果相关的期货合约在不同的交易所交易，那么，它们的收盘时间是不同的，所以根据其各自的收盘价来计算相应的点差是错误的，同样，当我们依据期货市场和开放式指数基金来计算点差也是不对的。相应的补救办法是：将相关日间交易的买入价–卖出价之点差所对应的金融工具进行同步交易；另一种方法是：在开放式指数基金中涵盖期货交易，从而取代期货交易本身，例如，我们可以将嘉式格瑞的黄金期货与 ETF 黄金指数基金（GDX）之间的点差交易代之以黄金基金（GLD）与 GDX 之间的指数交易，因为此两种工具都可以在阿尔卡（Arca）交易所交易，其收盘时间均为美国东部时间的下午 4 点。

1.3 统计学在回测程序上的应用：假设检验

在任何回测系统当中，我们所面临的问题是如何将有限样本的规模确定在合理的水平，比如，无论我们计算的统计指标是什么，诸如平均收益率，还有最大跌幅等，它们都具有随机性；换句话说，如果我们的交易策略碰巧在小规模的数据样本验证之下取得不菲的收获，那我们就会很幸运，统计学家因之而开发了一种通用的方法，即假设检验，用以实现前述的目标。

具体地讲，应用于回测系统当中的假设检验基本框架遵循如下的几个步骤：

（1）基于某个有限的样本数据的回测系统，我们需要计算一个特定的统计测度值，我们称为假设检验统计量。具体地讲，假设检验统计量就是在一定时间序列内，某个特定交易策略相关的日平均收益率。

（2）我们设定基于无限序列数据而生成的真实日间平均收益率为零，此种前提条件被称之为"零假设"[一]。

（3）我们设定日间收益率的概率分布是已知的，即基于"零假设"的理念，相应概率分布的均值为零。接下来，我们就要阐述如何确定此种概率分布。

（4）基于零假设的概率分布理念，我们设定：平均日间收益率至少不能低于回测系统中的观测值——对此概率，我们用 p 来表示（对于一般的检验统计来说，在极端情况下，检验统计所对应的概率可能出现负值的情况）。我们将概率 p 称为假定值，如果 p 值极小（比如小于 0.01），那就意味着我们可以"拒绝零假设"，同时，从统计意义上讲，回测系统中的收益会显现得非常明显。

以上所论的关键在于第三个步骤，那么，在零假设的情境之下，

[一] 统计学术语。——译者注

我们将如何确定相应的概率分布呢？我们可以假设：相应日间收益率服从一个标准参数的概率分布，比如高斯分布，即均值为零，标准差以样本数据的日间收益率之标准差为准，如此则表明，如果相应回测系统具有较高的夏普比率，那么，对我们来说，放弃零假设就不那么困难了，这是因为按照高斯分布的相关理念，标准统计检验量正是均值除以标准差，再乘以相应点数的平方根（Berntson，2002）。同时，各种临界点的 p 值均列于表 1-1 中，例如，在回测系统当中，如果相应日间夏普比率乘以天数的平方根的值大于等于临界值 2.326，那么，相应的 p 值就会小于等于 0.01。

表 1-1　日间夏普比率 $\times \sqrt{n}$（n 为天数）所对应的临界值

p 值	临界值
0.10	1.282
0.05	1.645
0.01	2.326
0.001	3.091

资料来源：Berntson（2002）。

上述假设检验的方法和我们的理念是一致的，即追求高夏普比率的策略在统计学的意义上具有更加明显的效果。

预期零假设的概率分布的另一种方法是应用蒙特卡罗模拟方法生成模拟的历史性价格数据，再将这些数据填充至我们的交易策略之中，然后以实证的方式确定相应收益的概率分布，而我们的理念是：相关交易策略的盈利模式不仅仅依赖于前期瞬时的价格分布，也能够捕捉一些微妙的情境或者相应价格序列的相关系数。所以，如果我们在实际价格数据所对应的初始时刻及相同时间步长之内生成多元的模拟数据，然后在这些模拟的价格序列之中运行相应的交易策略，那么我们会发现：这些序列价格所对应的收益率之均值 p 将大于等于回测系统所生成的收益率。而比较理想的 p 值应该足够小，从而使我们可以摒弃"零假设"的条件限制，否则，应用相应策略所产生的平均收益则只能参照相关金融市场的收益率。

预期"零假设"之概率分布的第三种方法是由安德鲁·罗和他的合作伙伴提出的（罗、马梅斯盖、王，2000），此种模式不是对价格数据进行模拟估计，而是对一系列交易进行模拟，同时规定了相应的约束条件，即实际的多空交易单数与交易持续的平均时间步长都要和回测系统中的数据相吻合，同时，相应的交易应该是在真实的历史性价格数据支持之下随机生成的。然后，我们需要测定相应一组交易的平均收益率是否大于等于回测系统所生成的平均收益率。

例 1-1 中，我在一个特定交易策略的情境之下，将回测系统相关的三种统计模式进行了比较，对于不同的检验结果，我们没有必要大惊小怪：因为不同情境之下的概率分布是不同的，同时，相应交易策略所设定的概率分布在不同情境之下所遵循的随机标准也是不一样的。

例 1-1 期货动量交易策略的假设检验

我们在这里应用前述三种假设检验的版本进行相关的检测，其中每种方法所应用的零假设条件具有各自不同的概率分布，交易策略相关的回测结果之标的资产是将在第 6 章探讨的 TU 数据库中的各类期货，而相应的交易策略是：在该期货收益率为正时买入（在收益率为负时卖出），同时，期货合约的持有时间为 1 个月。我们遴选相应策略的宗旨不只是"简约"，也要赋予其一个固定的持有期，而对第三种假设检验策略而言，我们需要将相应的多空交易之初始日期随机化，且持续时间步长也要随机化。

假设检验的第一种方法很简单，我们所设定的日间收益率的概率分布服从高斯分布，即均值为零——其符合零假设的前提条件，而标准差以回测系统中的日间收益率的标准差为准。如果我们用 ret 来表示策略相关的日间收益率 $T \times 1$ 型 MATLAB$^{©}$ 矩阵，则相应的统计检验数值为：

`mean(ret)/std(ret)*sqrt(length(ret))`[一]

如果相应数据集合的数值是 2.93，与表 1-1 中临界值的统计检验数据相对照，则显示我们可以摒弃零假设的约束条件，且置信概率在 99% 以上[二]。

第二种假设检验的方法是处理一系列随机模拟的期货日间收益率数据（不是交易策略相关的日间收益率），其所对应的天数与回测系统之时间步长是一致的，同时，相应的随机日间收益率数据应该与期货实际收益率的观测值具有相同的均值、标准差、偏度与峰度。但是，它们之间内嵌的相关系数不需要统一。如果我们发现一个比较理想的概率，在其情境之下，应用

[一] $\dfrac{\text{mean}(\text{ret})}{\text{std}(\text{ret})\sqrt{\text{length}(\text{ret})}}$，其中 mean 表示均值，std 代表标准差，length 为收益率所对应的时间步长。——译者注

[二] 99% 的逆函数值只有 2.33。——译者注

相关交易策略所获取的收益不输于或好于随机的收益以及实际收益的观测值，那么，这并不意味着所谓的动量交易策略能够捕捉任何行情或收益，其之所以盈利是因为我们比较幸运，即攫取的收益率的观测数值所生成的概率分布恰巧具有一个特定的均值和分布形态。为了在规定的时刻内生成模拟的随机收益率的相应数据，我们可以从 MATLAB 系统中的统计软件内选取那些服从皮尔逊分布的随机数来创建相应的函数；在模拟收益率 marketRet_sim 生成之后，我们根据其变化创建模拟的价格序列 cl_sim；最后，我们根据相应价格的变化运行相关的交易策略，同时计算该策略项下的平均收益率。我们需要模拟 10 000 次，然后统计有多少次因此策略而产生的平均收益大于等于实际的观测数据。

我们假设相应收益率为相关期货日间收益率的 $T\times 1$ 型的行列矩阵，那么，相应关键性的程序编辑语言如下：㊀

```
moments={mean(marketRet), std(marketRet), ...
  skewness(marketRet), kurtosis(marketRet)};
numSampleAvgretBetterOrEqualObserved=0;
for sample=1:10000
    marketRet_sim=pearsrnd(moments{:}, length(marketRet), 1);
    cl_sim=cumprod(1+marketRet_sim)-1;

    longs_sim=cl_sim > backshift(lookback, cl_sim) ;
    shorts_sim=cl_sim < backshift(lookback, cl_sim) ;
```

㊀ moments 表示阶矩，pearsrnd 表示皮尔逊分布，skewness 表示收益率曲线的偏度，kurtosis 指峰度值，long 代表多头（买方），short 代表空头（卖方），backshift 指二次变分，pos 指持仓头寸。——译者注

```
pos_sim=zeros(length(cl_sim), 1);
for h=0:holddays-1
    long_sim_lag=backshift(h, longs_sim);
    long_sim_lag(isnan(long_sim_lag))=false;
    long_sim_lag(isnan(long_sim_lag))=false;
    long_sim_lag=logical(long_sim_lag);

    short_sim_lag=backshift(h, shorts_sim);
    short_sim_lag(isnan(short_sim_lag))=false;
    short_sim_lag=logical(short_sim_lag);

    pos_sim(long_sim_lag)=pos_sim(long_sim_lag)+1;
    pos_sim(short_sim_lag)=pos_sim(short_sim_lag)-1;

end

ret_sim=backshift(1, pos_sim).*marketRet_sim/holddays;
ret_sim(~isfinite(ret_sim))=0;

if (mean(ret_sim) >= mean(ret))
    numSampleAvgretBetterOrEqualObserved=numSampleAvgret
        BetterOrEqualObserved+1;
end
end
```

通过运行上述程序，我们发现：对随机收益所进行的10 000次的模拟过程中，有1166次策略相关的平均收益率大于等于实际的收益观测值，那么，否定零假设的概率条件只有88%——很明显，收益率分布曲线的形态与相应策略的成功与否是相关的（注意：交易成功与否和收益率分布中的均值点位的相关性不大，因为在不同的时间序列，多、空持仓的头寸是不确定的）。

第三种假设检验的方法涵盖了随机进行的多、空交易的入场日期，同时，回测系统之中，多单与空单的数量是一致的，其实，我们可以通过 MATLAB 系统的随机函数很容易地完成此类工作，编辑语言为：

```
numSampleAvgretBetterOrEqualObserved=0;
for sample=1:100000
    P=randperm(length(longs));
    longs_sim=longs(P);
    shorts_sim=shorts(P);

    pos_sim=zeros(length(cl), 1);

    for h=0:holddays-1
        long_sim_lag=backshift(h, longs_sim);
        long_sim_lag(isnan(long_sim_lag))=false;
        long_sim_lag=logical(long_sim_lag);

        short_sim_lag=backshift(h, shorts_sim);
        short_sim_lag(isnan(short_sim_lag))=false;
        short_sim_lag=logical(short_sim_lag);

        pos(long_sim_lag)=pos(long_sim_lag)+1;
        pos(short_sim_lag)=pos(short_sim_lag)-1;
    end

    ret_sim=backshift(1, pos_sim).*marketRet/holddays;

    ret_sim(isnan(ret_sim))=0;

    if (mean(ret_sim) >= mean(ret))
    numSampleAvgretBetterOrEqualObserved=...
        numSampleAvgretBetterOrEqualObserved+1;
    end

end
```

在以 100 000 个样本为标的的程序运行过程中，没有一个单独的策略相关的样本收益率能够大于等于实际观测值,这说明第三种假设检验的方法对相关策略的认可度不足。

零假设的方法不是唯一的,不同的零假设理念将会产生不同统计学意义上的数值,因此许多评论家认为此种方法存在瑕疵(吉尔,1999);此外,我们也确实想知道:相应观测到的测试数据 R 能否使零假设检验的条件概率值等于 $p(H_0|R)$[⊖]。然而,在我们之前所阐述的程序当中,因计算相应的测试数据 R 而生成的条件概率值为 $p(R|H_0)$,而 $p(R|H_0)=P(H_0|R)$ 的情境不多。

即使假设检验以及摒弃零假设理念的方法可能不是一个非常令人满意的具有统计学意义的评估方法,但是当对零假设理念的拒绝无效时,则可以生成许多非常有趣的情境,在例 1-1 中,我们可以发现:收益率分布曲线的峰度变高时,应用动量交易策略则可以产生理想的效果。

1.4 交易策略于何时无须被回测

我们之前曾费尽唇舌使你信服:你应该在交易之前对每一种交易策略进行回测。那为什么我们还要反对回测某些交易策略呢?事实是:一些已经出版发表的交易策略存在着明显的瑕疵,对它们进行的考量纯属浪费时间,而如果你知道在回测系统中某些策略普遍存在着一些

⊖ R 条件下的 H_0 事件发生的概率。——译者注

误区，那你就可以在不了解相关细节的情况下决定是否回测某些交易策略。我们可以参看一些案例。

例证1：某个特定的交易策略在回测系统中的年化收益率为30%，夏普比率为0.3，最大跌幅持续期限为2年。

事实上，没有哪个交易者（与投资者相对而言）会对"沉寂"两年的金融产品及相应的交易策略感兴趣。较低的夏普比率配以长期的低迷时限意味着相应的交易策略不具备可持续性。但是，如果平均收益率较高，那就意味着这可能只是偶然出现的，当我们开始实际交易时，此种情境不太可能重演；另一种说法是：高收益率可能是因数据探测过程中的偏差所致，同时，长期的低迷行情也会使相应的交易策略无法通过交叉验证方法的测试。因此，我们不要厌恶回测那些高收益率、低夏普比率的交易策略；还有，我们也同样不要厌恶回测那些附着超出你或你的投资人所能承受的最大跌幅期限的交易策略。

例证2：一份原油期货的多头合约的收益率在2007年为20%，夏普比率为1.5。

当我们对2007年原油之即月期货合约进行检测时，我们发现其收益率为47%，夏普比率为1.7，应用相关策略还不如直接购买原油期货并持有一段时间！而其中的寓意在于，我们必须选择一个合适的标准来衡量相应的交易策略，而此间多头策略的合理标准就是"买入并持仓"所产生的收益率，此乃信息收益率，而不是夏普比率。

例证3：一个应用"低买高卖"的交易策略的回测系统在年初遴选了10只最为廉价的股票，并持有1年——于2001年，其收益率为388%。

这里，我们的第一个问题是：在解读标题项下的策略时，我们的回测系统所采用的股票数据库能否剔除所谓的"生存偏差"呢？换句话说，相应数据库是否包含那些退市的股票呢？如果数据库只包含那些一直存活至今天的股票，那就意味着相应策略可能是于2001年年初碰巧买到了非常便宜的幸存下来的股票，时过境迁之后，恰巧实现了388%的收益率，而如果相关数据库包括那些退市的股票，那么，因应相关策略所选择的股票而构建的投资组合的损失将会是100%——如果我们在2001年运行上述策略，那我们的实际损失就是100%，而回测系统所显示的388%的收益率就是一个被高估的数据，是永远不会变成现实的。如果我这里对相应数据有可能涵盖退市股票的事件不做特殊强调的话，那我们的回测系统就会因"生存偏差"的问题遭受损失，而由此生成的收益率数据就会被高估。

例证4：某种神经网络交易模式——回测系统当中包含100个节点，夏普比率为6。

一看到神经网络交易模式这个术语，我就紧张，更不用说它还附带100个节点，而你所需要掌握的信息是：神经网络各节点的数量与相关样本内训练数据所填充的参数的个数成正比。而系统中的参数至少有100个，那么，我们可以于任意时间序列填充相应的交易模型，进而生成不切实际的夏普比率，但是，在数据检测过程中的偏差会使相应的模型缺乏预见性，即显得滞后。

例证5：一个高频交易的E-迷你标普500指数期货的交易策略在回测系统中显示的年化收益率为200%，夏普比率为6，持有时限为50秒。

我们能够回测高频交易策略吗？一般来说，高频交易策略的效应取决于订单的形式以及相应的运行方法，但更为关键的是，相应策略的效应主要依赖于相关市场的微观结构，即使我们拥有全部的历史性的订单数据，但高频交易策略的收益主要依仗的是市场参与者之间的相互影响。但这里有一个问题，即"海森堡测不准原理"是否生效呢？该原理的中心思想是：某个交易者每植入或者运行一个订单，都有可能改变其他市场参与者的行为。因此，所谓的对高频交易策略的回测是充满变数的。

人生苦短，我们没有时间对每一个交易策略进行回测与解读，某些人只是希望找出回测系统中存在的具有普遍性的缺陷，进而帮助你选出值得回测的交易策略。

1.5 回测系统对相应收益率具有预测功能吗

即使我们可以规避之前所罗列的一些系统中具有普遍性的缺陷，即使我们具有足够的交易数据从而确保回测过程能够具有统计的价值，但相应系统的预测功能主要依赖于一个假设条件，即相应价格序列的统计特性是不变的，那就意味着：过去可以获利的交易规则在未来同样可以获利，该假设在不断变幻的情境下往往是无效的，例如，一个国家的经济形势发生变化，那么，一家企业的经营模式就会发生改变，而相应的金融市场结构也就发生了改变。通过观察美国在过去10年里的变化，我们见证了很多类似的变化过程，其中包括：

（1）2001年4月9日，美国股票的报价机制改为十进制（之前，美国股票报价单位是1/8或1/16美分）。报价制度的变更不仅缩小了买价与卖价之间的点差，同时也降低了最优买卖价格项下的流动性（Arnuk与Saluzzi，2012），进而降低了许多套利策略的盈利功能，同时提高了许多高频交易策略的收益性。

（2）2008年金融危机使得金融市场的交易量萎缩了50%（Durden，2012），同时，零售交易商与普通股股东的数量也迅速下降，如此则降低了金融市场的平均流动性。然而，其间也夹杂着诸如2010年5月崩盘时所引发的具有突然性的高频交易，进而致使美国联邦所发行的债券的信用等级在2011年8月被相关评估机构做了下浮的调整，凡此种种使得依赖于宽幅且恒增长的波动率的均值回归型交易策略所对应的收益发生了整体性的下滑。

（3）同样是2008年金融危机期间，跨年度的熊市行情使得动量交易模式受到打击。关于这个问题，我们会在第6章进行讨论。

（4）美国证券交易委员会于2007年7月实行新的监管制度，该制度使得平均交易规模大幅下降，也使得纽交所的大宗交易难以为继

（Arnuk 与 Saluzzi，2012）。

（5）2007年6月，监管部门取消了空单提价的制度，但在2010年，又以新的替代型的提价机制恢复了对空单的限制。

以上种种情况说明：在每一次"机制转换"之前而实施的交易策略于其转换之后可能会失效，反之亦然。同样，回测系统之中的机制转换发生之前的数据有可能是毫无价值的，而如果回测系统使用近期的数据，那也可能因对未来机制变换的预期而使得相应的利润空间被大幅压缩。总之，对交易的运算法则不仅仅是算法、编程以及一些数理方面的知识，它还应包括：对市场基础以及相关的经济问题有一个清醒的认识，从而使我们能够辨明某一种回测机制是否具有预见性，且将来是否具有预见性。

1.6 对回测系统以及自动化运行平台的抉择

软件公司已经努力地做了大量的工作，它们向交易者提供了广泛的回测系统及相应的自动化运行平台，其中也包含了迎合各种可能性的编程技巧。在确定相应的交易平台时，我们将面临两个选项：

（1）购买一个专用的回测系统及相应的执行平台，然后，根据平台专用的图形用户界面或编程语言来运行相关的交易策略。

（2）应用通行的编程语言，例如 C++，来编写你自己的回测系统及执行平台；或者以一种完全独立的方式从软件库中分批购买相应的软件，从而简化相关的功能；或者在一个集成开发的情境之下，附着一个综合的数据库，进而迎合相应的交易运算法则。

接下来，我们要考虑一些选择相应系统及平台的关联标准。

1.6.1 你的程序编辑功能强大吗

如果你的程序编辑水平不高，那么，对你来说，唯一的选择是采用那些专用的交易平台，这些平台可以提供一个"拖放"式的用户图形界面，从而使相应的用户在构建相关交易策略之时免去学习编程语言的烦恼，比较著名的产品有领英软件的 Deltix 外汇交易平台及 Progress Apama 算法交易平台。但是，我发现：相关的用户图形界面（GUI）在你所构建的各种交易策略当中的作用有限，而且从长远来看，相应的编程语言在表达相关交易策略之时会显得过于高效（注意：Deltix 平台与 Apama 平台还可以通过其他途径指定一项策略，关于这个问题，我们会进一步解析）。

如果交易者的编程能力较强，那他们就应该考虑应用脚本语言构建回测与自动化执行系统，而相应的脚本语言不需要编译，你可以立刻看到回测结果，同时快速完成输入装置，并且建立数学或逻辑的表达式，很多交易者结合可视化 BASIC 程式语言的宏指令依据微软 Excel 模式所构建相应的回测系统属于此种类型。然而，依据 Excel 模式实际上很难应对一个比较理性的复杂的交易策略，甚至连调试都不行；另外，Excel 并不是一个高性能的语言，如果你的交易策略所相关的各种计算非常密集，那它很难运行。如果你运用 Excel 构建自动化的执行平台，那你可能会发现：你必须使用动态数据交换系统

（DDE）链接你的经纪人进行相应的数据更新，你也可能需要添加可视化 BASIC 语言的宏指令来处理更加复杂的交易逻辑，这是相当高效的（但是，我们还是要参看专栏 1-1 中的与试算表显示的高效、增压的交易平台）。

专栏 1-1　外汇交易自动化执行平台（Steroids）的 Excel 编辑程序

有一种货币交易平台被称为 FXone，其看似是由 Excel 模式编辑的，其实，它的底层计算引擎是由诸如可取代 VB 宏指令项的 C++ 之类的高效语言编辑的，这是一个真正的点值驱动的应用程序。

每一次点数呼值（在外汇交易中，一个点值就是一个报价）的变化都会使相应电子表格重新计算所有单元格之内的数值，而且相应平台内部有一个实时数据缓存系统，如此，不同的单元格需要从缓存中提取相同的数据用以检索，而不是对相应的数据进行简单的复制，这也是一个真正的居于两个不同层面的多线程交易平台：首先，不同的交易策略显示在不同 Excel 工作簿之上，这样市场数据更新和提交订单可以同时进行；其次，不同的单元格在同一工作簿也可以同时更新和处理新型的数据，这就是说，即使一个单元格的计算恰好需要很长时间才能完成，但它不会阻止其他单元格应对新的呼值，即提交订单——图 1-1 就是一个展示外汇交易的屏面截图。

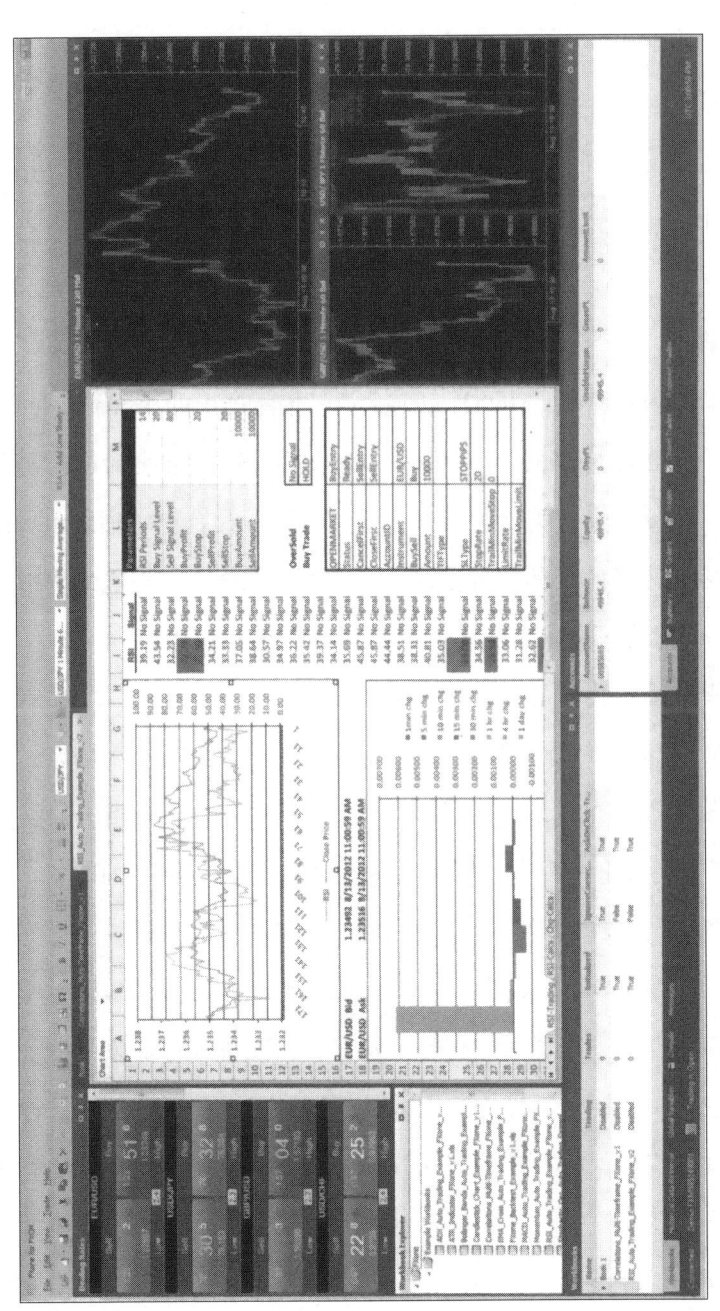

图 1-1　外汇交易的屏面截图

很多专用的交易平台，比如 QuantHouse 平台（实时操作及下一代交易解决方案的全球供应商所提供）、RTD Tango 平台（由全球性交易方案供应商 RTS 推出）以及之前提到的领英系统的 Deltix 和 Progress Apama 平台，还包括一些编码策略的操作方法，同时，具有自己专有的编程语言，通常非常简单，容易学习，也许像 VB 语言那么简单。而除了前述的几个机构型交易平台，一些零售型交易商也开发了一些平台，诸如华润汇市（MetaTrader）、福汇集团推出的 NinjaTrader 外汇交易平台、TradingBlox 期货交易平台、TradeStation 平台的简易程序语言等，我没有亲自尝试所有这些平台，但是我有一个挥之不去的疑虑，即尽管这些平台具有明显的易用性和其他优点，但它们都以某种方式把一些限制添加在可回测与可运行的交易策略之上。

如果对编程技巧的要求比 VB 语言稍高一些，那么，交易者自会发现：MATLAB 中的一些脚本语言，如 R 语言和 Python 语言，能够提供更易于调试的、具有更大灵活性的模式用以回测相应的交易策略，同时，它们使得回测大型数据集合的工作具有更高的效率，我们将其统称为"REPL"语言。"REPL"是程序员的一种叫法，其全称是"Read-Eval-Print-Loop"⊖，也就是说，你可以在其中键入数学表达式，程序将立即进行评估并打印出答案，并准备为你输入下一个表达式——它的工作原理就像一个手持计算器，但它的表现更好：你可以在一个文件当中保存所有的表达式，并按编程顺序自动运行之；这些

⊖ 对数据进行解读－评估－输出－循环。——译者注

语言的解析方法比传统编程语言（如 C++）更直观、更容易理解；同时，可以将更加灵活的变量形态在一个程序中进行使用；另外，相关的标量、数组和字符串都使用类似的解析方法进行处理，而且以同样的方式传输至相应的函数方程。

MATLAB 还可以利用 Java 语言、C++ 语言、C# 库、应用程序的设计接口（API）来实现调用函数的工作，如此，则可以使 MATLAB 利用传统的编辑语言更有效地完成特殊的、密集型的计算工作；还有，与 MATLAB 编写的 R 语言或 Python 语言相比，更多的数据库和设计接口都书写于传统的编辑语言当中，所以函数调用功能通常是必不可少的。

许多依赖于算法的交易员知道 MATLAB、R 语言和 Python 语言在回测中的表现极好，但鲜为人知的是：这些编辑语言也可以变成执行平台之外的一些工具箱。尽管大多数券商熟悉一些编辑语言，且知道如何调用相关的函数，但他们还是用 Java、C++、C# 等语言编辑相应的程序接口，然后，就像我之前说的那样，用这些语言编辑的接口链接 MATLAB，进而调用相应的函数。如果你希望消除"外文"式的语言模式，将接口调进 MATLAB 之内，那么，有许多被销售的程序产品可以解决此类问题。还有，MATLAB 自身的数据填充工具箱可以向呼值中心（Trading Technologies）的特定交易员（X_TRADER）传输相关联的订单。undocumentedmatlab.com 网站曾经开发了一个 MATLAB 程序接口（IB-Matlab），用以将 MATLAB 与盈透证券公司链接在一起；还有一个供应商开发了两个程序接口（quant2ib、 quant2tt），将MATLAB与呼值中心链接在一起；对于其他券商，特定供应商www.pracplay.com以月费的形式将MATLAB或R语言与15个以上的券商链接在一起；免费的资源共享型链接盈透证券的MATLAB接口则是由杰文斯·库兹佐夫所开发，其可以从MATLAB的文件交换中心下载；同时，供应商的平面设计软件（MAT-FIX）可以根据金融信息交换（FIX）协议使你的MATLAB程序能够向券商或交易所传输订单；另外，你也可以在一个开放式的资源共享型平面设计引擎（QuickFIX——考左拉，2012）内以MATLAB程序调用Java语言，或各种网络函数；对Python语言的用户而言，免费的资源共享型软件IbPy则可以将你的Python语言的交易编程与盈透证券链接在一起。虽然前述这些MATLAB语言和Python语言的附加软件可以链接一个券商，但这并不意味着所有这些链接不复杂，反之，在回测与运行平台使用相同的程序是十分麻烦的。

如果你是一个"铁杆"程序员，当然，你会毫无疑问地运用最灵活的、最有效的、最强大的编程语言进行回测工作，同时运行自动化的执行平台，就如之前提到的Java、C++或者C#三种语言。如前所述，所有券商或交易所为了迎合算法交易员的需求，在一个或多个语言当中提供相应的应用程序接口，或者使用金融信息交换系统（FIX）接受你所提交的关联订单，进而使程序可以创建且转换使用各类编程语言中的一个（例如，之前提到的使设计引擎QuickFIX在C++语言、C#语言、VB语言、Python语言和Ruby语言中得以生效）。但是，现在的软件行业已经使相关系统能够更加简便地运行我们的交易策略，同时，他们通过提供用于回测的集成开发模块（IDE）也使得相应策略的运行更加稳健。事实上，许多专用的交易平台（如 Deltix 平台、Progress Apama 平台、QuantHouse 平台以及 RTD Tango 平台等）也包含了一些编码的策略，即使用通用的、高级的编程语言使其自身与 IDE 系统具有相似的功能。另外，也有一些免费的、资源共享的数据库或检测系统，对此，我将在接下来的部分进行描述。

1.6.2 回测系统与执行平台能够使用相同的程序吗

专用执行平台通常会隐藏其与券商或交易所相链接过程中的复杂性，比如接收实时市场数据、发送订单、确认订单，以及根据程序更新投资组合的头寸等；与此同时，专用回测平台往往与历史数据结合为集成系统，所以对很多专用的交易平台而言，回测程序可以与实时执行程序一样，即将纯交易模式分解出来，然后植入在一个函数之中，进而仔细地检索数据或提交订单；同时，在回测模式和实时执行模式之间进行切换；最后，通过键盘在所填充的历史数据和实时市场数据之间进行相应的转换。

在回测系统与实时执行系统之间进行轻松的切换绝不仅仅是一个便利的问题：它可以消除任何有可能出现的差异情况，同时也可以消除在回测的策略转换为实时交易策略过程中所出现的误差——要知道：所谓的差异情况常常会造成一些困扰，即策略相关的一般性编程语言到底是用 C++ 编写，还是用 MATLAB 编写呢？同样重要的是：系统之间的转换可以消除前瞻性偏差出现的可能性，而如前所述，前视性偏差意味着相关系统会错误地将未来不可知的信息作为所输入的历史数据的一个部分，进而输入回测引擎之内。专用平台可以在同一时刻以棒线或点数的形式，将历史性的市场数据填充至交易所生成的引擎之内，正如其填充实时市场数据那样。所以，未来的信息则没有可能作为数据被输入系统之内，这是具有特殊用途的交易平台的一个主要优势。

在应用上述平台方面还有一个优势，即回测系统和实时执行平台可以使用同一个程序，从而能够回测那些基于高频交易策略的点数驱动模式，这是因为大多数的优质型执行程序属于"事件驱动"，也就是说，一个新的点数变化会引发一个新的交易，它不是任意时间序列的终结。因此，如果我们输入的历史数据也是由点数驱动所致的，那么，我们就可以依据每一个点数的变化，甚至是每一个订单的变化来回测高频的交易策略（我曾经讲过："理论上"来说，我们的前提假设是你的硬件足够强大）。当然，我们可以用MATLAB语言将每一个点数填充至程序之内，从而回测点数驱动的交易策略，尽管这是一个烦琐的过程。

如果你是一个称职的程序员，且更喜欢比较灵活的、具有普遍性的编程语言，但基于之前的考虑，你想使用相同的程序同时进行回测检验和实时交易，你仍然可以使用机构层级的专用平台，或者，你可以使用许多可用的资源共享型集成开发模块，如Marketcetera、Trade-Link、Algo-Trader、ActiveQuant等。我们将前述的各类平台统称为"集成开发模块"，但是，它们不只是一个交易策略的开发模块：它们用数据库来处理相链接的基本要素,同时与相关券商交换数据,这就很像一个专用的交易平台,其中很多平台与历史数据集成为一体,从而大大节省了时间;另外,资源共享型平台还有一个额外的好处,即与专用交易平台相比,这些平台要么是免费的,要么是低成本的,我在表 1-2 中显示了相关交易平台所支持的编程语言、市场和券商(FIX 之所以列入券商行列,主要是因为相应系统可以通过相关协议,在任意地域能够直接参与相关的运行工作,这与券商的清算功能无关)。另外,我在表中也标明了相关集成模块是否源于点数驱动(有时我们也称之为"事件驱动"或"数据流驱动")。

表 1-2 各种回测与自动化执行系统相关的资源共享型集成开发模块之比较

集成开发模块	编程语言	资产类型	相关券商	是否点数驱动	能否规避概率误差
ActiveQuant	Java 语言、MATLAB 语言、R 语言	各种	CTS、FIX、Trading Technologies-supported brokers	是	否
Algo-Trader	Java 语言	各种	Interactive Brokers、FIX	是	能
Marketcetera	Java 语言、Python 语言、Ruby 语言	各种	FIX 与各类券商	是	能
OpenQuant	•NET(C#、VB)语言	各种	FIX 与各类券商	?	否
TradeLink	•NET(C#、C++、VB)语言、Java 语言、Pascal 语言、Python 语言	各种	FIX 与各类券商	是	否

我们可能注意到:表 1-2 只是比较了资源共享型集成开发模块的相关特性。其实,机构层级的专用平台都具备共享型模块的特点。

1.6.3 什么类型的资产或策略会获得平台的支持

如前所述，在使用专用平台运行相关交易策略时，有几个重要的优势，但稀缺的、最高端的平台有可能支持的资产大约只包括股票、期货、货币与期权，例如，比较流行的 MetaTrader 平台只适合于货币交易，然而，这个平台在涉及不同资产类别之间套利的交易策略时（如期货和股票或外汇和期货之间）就难以运行了，而一些资源共享型集成开发模块就能很好地处理这些问题，如表 1-2 中所示，大部分集成开发模块就能够用于交易各类金融资产。但是，像往常一样，关于前述问题，最灵活的解决方案是存在于任何集成模块之外的一个独立的程序。

除了资产类别，许多专用平台还限制策略的类型，甚至是在一个资产类别项下限制其所支持的交易策略。通常，简单的配对交易策略需要特殊模块来处理，而大多数低端平台不能处理常见的统计套利或涉及许多交易信号的组合策略。而资源共享型集成开发模块则没有前述的那些制约因素，当然，独立的程序也不存在此类限制。

那么，高频交易的表现怎么样呢？什么样的交易平台支持此种交易策略呢？令人惊讶的答案是：大多数平台能够处理高频交易的执行部分，且没有太多的时间延迟（只要你的策略可以容忍延迟 1～10 毫秒的范围），由于专用平台与集成开发模块通常使用相同的编程语言进行回测和程序运行，因此，回测在理论上不应该成为一个问题。

要理解为什么大多数平台在处理高频运行方面的问题不大，我们就必须意识到：绝大多数的高频交易的时间延迟问题需要被克服，而此种延迟主要是由于实时市场数据延迟披露或券商延迟确认相关订单的原因所致。

1. 实时市场数据之时间延迟问题

如果你的程序在 1～10 毫秒接收了一个新的报价或交易价格，那你就必须委托相关的交易所或券商的数据中心代管相应的程序（详见专栏 1-2）；此外，你不得不从交易所直接获取相应的数据，而不是从证券行业自动化公司（SIAC）的集成收报系统（CTS）获取整合的数据（例如，Interactive Brokers 平台每 250 毫秒只提供一些市场数据的屏面截图）。

专栏 1-2　交易程序的主机代管

所谓"主机代管"意味着针对桌面计算机以外的交易程序进行定位的几种方法。如果将其定义的外延再扩展一下，它可以意味着：在云服务器或虚拟专用服务器（VPS）安装你的交易程序，如亚马逊的 EC2、slicehost.com 或 gogrid.com 等；或者说，主机代管的好处是防止相关软件功能丧失或网络中断，从而在一个私人住宅或办公室（而不是商业数据中心）实现电源备份，同时链接冗余的网络。在一个云服务器内实现的主机代管并不一定要求缩短券商或交易所与你的交易程序之间的数据传输时间，因为许多家庭或办公室现在配备了光纤，可以链接到他们的互联网服务提供商［如美国无线营运商威尔森公司的光纤房屋器（FiOS），还有加拿大贝尔公司的光纤互联网］。如果要验证一个虚拟专用服务器（VPS）是否能够减少时间的延迟，你需要进行一个测试，即向你的券商服务器发出信息，然后测定信息传输的平均往返时间。当然，如果你的服务器与你的券商或相关交易所的空间距离较近，而且这些服务器能够直接链接到主干网络，那么，相应的时间延迟速率就会很小（比如，从我桌面电脑至Interactive Brokers公司的报价服务器的平均传输时间为55毫秒，到亚马逊的EC2报价服务器的传输时间为25毫秒，而向Interactive Brokers公司附近的子系统进行传输的时间为16～34毫秒）。

我之所以关注服务器，是因为许多交易程序并不运行密集型的计算，因此需要独立的专用服务器。但是，在前述的情境之下，你完全可以与一些熟悉金融交易的托管公司进行合作，进而升级相关的服务器，例如，Equinix公司与Telx公司，这两个公司可以在靠近各类交易所之处构建相应的数据运营中心。

如果你的服务器已经在一个安全的位置（不管是你办公室，或是一个数据中心），并且对动力故障具有免疫功能，那么，你所需要的就是一个能够快速联系你的券商或交易所。你可以考虑使用一个"外联网"（就像互联网一样，但是由一家个体公司私营，BT Radianz公司、Savvis公司与TNS公司就是其中的典范），这将保证你最低的通信速度。如果你的预算规模很大，那你也可以要求这些公司建立一个专门的通信线路,将你的服务器与你的经纪人或相关交易所链接在一起。

进一步的主机代管的层次结构是：把你的服务器在相关券商的数据中心内部进行托管,从而通过一个内部网络使相应报盘或订单确认指令经由你的券商传输到你的程序,这样能够免除噪声的烦扰,远离变幻莫测的公共网络。为了迎合专业的交易人士,各种券商都会提供一些可用的主机托管服务,例如,Lime Brokerage 经纪公司和福汇经纪公司（FXCM）［因为主机托管业务,券商 Lime Brokerage 公司的客户甚至可以以相对较低的速度直接从纽交所录入数据,但正如我在前面提到的,其比证券行业自动化公司（SIAC）CTS 数据的传输速度要快］。

当然,最终的主机托管是将交易相关的服务器定位在交易所或电子通信网络本身,这个费用很高（外汇网络除外）,同时,只有你是相关券商的主要客户,且此券商允许你以"保荐准入"的形式将你的程序与交易所相链接,而不经过券商的基础设施,此时的托管才具有功效（Johnson, 2010）,而这种"主要经纪人关系"通常可以通过制度建立,但你必须升格为机构层级,并以此层级支付佣金,或者,你要开立几百万美元的账户。外汇交易的券商、电子网络系统的需求以及主机托管费用就比较低了。外汇电子网络系统主要包括 Currenex、EBS、FXall 和 Hotspot 等,这些系统在大型商业数据中心内进行相关操作,就像 Equinix 系统的 NY4 设施一样运行,而且,在相应设施之内进行主机托管或注册虚拟专用服务器的费用就不那么高了。

一些交易员表示担心：如果把他们的交易程序托管在远程服务器上，那就有可能将程序公开，从而造成其知识产权被盗，消除这种风险的最简单方法是一些特定的"可执行文件"（对人类而言，二进制计算机代码看起来像胡言乱语），我们可以将这些文件存储于远程的服务器上，而不是将其存储于相关交易算法的源代码之内（即使在 MATLAB 程序之中，在上传至远程服务器之前，你都可以将所有的 .m 文件转换为 .p 文件）。没有源代码，没有人可以知道交易程序运行的操作指令，而且也没有人会蠢到用暗箱操作的方式进行风险资本的交易，更何况人们对黑箱策略知之甚少；对那些真正的偏执狂，你可以于当前时刻，通过不断变化用户名的方法开启一个项目。

2. 券商于订单确认过程中的时间延迟问题

如果相关交易策略提交的是限价订单，那它在决定下一步骤之前，将依赖于订单的及时确认。对于一些零售型的券商来说，前述这个过程在订单运行指令与程序接收确认运行指令之间需要 6 秒的时间——实际上，非高频交易模式是可以做到的，而即使你的经纪公司确认订单的延迟速率在 10 毫秒之下，或者，如果他们允许你直接进入市场在交易所接触你的订单，且从交易所直接获得确认，你仍然需要把你的程序交由你的经纪人代管（在前一种情境之下，单纯同券商交易），或者交由交易所代管（在后一种情境之下，在交易所确认订单）。

几乎任何软件程序（除了 Excel 软件所运行的可视化 BASIC 语言的宏指令）在收到最新的市场数据和订单状态更新的指令后，只需要不到 10 毫秒的时间就可以提交一个新的订单，所以，除非你使用一个程序监控成千上万个交易符号，否则，相应的软件或硬件所造成的时间延迟通常不是由高频交易所相关的瓶颈问题所致（关于这最后一点，可以参看专栏 1-3 中所涉猎的多线程问题）。但是，回测一个高频交易策略则完全是另外一回事，要做到这一点，你将被要求输入几个月的点数驱动的数据（交易的和报价的），或者，将众多的交易信号输入进相应的回测系统；更糟糕的是，有时你必须输入二级报价。如果不使用特殊处理的方法（如使用并行的计算方法）处理相关的数据，那么，其数量将压倒大多数机器的内存。在处理数据的数量之时，大多数专用的回测平台的设计都不是很高效，还有，大多数平台并不具备依据买入价、卖出价以及最新的点数（规模）报价来回测相关的数据，更不用说二级报价了。所以，对高频交易策略的回测通常要求你以特殊的定制编写自己的独立程序。实际上，正如我之前提到的海森堡测不准原理那样，回测一项高频交易策略无须告知你它的真实盈利能力。

专栏 1-3　多线程与高频交易相关的多重交易信号

交易平台的多线程模式是指相应平台可以同时应对多项事件的发生（通常是指一个新的点数的变化），这是特别重要的，因为通常情况下，如果程序同时在多个信号之下运行相关交易，那这就是股票的交易程序。在程序决定是否卖出黑莓公司（BBRY）股票的时候，你当然不希望苹果公司（AAPL）股票买单的输入因此而造成延迟。如果你使用现代交易计划的编程语言，如Java语言或Python语言，书写你自己独立的交易程序，那你不会有任何多线程相关的问题，因为相应的语言指令本身就具备这种能力。然而，如果你使用MATLAB程序，你需要购买并行的计算工具，否则，相应程序就不具备多线程的功能（而即使你购买工具箱，你仅限于12个独立线程，几乎没有足够的能力同时交易500只股票）。但是，我们不要把在MATLAB程序内缺乏多线程的问题与"点数的损失"相混淆，如果你在MATLAB程序中有两个侦听器A和B，那么就需要从两个不同的交易信号接收相应的点数数据，因为在侦听器A忙于处理一个点数驱动事件的同时，并不意味着侦听器B处于"充耳不闻"的状态。一旦侦听器A完成编程任务，因为其过于繁忙，那么，侦听器B就会开始处理已经收到的点数数据，这里没有时间的浪费（库兹涅佐夫，2010）。

除了高频交易，信息驱动型交易常常使高端的专用平台出现问题，对此类交易进行定义需要在程序之中输入一个机器可读的新闻提要软件，而大多数专用平台没有这种能力，大多数的资源共享型集成开发模块也没有此项功能。但是有一个例外，Apama平台可以将道琼斯公司和路透社都纳入机器可读的新闻提要软件之内，同时，Deltix平台也填充了 Ravenpack 新闻人气数据指标。在 Marketcetera 集成开发模块则填充了来自 benzinga.com 的信息软件（只不过，此类软件的传输速度不可能与彭博公司、道琼斯与路透社相匹配）。如果你自己编写独立的交易程序，那你在选择链接新闻填充软件与使用信息供应方的应用程序接口方面，就会具有很大的灵活性（例如，道琼斯和汤森路透社就通过应用程序界面提供了一个机器可读的消息软件），或者，你可以简单地从 XML 文件传输协议相关的驱动硬盘定期地从信息供应方收取数据。如果你从事的是信息驱动的高频交易，那之前提及的昂贵的解决方案是绝对必要的；否则，有诸如 News-ware 之类的信息供应商能够提供更佳的解决方案，对此，我将在第 7 章讨论更多的事件驱动型交易所相关的问题。

1.6.4 相关平台有复杂事件的处理程序吗

复杂事件的处理功能（CEP）是一个非常流行的术语，它是指一个瞬时对事件做出反应并采取适当行动的程序。我们所关心的通常是一个点数的变化，或新闻事件的发生。对算法交易员来说，很重要的一点是要意识到：相关程序是由事件驱动的，而不是由价格棒线驱动的，也就是说，程序并不是去调查每一条棒线图形于收盘时的价格序列或新闻事件，然后再决定做什么，因为 CEP 是事件驱动的，在事件发生和事件响应之间是没有时间延迟的。

如果瞬时是 CEP 的唯一优势，那么，我们可以使用几乎所有券商的应用程序界面所提供的所谓的回调函数。任何时候一个新的点数或新闻事件的到来都会触发一个回调函数，在此基础上，我们可以执行各种各样的新数据计算，同时确定是否提交订单——当相应规则就是简单地依据"过去一个小时的移动平均价格"所制定，那就会很容易地实现前述的情境。

但是，如果相应规则比较"复杂"，比如，订单流量在最后半小时是正向运行的，而你此时提交的是卖单，同时，价格点位是在移动平均线之上且波动性较低，而一个重要的新闻事件刚刚发生，那我们怎么办呢？

如果相应规则在应用于序列事件时，涉及很多同期的、彼此关联的、有先后顺序的、并行的一系列条款，那我们怎么办呢？根据 CEP 偏好者的经验：此程序能够使用比传统的编程语言更好的 CEP 语言以更简洁的表达方式处理这些复杂的规则。但是，我们要如何回答"简单的交易规则就是为了避免数据探测过程中所出现的偏差"这个问题呢？相应的答案是：相应的编程语言不是在挖掘数据，进而找到任意一个规则，它们只是在实施经验丰富的交易员已然确定的盈利规则。我不完全相信前述观点，但如果你对这个问题感兴趣，那你应该知道：前面提到的 Apama 平台上的 CEP 技术，还有表 1-2 所提及的某些免费的资源共享型集成开发模块中的 CEP 技术都可以解决此类问题。

• 本章要点 •

1. 回测系统如果不能预测未来交易策略的绩效，那它就是无用的，但在回测过程中所潜在的缺陷将减少其预测的能力。

2. 对缺陷的清除策略：

(1) 对于一个平台，如果在回测与执行过程中使用相同的程序，那它就可以消除前视偏差。

(2) 样本外的测试、交叉验证以及高估夏普比率的做法在实践中能够减少数据探测过程中所出现的偏差，但没有比前视检测更加明确的了。

(3) 简化模型的做法是一个规避数据探测过程中所出现的偏差的一个比较简易的模式。

(4) "为什么我的模型在2012年7月9日会生成一个做空THQI公司股票的信号呢？哦，那是因为我忘了以1∶10的股票反向分割比例调整其历史价格的数据！"

(5) "你的模型只是生成买入CMC公司股票的信号吗？你肯定没有忘记调整其历史价格数据吗？别忘了。因为今天是这只股票的除息日！"

(6) "我只看到你的模型提示的是做多，但你确定你的数据所相关的股票不存在退市问题吗？"

(7) "均值回归型股票交易模型在回测过程中使用收盘价格是很好的，但是，当你用原生金融工具市场的数据进行再次检测时，所预期的检测结果就会出现缩水的情况。"

(8) "你的模型在2008年11月表现出色，但它当时是否做空很多股票呢？别忘了，卖空股票是被禁止。"

(9) "这个高频股票交易模型在回测过程中看起来表现很好，但我不知道它是否包含有对空头实施提价交易规则的限制条件。"

（10）"你的期货日历点差模型的收益来源是相应报价的点数差异，那你为什么以收益差距来回测相应的价格序列呢？"

（11）"为什么我的均数回归式日间期货点差交易模型在回测中表现如此之好，但在实时交易却又如此糟糕呢？哦，我应该使用点数驱动模型，而不是以价格棒线为基准来回测相关的交易。"

（12）"相应动量交易策略所构建的回测系统看似不存在任何缺陷，但是，它在2008年之前表现良好并不意味着它在将来也会表现良好。"

3. 回测系统的统计数据：

（1）相应交易策略的预期年化收益率为10%，而统计相关的收益率只有1%，这是为什么呢？

回答：这是因为运行相关策略所对应的初始三个月的、相同时间步长的历史价格序列的累积值为10 000个数据，而其中只有100个样本数据的年化收益率大于或等于10%。

（2）上述问题的另一种解释是：在随机攫取入场时间测定相关交易的过程中，100个随机数值中只有1个数据的年化收益率会大于或等于10%。

4. 我们要选取什么样的回测平台呢？

（1）"我是一个数学家，投资了5000万美元做基金，但我不知道如何编程，那我应该选择什么样的平台呢？"

回答：你应该选择机构层面的专用平台，比如Deltix平台、QuantHouse平台、Progress Apama平台或者RTD Tango平台。

（2）"我是一个经验丰富的、崇尚个性化交易的、特立独行的交易者，我偏好于自动操作相应的交易策略，那我应该选择什么样的交易平台呢？"

回答：你应该选择零售型专用交易平台，比如 MetaTrader 平台、NinjaTrader 平台、Trading Blox 平台或者 TradeStation 平台。

（3）"我是一个数量分析家，擅长用 MATLAB 语言研讨相关交易策略，但是，我如何实施这些策略进行现实的交易呢？"

回答：你可以选择网站上的 quant2ib 应用程序界面与盈透证券（Interactive Brokers）链接；或者，选择 quant2tt 接口与 Trading Technologies 公司链接；或者，以 www.pracplay.com 网站与其他券商链接；或者，以 MATFIX 界面与 FIX 公司链接。

（4）"我擅长以 C++、C# 和 Java 语言进行编程，但是我不善于和券商相链接，我也很讨厌时时改变链接且经常更换券商，那我该怎么办呢？"

回答：你应该选择一些集成开发的模块系统，比如 Marketcetera 系统、TradeLink 系统、AlgoTrader 系统或者 ActiveQuant 系统。

5. 自动化的运行平台：

（1）"我想在一个数据中心将我的交易程序进行托管，从而将我的订单确认延迟时间降至 10 毫秒以下。"

问题是：你能确信相关券商确认订单的延迟时间会低于 10 秒吗？

（2）"我在亚马逊的 EC2 平台托管主机，它给我的交易程序所填充的市场数据应该更比我桌面电脑所获取的要新。"

回答：那不一定，EC2 服务器可能离券商的数据服务器很远（这里指的是网络距离），其传输速度可能还不如你的台式电脑。

（3）"我使用 MATLAB 的并行计算工具箱，同时在显卡工具（GPU）之上运行相应的程序。因此，我可以在标普交易所（SPX）同时进行其 500 只股票的交易。"

回答：即使在 MATLAB 的并行计算工具箱，你同时处理的股票仅限于 12 只，你可以编写你自己的 Java 或 Python 程序，进而引入真正的用于多线程交易的显卡工具。

（4）"我的集成开发模块不具有复杂事件的处理功能（CEP），我不能运行一个基于点数交易策略。"

回答：即使不具备 CEP 功能的平台通常也都设置回调函数，从而将你的程序设置成点数驱动模式。

| 第 2 章 |

均值回归模式的基本要义

不管我们承认与否，世间的很多事物充斥着均值回归的特性，图 2-1 展示的是尼罗河在公元 622 ～ 1284 年的最低水位变化——很明显，

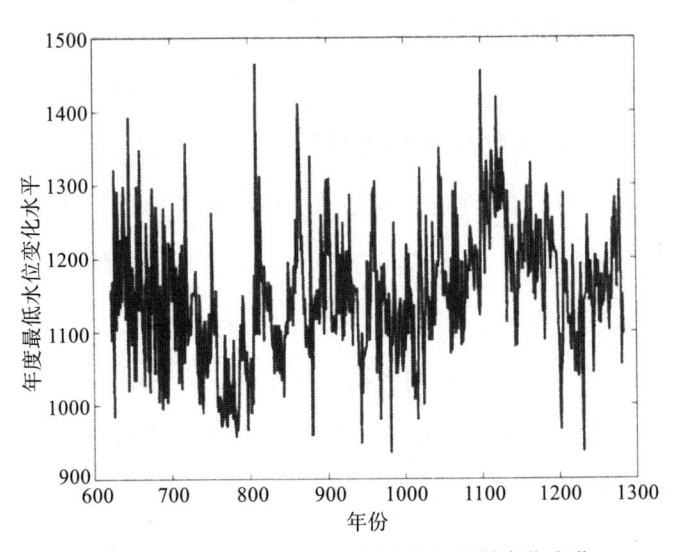

图 2-1　公元 622 ～ 1284 年尼罗河最低水位变化

这是一个均值回归型的时间序列模式。均值回归在社会科学中普遍存在，丹尼尔·卡尼曼（Daniel Kahneman）引用过一个著名的例子，我们称之为"《体育画报》的厄运"，即"一个运动员的照片如果出现在杂志的封面，那他注定要在接下来的赛季中表现不佳"（卡尼曼，2011）。从科学的角度来讲：一个运动员的表现可以被认为是围绕均值随机分布的，所以一年中异常良好的表现（把运动员体育画报的封面上）之后紧随的便更加接近平均的水平。

那么，均值回归的特性是否也普遍存在于金融价格序列之内呢？如果是这样，我们作为交易人的工作生涯将会变得非常简单——盈利！而我们需要做的就是低买（当价格低于平均值），然后等待价格回归平均水平，或者，在高出平均价格的点位沽出，如此往复。但是实际上，大多数的价格序列并不具备均值回归的特性，它们是按几何形式随机游走的。因此，我们所说的均值回归并不是指价格的波动，而是指相应收益率通常以均值为零的形式所进行的随机分布。然而不幸的是，我们却不能按收益率之均值回归的模式进行交易（我们不应将收益率之均值回归的特性与收益率的反序列相关性混淆在一起，我们绝对可以交易。但是，收益率的反序列相关性与价格的均值回归性是一样的）。那些被发现的几个价格序列之本身则意味着回归就是静止不动，同时，在这一章里，我们将描述统计测试的平稳性（包括 ADF 检验、赫斯特指数检验和方差比检验）。其实，我们没有太多的预制式的固定价格序列。所谓被预制的意思是指那些在公开交易所与金融市场上进行交易的相应资产的价格序列。

幸运的是，我们可以制造比交易资产更多的、向均值回归的价格序列，因为我们可以将两个或更多的个性化的价格序列组合在一起，但这并不意味着将一个投资组合的市值（比如，价格）恢复到均值回归的模式。那些可以组合的价格序列被称为协整，我们也可以将相应的统计检验（CADF 测试和约翰森测试）说成是协整。同时，作为约翰森测试的副产品，我们可以确定每个资产的具体权重，进而创建一个均值回归型的投资组合。由于存在这种人为构建稳定型投资组合的可能性，因此，对均值回归型交易员而言，存在着无数的时机。

为了说明从均值回归的价格序列获利有多么容易，我将描述一个简易型的线性交易策略，这一策略是真正"无参数"。

这里有一个问题需要澄清，即就均值回归的类型而言，在这一章，我们可能称之为时间序列型均值回归，因为相应的价格应该由自己的历史数据回归至均值的水平。在本章中，我所描述的测试和交易策略都是根据时间序列型均值回归模式定制的；有另一种均值回归模式，叫作"横截面"型均值回归，横截面型均值回归意味着一篮子的金融工具之累积收益率将回归至整个篮子的累积收益水平，这也意味着：短期之内，相应金融工具之相对收益率是连续反相关的（一个金融工具的相对收益率是该项目的收益率减去整个组合篮子的收益率）。这种现象在股票篮子中经常发生，我们将在第 4 章讨论如何利用它为股票和 ETF 基金来制定相应的均值回归策略。

2.1 均值回归与相应的平稳性

均值回归和平稳性是两个等效的方法，属于相同类型的价格序列，但这两种方法会产生两个不同序列的统计检验结果。

价格序列之均值回归模式的数学表达方式是：价格序列的变化在未来与当前价格和均值水平之差成正比，这就产生了 ADF 检验，测试我们是否可以拒绝零假设且常数比例为零。

然而，一系列平稳价格的数学描述是：所登录价格之波动方差的增长速度要低于几何形式的随机波动速度，也就是说，它们的方差是时间序列的次线性函数，而不是一个线性函数，就像呈几何形随机游走的情况那样。这个次线性函数的近似值通常用 τ^{2H} 来表示，其中，τ 是分离两个价格测量模式的时间标量，而 H 是所谓的赫斯特指数，如果价格序列确实是平稳的，那它就小于 0.5（如果价格序列遵循一个几何随机游走的模式，那它就等于 0.5），我们可以用方差比率的检验方法来验证我们是否可以拒绝零假设，赫斯特指数的实际值是不是 0.5。

这里需要注意的是：所谓平稳性是有点用词不当的，这并不意味着价格需要被约束在一定范围之内，也不意味着方差要独立于时间之外且赫斯特指数为零；所谓平稳性仅仅意味着相应方差的增长速率慢于正常的扩散水平。

ADF 检验和方差比测试之明确的数学解析可以在沃尔特·贝克特的课程笔记中找到（贝克特，2011）。在这里，我们只关心它们在实际交易策略中的应用程序。

2.1.1　扩展型迪基 – 富勒检验模式

如果相应的价格序列属于均值回归型，那么，当前的价格水平会告诉我们一些其下一步的运行情况：如果当前价格水平高于均值，则下一步其将向下移动；如果价格水平低于均值，则其下一步将存在一个向上的移动——ADF 检验正是基于这个前提而进行观测的。

我们可以将价格的变化以线性的形式表现出来，即

$$\Delta y(t) = \lambda y(t-1) + \mu + \beta t + \alpha_1 \Delta y(t-1) + \cdots + \alpha_K \Delta y(t-k) + \varepsilon_t$$

(2-1)

其中，$\Delta y(t) \equiv y(t) - y(t-1)$，$\Delta y(t-1) \equiv y(t-1) - y(t-2)$，如此等等。如果 $\lambda = 0$，则 ADF 检测即会生效；如果 $\lambda = 0$ 的假设被拒，这意味着下一步的波动值 $\Delta y(t)$ 取决于当前的价格水平 $y(t-1)$，如此则证明这不是一个随机波动的模式。检验统计量的回归系数 λ[$y(t-1)$ 作为独立变量、$\Delta y(t)$ 作为因变量]除以标准差的回归拟合度为：$\lambda/\mathrm{SE}(\lambda)$。统计学家迪基和富勒（Dickey 与 Fuller）为我们发现了这个检验统计量的分布并列出了临界值表，所以，我们可以查找 $\lambda/\mathrm{SE}(\lambda)$ 的任何值，从而确定相应的前提假设是否可以被拒绝，比如说，95% 的概率水平。

这里需要注意的是：因为我们的预期是均值回归，所以 $\lambda/\mathrm{SE}(\lambda)$ 是负值且比被拒绝的假设检验的临界值更低。而临界值本身依赖于样本容量，以及我们是否认为价格序列具有一个非零的均值（$-\mu/\lambda$），或稳定的漂移率（$-\beta t/\lambda$）。在实际交易中，价格不断漂移，如果漂移率有

数值的话，其规模往往比每日价格波动要小得多，所以，为了简便起见，我们假设这个漂移项为零（$\beta = 0$）。

在例 2-1 中，我们应用 ADF 检验模式测定了一系列美元/加元的汇率值。

例 2-1　均值回归相关的 ADF 检验

ADF 检验是以计量经济学 MATLAB 软件中的 adftest 函数的形式出现的，或者可以从资源共享的 MATLAB 软件包 econometrics.com 空间中的 adf 函数中提取。下面，我们将使用 adf 函数，我的代码将从网站 http://epchan.com/book2 中的 stationarityTests.m 下载。

（你要记住：在使用之前，你要将这个软件包的所有子文件夹添加到你的 MATLAB 路径。）

adf 函数有三种输入形式：第一种是价格序列升序排序的时间（时间顺序很重要）；第二种是一个参数——指示我们是否应该设定偏移率 μ，以及式（2-1）中的漂移率 β 是否应该为零。我们应该假设偏移率 μ 不为零，因为在价格回归的过程中，其平均价格很少趋向于零。此外，我们应该假设漂移率为零，因为不断漂移的价格的漂移规模往往比每日价格的波动要小得多，基于前述这些考虑，我们认为第二种参数应该是零（软件包的设计人员将此约定为默认程序）；第三种输入的是一个滞后因子 k——你可以先尝试设 $k = 0$，但通常我们只设置 $k = 1$，这样可以使我们拒绝零假设，其含义是：价格的变化常常是具有序列相关性。我们将试着对美元/加元（USD.CAD）的汇率进行测试（所谓美元/加元是指多少加元可以兑换1美元），我们将美元/加元于美国东部时间的17:00点整的价格存储在MATLAB的y数组之内，而数据文件是以一分钟的棒线图上的价格为基准，但我们仅仅于17:00整提取相应的收盘价格，另外，抽样数据在盘中的日间交易频率不会增加ADF测试的统计数据，从图2-2中，我们可以发现：美元/加元的价格序列看起来并不是很平稳。

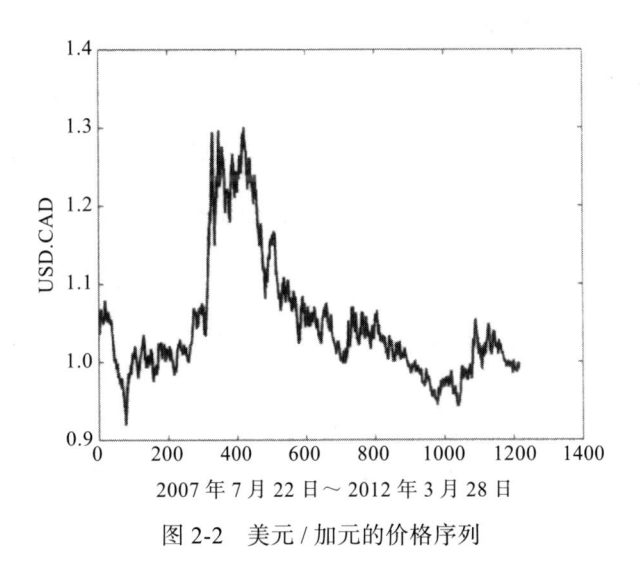

图2-2　美元/加元的价格序列

事实上，你会发现：在程序运行过程中，ADF检验统计量的值是-1.84，但90%的置信水平的临界值是-2.594，所以我们不能拒绝λ等于零的假设；换句话说，我们不能显示美元/

加元是平稳的——这也并不奇怪，因为加元被称为一种大宗商品货币，而美元不是。但是请注意：λ值是负的，这表明相关的价格序列至少不是趋势性的。

```
results=adf(y, 0, 1);
prt(results);
% Augmented DF test for unit root variable:      variable   1
%    ADF t-statistic        # of lags   AR(1) estimate
%       -1.840744               1         0.994120
%
%        1% Crit Value    5% Crit Value    10% Crit Value
%           -3.458           -2.871           -2.594
```

2.1.2 赫斯特指数检验和方差比检验

直观地说，"平稳"价格序列意味着价格从其初始值扩散的速度比几何随机游走的速度更慢。从数学的角度上讲，我们可以通过测量价格扩散的速度来确定价格序列的性质，而价格的扩散速度可以表现为方差的形式

$$\text{Var}(\tau) = \langle |z(t+\tau) - z(t)|^2 \rangle \quad (2\text{-}2)$$

式（2-2）中，z是相应价格的对数值 $[z = \log(y)]$，τ指的是任意一个时间延迟的数值，$\langle \cdots \rangle$指的是所有时间序列的平均值。而我们从几何随机游走原理知道相应的方差值应该是

$$\langle |z(t+\tau) - z(t)|^2 \rangle \sim \tau \quad (2\text{-}3)$$

式（2-3）中的~意味着方差与τ的较大值形成一种平等的比例常数关系，但它可能对τ的较小值形成一种线性的偏离。但是，如果相

应的价格序列的对数值具有均值回归性或趋势性（例如，序贯价格变动之间的正相关性），式（2-3）就失效了，应该改写为

$$\langle |z(t+\tau) - z(t)|^2 \rangle \sim \tau^{2H} \qquad (2\text{-}4)$$

式（2-4）中，我们已经定义了赫斯特指数 H——如果相应价格序列遵循几何随机游走的规律，那么，$H = 0.5$，但对于向均值回归的价格序列而言，$H < 0.5$；对具有趋势性的价格序列来说，$H > 0.5$；当 H 减小至零，则更意味着相关价格序列遵循均值回归的运行法则；如果 H 上升至 1，则相应的价格序列就越来越具有趋势性，因此，H 可以作为一个指标，从而测定均值回归与趋势运行的程度有多大。

在例 2-2 中，我们利用在前一节中使用 MATLAB 代码计算了赫斯特指数，从而测定美元 / 加元的一系列汇率指标，而相应结果生成的 H 值是 0.49，这表明相应价格序列的均值回归性不强。

例 2-2　赫斯特指数的计算

我们攫取的是与上一个示例相同的美元 / 加元的序列价格，现在我们使用一个函数 genhurst 来计算赫斯特指数。对此，我们可以从相关网站的 MATLAB 中心下载。

上述函数可以计算广义赫斯特指数，我们以公式 $\langle |z(t+\tau) - z(t)|^{2q} \rangle \sim \tau^{2H(q)}$ 来表示，其中，q 是一个任意值，然而在这里，我们设 $q = 2$，将其作为第二个参数输入 genhurst，且

$$H = \text{genhurst}(\log(y), 2)$$

如果我们将上述这个函数应用于美元/加元价格序列，我们得到：$H = 0.49$，如此则表示相应的均值回归性不强。

由于样本数量有限，我们需要利用统计数据和麦金利（MacKinlay）的 H 估计值来确定我们是否可以拒绝零假设，H 是否等于 0.5——这个假设检验就是方差比检验（variance ratio test，Var 表示方差）（罗，2001）。

方差比检验只是简单地验证 $\dfrac{\mathrm{Var}(z(t) - z(t - \tau))}{\tau \mathrm{Var}(z(t) - z(t - 1))}$ 的值是否等于 1。另外，还有一个现成的位于 MATLAB 计量经济学工具箱中的 vratiotest 函数，我将在例 2-3 中进行演示。

例 2-3　利用方差比测定平稳度

我们将从 MATALB 计量工具箱提取的 vratiotest 函数应用于之前案例中的美元/加元的价格序列 y，输出 h 值和 p 值：$h = 1$ 则意味着在 90% 的置信度内，我们可以拒绝随机游走是假设前提；$h = 0$ 则意味着相应价格序列可能遵循随机游走的规律。p 值给出零假设检验（随机游走）是正确的概率，且 [h, p] = vratiotest(log(y))。

我们发现 $h = 0$ 和 $p = 0.367\,281$，则美元/加元的价格序列有 37% 的可能性遵循一个随机游走的运动过程，所以，我们在这里不能拒绝零假设。

2.1.3　均值回归的半衰期

我对均值回归性或平稳性之统计检验的要求很高，至少要在 90% 的置信水平。但在实际交易中，我们常常可以因相应的不确定性而盈利。在本节当中，我们将找到另一种方式，即在式（2-1）中引入 λ 系数，进而实现一种情境，即使我们在 90% 的置信度下所进行的 ADF 检验结果不能拒绝零假设，而相应的实际数值为零，但是，我们仍然可以确定能否将一个负相关性引入一个实际的交易策略之中。我们可以发现：λ 主要是测量相应价格到底需要多长时间才能恢复至均值回归的水平。

如果我们要对上述的新知识进行相应的解析，只需要改变式（2-1）的离散时间序列，将其变为偏微分的形式，这样，价格序列的变化就可以成为一个无穷小量。此外，如果我们忽略式（2-1）中的漂移率（βt）和延迟差异 $[\Delta y(t-1), \cdots, \Delta y(t-k)]$，然后，此方程就可以在奥恩斯坦-乌伦贝克随机微分方程中得以实现，进而检测均值回归的相应过程，即

$$\mathrm{d}y(t) = [\lambda y(t-1) + \mu]\mathrm{d}t + \mathrm{d}\varepsilon \tag{2-5}$$

式（2-5）中，$\mathrm{d}\varepsilon$ 表示的是某种高斯噪声。式（2-1）的离散形式以线性回归的方式，即以 $\Delta y(t):(t-1)$ 的形式给了我们 λ 的值，而一旦确定这个 λ 值，我们即可将其带入偏微分方程式（2-5）中，而相应的偏微分方程则可以给出 $y(t)$ 的期望值，即

$$E[y(t)] = y_0 \exp(\lambda t) - \mu/\lambda [1 - \exp(\lambda t)] \quad (2\text{-}6)$$

这里我们要记住：λ 为负数时，均值回归的过程方才成立，而这就说明相应价格指数衰减的期望值为 $-\mu/\lambda$，而衰变的半衰期为 $-\log(2)/\lambda$。将回归系数 λ 和均值回归的半衰期连接在一起对交易者来说非常有用，其原因是：第一，如果我们发现 λ 是正值，那么就意味着价格序列并不是均值回归的形态，甚至我们不应该试图以均值回归的策略去进行相关交易；第二，如果 λ 值非常接近于零，这意味着半衰期很长，运用均值回归的交易策略将不会很赚钱，因为我们无法在给定的时间范围内完成许多个回合的交易；第三，这个 λ 也可以为我们交易策略中的许多参数决定一个自然的时间尺度。例如，如果半衰期是 20 天，那我们就不应该使用 5 天的时间跨度来回测、计算相应的移动平均线或均值回归交易策略的标准差。在通常情况下，我们在回测系统中需要设置少数几个半衰期的值，使其接近最优化，这样就可以使我们在测定交易策略之性能的过程中，确定一个优化的自由参数，同时避免噪声的打扰。在例 2-4 中，我们将会展示如何计算半衰期的数值。

例 2-4　均值回归半衰期数值的计算方法

我们在上一个示例中所得出的结论是：美元/加元在 90% 的概率置信水平之下的价格序列是不平稳的，但是，这并不意味着我们应该放弃以均值回归模型、在此价格序列之下所进行的交易，因为最赚钱的交易策略不需要前述这般高水平的置信度。现在，要确定能否以均值回归的模式交易美元/加元这个金融工具的话，我们需要计算相关的均值回归之半衰期的数值。

如果要确定式（2-1）和式（2-5）中的 λ 值，我们可以设定一个回归方程（regression equation），其中，$y(t)-y(t-1)$ 为因变量，$y(t-1)$ 为自变量。同时，运用 jplv7 软件包中的最小二乘法（ols）以及回归函数的滞后功能进行编程（你还可以使用 MATLAB 软件内的统计工具箱中的回归函数进行编程）。以下是工具箱 stationaryTests.m 中的部分语言编辑代码：⊖

```
ylag=lag(y, 1);  % lag is a function in the jplv7
  % (spatial-econometrics.com) package.
deltaY=y-ylag;
deltaY(1)=[]; % Regression functions cannot handle the NaN
  in the first bar of the time series.
ylag(1)=[];
regress_results=ols(deltaY, [ylag ones(size(ylag))]);
halflife=-log(2)/regress_results.beta(1);
```

上述语言编辑之结果相关的半衰期的数值为大约 115 天。根据你的交易区间，这个时间跨度可能是，也可能不是太长，但至少可以使我们对回测以及持仓的期限有所预期。

2.1.4　均值回归的线性交易策略

一旦我们确定相应价格序列的运行属于均值回归的模式，而相关的半衰期相对于我们的交易期限也足够短，那我们就可以很容易地在

⊖ delta 是一种算子，表示差值；Bar 指的是欧美比较流行的价格棒线；NaN 是 Not a Number 的缩写，用于处理计算中出现的错误情况。——译者注

此价格序列项下使用一个简单的线性盈利策略进行相关的交易，即在相应价格移动平均线之上确定相应的正态标准差（均线的移动标准差除以相应价格的移动标准差），然后将相应资产以此正态标准差为基准保持一定数量单位的反方向之单数[⊖]。对移动均线与标准差之回测期限可以设置为半衰期的值——在例 2-5 中，我们可以看到美元/加元这个品种是如何按照线性均值回归的模式进行交易的。

例 2-5　对线性均值回归交易策略回测

在标题项下的简易策略之中，我们需要为美元/加元这个交易品种寻求一定单位的数量值，且此数值等于以移动均线为基准的标准差值的负数。一定单位的货币相较于美元指数的以美元计价的相应市值只不过是美元指数的报价而已。所以在这种情况下，所谓的线性均值回归就相当于设置了一个投资组合的市场价值，且此价值与美元/加元的分值呈等比例的负相关。而相应的 movingAvg 函数和 movingStd 函数可以从我的网站下载（下列代码则摘自工具箱 stationaryTests.m 中的部分编程语言）。[⊖]

```
lookback=round(halflife); % setting lookback to the halflife
  % found above
mktVal=-(y-movingAvg(y, lookback))./movingStd(y, lookback);
pnl=lag(mktVal, 1).*(y-lag(y, 1))./lag(y, 1); % daily P&L of
  % the strategy
```

运行上述策略语言而导出的累积损益值被刻画在图 2-3 中。

⊖　实际就是按对冲比率反方向做单。——译者注
⊖　pnl 指的是可闻噪声级的指标。——译者注

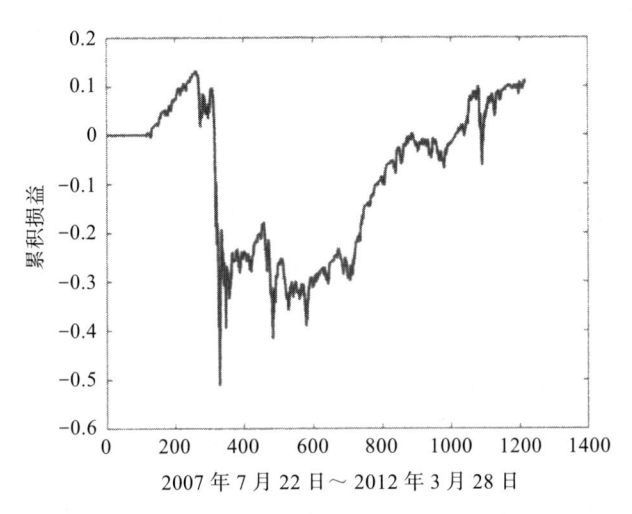

图 2-3 美元 / 加元的线性交易策略生成的资产曲线

尽管运行过程中的半衰期很长，而且有一个很大幅度的价格下跌，但总体的损益（P&L）却是正值。像这本书中大多数策略相关的案例一样，我们没有计算相应的交易成本。还有，本案例因为使用样本内数据去探索半衰期，且进行相应的回测，所以其或多或少地带有前视偏差的成分。此外，因为没有对投资组合的市场价值进行最大化的处理，而无限量的资金却需要生成相应的损益，所以我当然不会推荐它作为一个实际的交易策略（有一个更实际的均值回归交易策略的版本，我将在第 5 章进行介绍）。但是，上述的交易策略确实说明一个问题，即一系列不平稳的价格不会阻止我们运行一个均值回归的交易策略，在向均值回归系统提取利润的过程中，我们不需要非常复杂的交易策略或技术指标。

你可能想知道：对均值回归之交易策略而言，我们为什么需要使用移动平均线或标准差的指标呢？如果相应价格序列是平稳的，那它的平均值和标准偏差不应该是永远固定的吗？虽然我们通常假设价格序列的均值是固定的，但在实践中，由于经济的变化或企业管理层的原因，均值固定的现象可能会发生缓慢的变化。至于标准差的问题，我们可以回想一下式（2-4）中，即使价格是"平稳"的，且 $0 < H < 0.5$，但方差值却随着时间的变化而逐渐上升，虽然不像几何随机游走那么迅速。所以，适当使用移动均线和标准差则可以使我们自己在其不断变化的情境之下适应形势，并更快地获取利润。关于这一点，我们将在第 3 章进行更加彻底的探讨，特别要在"等比例"这一部分当中进行重点的论述。

由于交易员的最终目标是在均值回归的交易策略之下确定预期回报率和夏普比率是否足够好，那我们为什么要进行平稳性测试（ADF 或方差比率）和计算半衰期呢？这不是很麻烦吗？难道我们不能直接回测且运行相关的交易策略吗？其实，我们之所以进行这些初步测试的原因是：其统计学上的意义通常是高于直接回测交易策略的，这些初始检验的主要步骤就是对每日的价格数据（或者，更普通的方法是利用每条棒线上的价格点位）进行测试，同时，相应的回测系统通常会生成一个极小量的往返交易，进而为我们收集系统的绩效数据。此外，回测的结果要依赖于一个交易策略的细节与一组特定的交易参数，然而，鉴于存在平稳性统计测试，或至少一个足够短的半衰期之价格序列，我们可以确信，我们最终能够找到一个有利可图的交易策略，不过，这也许不是我们所回测的交易策略。

2.2 平稳测试之后的协整

正如我们在本章中所介绍的那样：大多数金融产品的价格序列是不平稳的，或属于均值回归的类型。但幸运的是，我们并不是局限在这些"预制"的金融产品价格序列之内进行交易：我们可以积极创建一个单独的价格序列的组合，相应的市场价值（或价格）序列所构建的组合是平稳的，如此则引出了协整的概念：如果我们可以找到一个由几个非平稳的价格序列所构建的平稳的线性组合，那么，这些价格序列则被称为协整形式。最常见的组合包含两个价格序列，即我们在做多某种资产的同时，做空另外一种资产，同时用一个适当的比例来分配每个资产的资本，这就是我们所熟悉的"配对交易策略"。但协整的概念很容易被扩展至三个或三个以上的资产。在本节当中，我们将看到两个常见的协整测试：加强版的 ADF 检验（CADF）和约翰森检验的模式。前者只适合一对价格序列，而后者则适用于任何数量的价格序列。

2.2.1 协整项下的扩展型迪基-富勒检验模式

好奇的读者可能会问：我们已经有了可靠的 ADF 检验和方差比检验的模式，那为什么我们还需要任何新的模式来测试投资组合之价格序列的平稳性呢？我们的答案是：对于既定数量下的价格序列来说，我们无法先验地确定应该用什么对冲比率将各类资产组合在一起，形成一个平稳的投资组合（一个特定资产的对冲比率是在投资组合中我们应该做多或做空多大数量的单位资产——如果资产是股票，那么单位数量所对应的就是股票的股数，而一个负的对冲比率表明我们应该做空此类资产）。仅仅对一组序列价格进行协整并不意味着任何随机的线性组合能够形成一个平稳的投资组合，但顺着这个思路，我们可以进行更加深入的探讨，即我们首先通过运行两个价格序列之间的线性回归的相关性来确定最优的对冲比率，然后使用这种对冲比率形成相应的投资组合，最后在该组合之内对相应的价格序列进行平稳性的测试，如此可行吗？其实，这就是恩格尔（Engle）和格兰杰（Granger）所做的检验（1987）。为了方便起见，系统的 jplv7 软件包提供了一个 cadf 函数，使之执行前述所有的这些步骤，例 2-6 演示了如何将这个函数应用于两个在交易所交易的基金（ETF），即 EWA 和 EWC。

例 2-6　协整相关的 CADF 检验

ETF 基金为价格序列的协整检验提供了丰富的实践基础，从而使配对交易成为可选项，例如，加拿大和澳大利亚的经济类型同属于商品经济，所以加元和澳元是可以被协整检验的，相应的程序 cointegrationTest.m 可以从我的网站上下载。我们假设的 EWA 价格序列包含在数组 x，EWC 价格序列包含在数组 y——从图 2-4 中，我们可以看到：此两种基金的价格序列看上去很符合协整的要求。

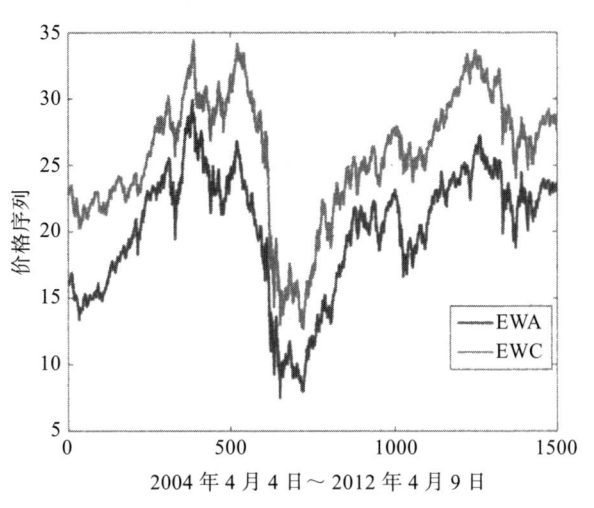

图 2-4 EWA 价格序列相较于 EWC 价格序列

EWA 价格序列相较于 EWC 价格序列相对应的散点图 2-5 是令人信服的，因为价格对落在了一条直线之上。

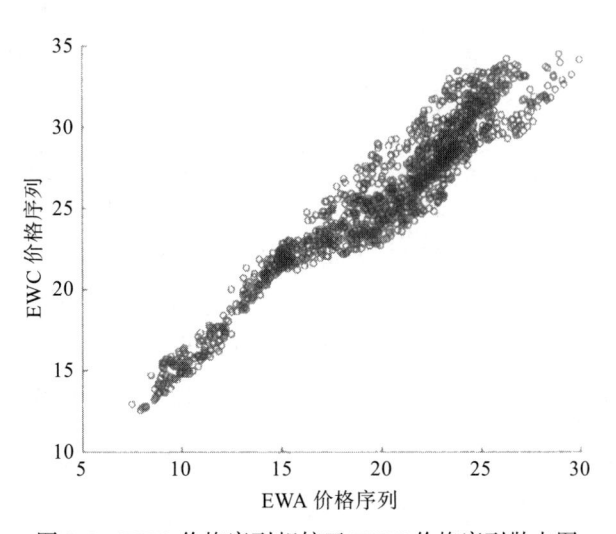

图 2-5 EWA 价格序列相较于 EWC 价格序列散点图

我们可以使用 jplv7 软件包中的最小二乘法相关的 ols 函数去发掘最佳的对冲比率，而相应的编程语言为

```
regression_result=ols(y, [x ones(size(x))]);
hedgeRatio=regression_result.beta(1);
```

上述运行结束之后，我们发现：和预期一致，图 2-6 中，EWC 与 EWA 相互对冲后的差值所构建的点图看起来非常平稳。

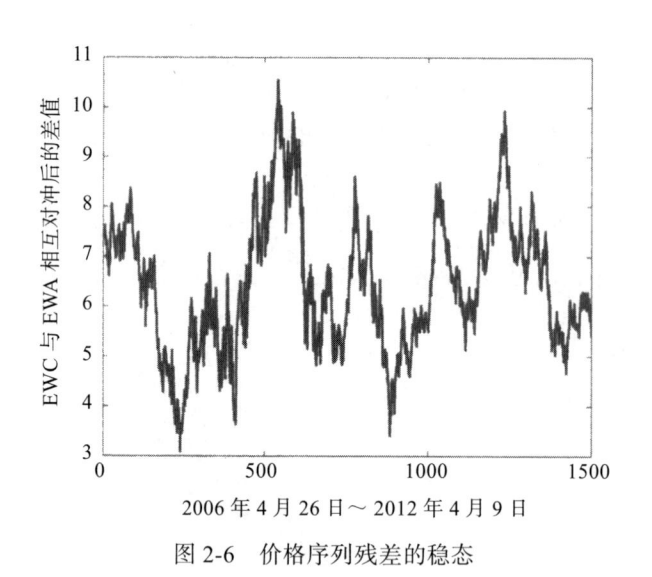

图 2-6　价格序列残差的稳态

我们可以使用 jplv7 软件包中的 cadf 函数进行相关的检验——除了额外地输入第二段价格序列，其他所输入的程序与 adf 函数之相关程序就是一样的了。我们可以再假设一个非零之配对组合的价格序列，但漂移率是零。请注意：在回归和 CADF 测试中，我们选择 EWA 作为自变量 x，EWC 作为因变

量 y，如果我们开启 EWA 与 EWC 的功能键，那么，CADF 测试的结果有什么不同吗？很不幸，我的回答是"是"（yes）——以 EMC 的价格变化为自变量所确定的对冲比率和以 EMA 的价格变化为自变量所确定的对冲比率是不能完全互惠的。在许多情况下（尽管不是以 EWA/EWC 为标的，我们将在之后的约翰森检验中进行确认），只有一组对冲比率是"正确"的，从某种意义上讲，一个对冲比率将导致一个平稳的投资组合。而如果你使用 CADF 测试，你会尝试将每个变量都作为自变量，然后以 t 分布的统计方式（t-statistic）检验哪一种对冲模式最好（最大比例的对冲风险），以此方式获得相应的对冲比率。为简便起见，我们将假设 EWA 的价格变化为自变量，进而运行相关的 CADF 检验，其编辑语言如下：

```
results=cadf(y, x, 0, 1);
% Print out results
prt(results);

% Output:
% Augmented DF test for co-integration variables:
    % variable    1,variable    2
% CADF t-statistic          # of lags     AR(1) estimate
%      -3.64346635                 1         -0.020411
%
%          1% Crit Value    5% Crit Value    10% Crit Value
%               -3.880           -3.359           -3.038
%               -3.880           -3.359           -3.038
```

在上述的运行过程中，我们发现：ADF 检验之统计量大约是 -3.64，比 95% 的置信水平下的临界值 -3.359 更低。所以，在此情境之下，我们可以拒绝零假设，且 λ 值是零，换句话说，我们有 95% 的把握对 EWA/EWC 进行协整。

2.2.2 约翰森检验

为了测试超过两个以上的变量至协整效果，我们需要进行约翰森检验。为了理解这个检验过程，让我们分析一下式（2-1），其中，价格变量 $y(t)$ 实际上是代表多重价格序列的向量，同时，相应的系数 λ 和 α 实际上分别代表一个矩阵（因为我并不认为在平稳的投资组合中设置价格相关的漂移率为常数的做法是符合实际要求的，但为了简便起见，我们将假定 $\beta t = 0$）。接下来，我们使用英语和希腊语的大写字母分别代表相关的向量和矩阵，如此，我们可以把式（2-1）转换成如下形式

$$\Delta Y(t) = \Lambda Y(t-1) + M + A_1 \Delta Y(t-1) + \cdots + A_k \Delta Y(t-k) + \varepsilon_t$$
（2-7）

就像检验单变量那样：如果 $\Lambda = 0$，则我们没有协整的必要（回想一下，如果 Y 的下一步运行模式并不依赖于当前的价格水平，那么，就不可能有什么均值回归相关的问题）。接下来，我们将 Λ 的等级标识为 r，同时，将价格序列的数量标识为 n 且由各种线性组合的协整价格所构建的独立之投资组合的数量等于 r，而约翰森检验将在 Λ 相关的特征向量分解的基础上，以两种不同的方式为我们计算 r——其中，一种方式会生成所谓的跟踪统计；另一种方式会产生一个特征

统计的模式（我们可以在索伦森检验中发现并找到一个很好的实证模式，2005）。同时，我们完全不用担心相应的检验结果是否准确，因为 jplv7 软件包将为每一个统计程序设置临界值，进而使我们可以测试：在 $r=0$（没有协整关系）时、$r \leq 1$ 时，直至 $r \leq n-1$ 时，我们是否可以拒绝零假设。如果所有的假设检验都显示被拒绝，那么，我们显然可以设置 $r=n$。同时，作为一个有用的辅助工具，被发掘的特征向量可以作为对冲比率，进而应用于单个资产的价格序列，从而形成一个平稳的投资组合。在例 2-7 中，我们将展示如何运行相应的检验模式来测试 EWA/EWC 的配对交易，从中我们发现约翰森检验证实了 CADF 测试的结果是：相应的配对交易是协整的，但更有趣的是，我们向组合中添加了另一个 ETF 型基金：IGE，一个由自然资源类股票所构成的基金。我们将从这三个价格序列出发去检验相应的协整关系，同时，我们也使用特征向量形成一个固定的投资组合，并找出其均值回归的半衰期。

例 2-7　协整相关的约翰森检验

我们选取了例 2-6 中的 EWA 价格序列和 EWC 价格序列，并将其应用于约翰森检验之中。jplv7 软件包中有三个可输入的约翰森函数（Johansen function）：y、p、k，其中 y 输入的是矩阵，每个列向量代表一个价格序列。在 ADF 和 CADF 检验中，我们设置 $p=0$ 且式（2-7）中有一组常数（$M \neq 0$），但漂移率并不是一个常数（$\beta=0$）。k 输入的是滞后数量，我们再次设置

为 1。其编程语言如下（此段代码是 cointegrationTests.m 中的一部分）:

```
% Combine the two time series into a matrix y2 for input
  % into Johansen test
y2=[y, x];
results=johansen(y2, 0, 1);
% Print out results
prt(results);
% Output:
Johansen MLE estimates
NULL:            Trace Statistic   Crit 90%   Crit 95%   Crit 99%
r <= 0   variable 1     19.983      13.429     15.494     19.935
r <= 1   variable 2      3.983       2.705      3.841      6.635

NULL:            Eigen Statistic   Crit 90%   Crit 95%   Crit 99%
r <= 0   variable 1     16.000      12.297     14.264     18.520
r <= 1   variable 2      3.983       2.705      3.841      6.635
```

从上述的程序运行中我们发现：对于跟踪统计检验来说，我们假设在 99% 的置信水平之下，$r=0$ 可以拒绝假设检验，同时，我们在 95% 的置信水平之下，设置 $r \leqslant 1$ 可以拒绝假设检验。特征统计测试得出的结论是：在 95% 的水平之下，假设 $r=0$ 可以拒绝假设检验，而且，同样在 95% 的置信水平之下，$r \leqslant 1$ 可以拒绝假设检验。从两个测试中，我们得出这样的结论：EWA 基金价格序列和 EWC 基金价格序列之间有协整关系。

当我们只有两个价格序列时，我们如何证明它们之间有协整关系呢？难道没有一个合适的对冲比率在 EWA 基金与 EWC 基金之间分配资本以形成一个平稳的投资组合吗？其实，还真的没有。记得在我们讨论过的 CADF 测试中，我们指出相关检测中的变量是同阶的且互为因变量。如果我们将 EWA 的变化从自变量转换为因变量，我们可能会得到一个不同的结果。同样，在回归方程中，当我们使用 EWA 作为 EWC 的因变量，那么，我们会得到一个与 EWA 作为自变量的情境所不同的对冲比率，而这两种不同的对冲比率却不一定是彼此互惠的，也不能使我们构建两个独立且平稳的投资组合。而对于约翰森检验来说，我们不需要将相应的回归方程运行两次来获得相关的投资组合：一旦各独立变量存在协整关系，那程序即可运行，换句话说，约翰森检验与价格序列的顺序无关。

现在，让我们介绍另一个 ETF 基金相关的投资组合：IGE，一个资源类股票所构成的基金。我们假设其价格序列包含在数组 z 之中，我们将在所有的三个价格序列当中运行约翰森检验程序，进而在三组之中找出相应价格有多大的协整关系。而编辑程序如下：

```
y3=[y2, z];
results=johansen(y3, 0, 1);
% Print out results
prt(results);

% Output:
%   Johansen MLE estimates
% NULL:          Trace Statistic  Crit 90%  Crit 95%  Crit 99%
% r <= 0  variable 1     34.429    27.067    29.796    35.463
% r <= 1  variable 2     17.532    13.429    15.494    19.935
% r <= 2  variable 3      4.471     2.705     3.841     6.635
```

```
% NULL:          Eigen Statistic   Crit 90%   Crit 95%   Crit 99%
% r <= 0  variable 1     16.897      18.893     21.131     25.865
% r <= 1  variable 2     13.061      12.297     14.264     18.520
% r <= 2  variable 3      4.471       2.705      3.841      6.635
```

上述跟踪统计和特征统计测试得出的结论是：在95%的置信水平之下，我们可以确定三组协整关系。而特征值和特征向量分别包含在数组results.eig和数组results.evec之中，其运行程序如下：

```
results.eig % Display the eigenvalues

% ans =
%
%     0.0112
%     0.0087
%     0.0030


results.evec % Display the eigenvectors

% ans =
%
%    -1.0460    -0.5797    -0.2647
%     0.7600    -0.1120    -0.0790
%     0.2233     0.5316     0.0952
```

对于上述的编辑语言，我们需要注意的是：特征向量（results.evec数组中的列向量）在降低相应特征值的阶数上是有序的。所以我们应该期待第一协整关系是"最强"的，也就是说，相应均值回归的半衰期最短，进而使我们很自然地选择这个特征向量形成平稳的投资组合（特征向量可以确定ETF基金内各类资产的权重），同时，我们可以用与之前相同的方法发现其半衰期，并应对一个平稳的价格序列。这里，所存在的唯一区别是：我们现在必须以 $T×1$ 型阵列 yport 来计算相应投资组合的净市值（价格），此市值等于每一个 ETF 基金的份数乘以其各自的股价，然后求和得出 yport 阵列中所有 ETF 基金的总值，使例 2-4 中的 y 发挥作用，其编辑过程如下：

```
yport=smartsum(repmat(results.evec(:, 1)', [size(y3, 1) ...
    1]).*y3, 2);

% Find value of lambda and thus the half-life of mean
  % reversion by linear regression fit
ylag=lag(yport, 1);  % lag is a function in the jplv7
    % (spatial-econometrics.com) package.
deltaY=yport-ylag;
deltaY(1)=[]; % Regression functions cannot handle the NaN
    % in the first bar of the time series.
ylag(1)=[];
regress_results=ols(deltaY, [ylag ones(size(ylag))]);
halflife=-log(2)/regress_results.beta(1);
```

通过上述的编辑运算，我们知道：相应的 23 日的半衰期限远远低于美元/加元 115 天的半衰期限，因此，我们可以预期相关的三种基金所构建的投资组合能够更加完善地运行均值回归的交易策略。

2.2.3 投资组合相关的均值回归之线性交易模式

在例 2-7 中，我们确定：EWA-EWC-IGE 所构建的组合能够形成"最好"的特征向量，进而使约翰森测试中的半衰期变得很短。现在，我们可以自信地以简易线性均值回归策略来回测相应的投资组合。与之前的想法一样：我们拥有一定单位数量的美元/加元，然后以移动平均线为基准设定一个负的标准差（相应美元/加元的标准分数，即 Z 分数[注]）。在这里，我们同样是将相应投资组合之各单元值进行累积计算，使之与此组合的单位价格之标准分数值的负数成正比，而一个单位的组合数量就是由约翰森特征向量所确定的股票份额。还有，一个单位组合之中的股票价格就像共同基金或 ETF 基金的股价：其市值是相同的。当一个单位组合之中只有"一买一卖"两种头寸时，我们就通常称之为点差（我们在第 3 章会以更多的数学形式进行演示）。

我们这里需要注意的是：对"线性"的交易策略而言，我们所指的是投资的数量单位与 Z 分数成正比，并不是说相应的市值与之成正比。

上述这种线性均值回归策略显然不是一个实际的交易策略，而且至少在其最简单的版本之中，我们也不知道所需的最大规模的初始资本是多少。同时，我们也不可能在某只股票发生一个无限小的价格波动之情境下买入，或卖出一个无限小量的股票。尽管有前述这样的缺陷，对简易线性策略相关的、均值回归型价格序列的回测过程仍然是十分重要的，因为它可以使我们在没有任何数据探测偏差的前提之下提取利润，也没有对相应参数进行优化（记住：即使是回顾集等于半衰期，相应的数量仍取决于价格序列本身的属性，而不是我们的特定交易策略）。同时，不断进入和退出相应头寸的策略方法可能会比任何

[注] 标准分数（Z-Score）以下称 Z 分数，公式为：$Z = \dfrac{x - \mu}{\sigma}$，即特定价格与均值之差除以一个单位的标准差。——译者注

其他更复杂的交易策略具有更多的统计学上的意义，同时，对进入和退出规则的使用更加具有选择性。例 2-8 是投资组合相关的线性均值回归交易策略之回测程序。

例 2-8　投资组合相关的线性均值回归交易策略之回测程序

yport 阵列是 $T\times 1$ 型的，其代表的是以前面的语言代码所计算的"单位"组合的净市值。而 $T\times 1$ 型阵列 numUnits 代表的是我们所希望购买的单位投资组合的份数（如果我们做空，那单位投资组合的份数就是一个负数）。所有其他变量的计算方法如前。相应头寸是一个 $T\times 3$ 型的数组，代表的是相关投资组合当中每个 ETF 基金的市值（相应编辑代码是协整测试语言 cointegrationTests.m 的一部分），其编辑程序如下：

```
% Apply a simple linear mean reversion strategy to EWA-EWC-
% IGE
lookback=round(halflife); % setting lookback to the halflife
  % found above
numUnits =-(yport-movingAvg(yport, lookback))...
  ./movingStd(yport, lookback); % multiples of unit
  % portfolio .  movingAvg and movingStd are functions from
  % epchan.com/book2
positions=repmat(numUnits, [1 size(y3, 2)]).*repmat(results....
  evec(:, 1)', [size(y3, 1) 1]).*y3;
  % results.evec(:, 1)' is the shares allocation, while
  % positions is the capital (dollar)
  % allocation in each ETF.
pnl=sum(lag(positions, 1).*(y3-lag(y3, 1))./lag(y3, 1), 2);
  % daily P&L of the strategy
ret=pnl./sum(abs(lag(positions, 1)), 2); % return is P&L
  % divided by gross market value of portfolio
```

图 2-7 显示的是线性均值回归交易策略相关的 EWA-EWC-IGE

所构建的平稳投资组合的累积收益率曲线。从中我们发现：策略相关的年化收益率 $APR = 12.6\%$，夏普比率为 1.4。

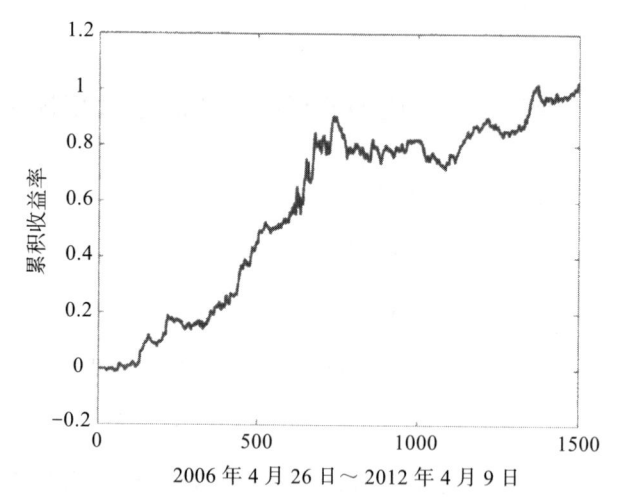

图 2-7　线性均值回归交易策略相关的 EWA-EWC-IGE 所构建的平稳投资组合的累积收益率曲线

2.3　均值回归策略的利弊分析

在通常情况下，我们可以很容易地构造均值回归的交易策略，因为我们并不局限于交易工具本身是平稳的，我们可以选择各种各样的股票和交易所交易的 ETF 基金，然后进行协整，进而创建我们自己的、平稳的、具有均值回归特质的投资组合。事实上，每年都有新创建的 ETF 基金，可能只是与现有的且有助于我们交易事业的各类基金略有不同而已。

除了过多的选择，均值回归之配对交易的背后通常都有一个基本的原理：为什么 EWA 基金要和 EWC 基金之间进行协整呢？这是因为加拿大和澳大利亚的经济中，占主导地位的是大宗商品交易。那么，股票指数型基金 GDX 为什么要和黄金 GLD 协整呢？这是因为金矿公司的市值是基于黄金价值的。即使一对协整关系破裂（停止协整），我们通常都要对其分崩离析的原因进行解析。例如，在第 4 章的分析中，我们发现 GDX 基金和黄金 GLD 的协整关系在 2008 年年初便处于解体的状态，而能源价格的高腾导致黄金的开采异常昂贵。我们希望有相应的解析方法来进行补救，这种应用型的基本推理与许多动量策略的唯一理由是：总有那么一些投资者，他们对信息面的反应速度比我们要慢。更坦率地说，我们必须相信有更傻的傻瓜，但这些傻瓜最终会赶上我们，而动量交易策略可能只是在停止工作一天且没有任何解释的情境之下就会发生问题。

均值回归交易策略的另一个优点是：它们跨越了各种规模的时间尺度。在一个极端的、依靠做市商的交易背景之下，相应策略所依赖的、相关价格之均值回归的速度只有几秒钟的时间间隔；交易策略相关的另一个极端情境是：依赖于基本面分析的投资者偏好于投资那些被低估并持有很多年的股票，耐心地等待它们的价格回归至"正常"的价值水平。短时间内完成交易对我们这一类交易者最有利，因为较短的时间尺度意味着每年有更高的交易数量，进而使我们的回测系统与实时交易具有更高的统计信心和更高的夏普比率，最终使我们的交易策略具有更高的复合收益率。

但不幸的是：看似具有很高一致性的均值回归的交易策略最终可能会失效。迈克尔·德弗指出，这种高度一致性经常会使相关的交易员过度自信且过度举债（德弗，2011）（考虑一下长期的资本管理问题）。当均值回归交易策略突然崩坏，其原因也许是我们都是"事后诸葛亮"，而且，此类事件经常发生在我们以此策略获得一系列成功之后、加大交易杠杆之时，由此而产生的罕见的损失往往是非常痛苦的，有时是灾难性的。因此，所谓的风险管理的概念对均值回归型的交易者尤为重要，但也特别困难，因为通常意义上的止损是不能按逻辑进行部署的。在第8章中，我将讨论为什么会出现这种情况，以及探讨适合均值回归策略的风险管理技术。

• 本章要点 •

1. 均值回归意味着价格的变化与平均价格和当前价格之差成正比。
2. 平稳性意味着价格离散的速率小于其几何随机游走的速率。
3. ADF检验旨在测试均值回归。
4. 赫斯特指数和方差比率测试旨在测试平稳性。
5. 均值回归的半衰期指标主要是测定一系列价格向其均值回归的速度有多快，它将相应价格序列应用于均值回归策略时，对相关的盈利能力或夏普比率的预期具有良好的效果。
6. 线性的交易策略是指一个单位的投资组合所对应的相关资产的交易数量或份数与其Z分数的负值成正比。

7. 如果我们能结合两个或多个非平稳的价格序列组成平稳的投资组合，那么这些价格序列被称为协整。

8. 协整可以用 CADF 测试或约翰森测试进行测试。

约翰森检验所生成的特征向量可以作为对冲比率，然后通过输入相应的价格序列来形成平稳的投资组合，其最大的特征值对应的是最短的半衰期。

| 第3章 |

均值回归策略的运行机制

在前面的章节中，我们描述了相应的统计检验的方法，并使其应用于确定一个价格序列是否平稳，进而使其适用于均值回归的交易模式。而相关的价格序列可能是一个单一资产的市值，虽然这种价格平稳的资产很少见，或者它也可能是一种由几种具有协整关系的资产所构建的组合证券的市场价值，就像大家所熟悉的多－空股票之配对交易那样。

在实践当中，我们应该记住：我们不一定真正需要平稳的和具有协整性质的程序来运行一个成功的均值回归之交易策略——如果我们够聪明，我们就可以捕捉短期的或季节性的均值回归的行情，并且在相应价格转移至下一个平衡水平之前结清我们之前的头寸（所谓季节性均值回归是指只在特定的时期，或在特定的条件下，相应的价格序列才具有均值回归的特征）。相反地，如果均值回归相关的半衰期为 10 年，那就不是所有的、平稳的价格序列都能取得巨大的利润。

在第 2 章中，我们还描述了一个简易型的线性均值回归的交易策略，它向相应投资组合中的某一个特定资产引入了一个简化的"交易规模"的概念，且此种权重尺度与该资产价格和相应均值之间的标准差成正比。由于恒定的无穷小量需要再度平衡，且需要无限的购买能力，这使得前述的相关策略并不是非常实用的。在本章中，我们需要探讨一个更加实际的，但依然很简单的均值回归策略相关的技术指标——布林带线。对此，我们阐述了这种技术的变化，包括对多重入场、离场点位进行评估（我们称之为"缩放"），并利用 Kalman 滤波器来评估相应的对冲比率和相应的价格均值。最后，我们重点分析了均值回归策略所带来的、具有风险的错误数据。

本书所展示的是各种策略的回测模式，但其中并没有包含相应的交易成本。有时，我们甚至犯下更严重的错误，即通过使用相同的数据来进行参数优化（比如寻找最好的对冲比率）和回测检验，如此则造成了先入为主的、带有偏见性的结果，而这些所谓的"陷阱"都是我们已经在第 1 章中所着重提醒和警告过的，而使用这种方式，或者造成这种情况的唯一借口就是：它使得回测的效应以及相应的源代码编辑变得更加简单且易于理解。这里，我急切地敦促读者：在对你们自己的原型交易策略进行回测之时，你们要竭尽所能地去完成清除前述之"陷阱"的艰巨任务。

3.1 应用价差、价差的对数或相应比率所进行的配对交易

在第 2 章中，对于应用均值回归交易原理构建投资组合的问题，我们简单地使用了"单位"投资组合的市值作为交易的信号。而这个市值或价格只是合成价格序列的加权数值，其中的权重是我们从线性回归或约翰森测试的特征向量中所提取的对冲比率，其数学表达式如下

$$y = h_1 y_1 + h_2 y_2 + \cdots + h_n y_n \quad (3\text{-}1)$$

式（3-1）中，y 是一个平稳的时间序列，而 h 是构成组合之各个样本股的份数（假设我们交易的是由股票构成的投资组合）。在两个股票的情况下，对于很多从事配对交易的交易者来说，它将组合的复杂程度减少至一个普遍熟悉的氛围，即

$$y = y_1 - h y_2 \quad (3\text{-}2)$$

在式（3-2）中，我们插入了一个减号，其作用是凭以预测：如果我们做多一只股票，并且同时做空另外一只股票，其结果将会如何。所以，以此种方式定义的 h 是正值。现在假设我们不采信相应的价格序列，因为我们发现相应价格的对数形式具有协整的特质，其数理形式为

$$\log(q) = h_1 \log(y_1) + h_2 \log(y_2) + \cdots + h_n \log(y_n) \quad (3\text{-}3)$$

式（3-3）中的 h 集合源自回归拟合或约翰森检验中的特征向量，

且它们是平稳的。然而，式中的 q（查询"query"的缩写）只代表一个平稳的时间序列，它可能是也可能不是一个投资组合的市场价值，那我们要如何解析式（3-3）呢？答案是：找出它的属性——以第一时间序列所对应的相关变量的差值进行解析，相应方程如下

$$\Delta \log(q) = h_1 \Delta \log(y_1) + h_2 \Delta \log(y_2) + \cdots + h_n \Delta \log(y_n) \quad (3\text{-}4)$$

请记住相应的数学原理：$\Delta \log(x) \equiv \log(x(t)) - \log(x(t-1)) = \log(x(t)/x(t-1)) \approx \Delta x / x$

鉴于 x 的微小变化，式（3-4）的右端可以写成

$$h_1 \Delta y_1 / y_1 + h_2 \Delta y_2 / y_2 + \cdots + h_n \Delta y_n / y_n$$

上述表达式指的不是其他内容，而是由 n 种且各自权重为 h 的资产所构建之投资组合的收益率。但与式（3-1）中代表每个资产数量的对冲比率 h 不同，在这里，我们可以将每个资产的市值设置为 h，所以，我们可以将 q 解析为投资组合的市场价值，其所对应的资产价格为 $y_1, y_2, \cdots, y_n$，而相应的固定资本权重为 $h_1, h_2, \cdots, h_n$，连同隐含的现金配置，投资组合的市场价值将形成一个平稳的时间序列。这里需要注意的是：现金的配置必须是隐含地囊括在投资组合的 q 值之内的。因为如果相应资本的加权值 h 是一个常数，那么，就没有别的方法使投资组合的市场价值随时间的变化而变化，也就是说，相应的现金配置之所以没有出现在式（3-4）中的原因是：它的市场价值从 $t\text{-}1$ 时刻至 t 时刻的时间段内，不会因市场行情的变化而变化。但是，如果在 t 时刻交易者调整投资组合的资产配置，进而调整相应的资本结

构，那么，现金的市值就会发生改变，从而实现相关的损益，增减相应的现金余额。为了使投资组合的市值保持相对的平稳（但不是恒定！），交易者需要进行大量的工作，他们需要不断调整投资组合的资产配置，而此项工作需要通过求取相应价格的对数形式来加以完成。

上述所有问题的要点是：在均值回归策略的运行过程中，如果使用价格 R 的点差进行交易，那它比使用价格之对数形式的差值所运行的交易模式要简单一些，但如果价格序列与价格的对数序列都具有协整之特征的话，两者在理论上都是合理的。但是，对于许多交易者所青睐的配对交易相关的价格之比率 y_1/y_2 来说，那又是一种什么状况呢？如果我们参看式（3-1）中的两个价格序列，我们会注意到：如果 $h_1 = -h_2$，则 $\log(y_1/y_2)$ 或 y_1/y_2 就是平稳的。但这是一个特殊情况：在正态分布的情境之下，我们通常不希望等比设置对冲比率，或使其等于 -1。所以 y_1/y_2 并不要求一定形成一个平稳的价格序列。但正如一位读者所说的那样：使用价格比率运行相关程序可能在配对型的基础资产不具有真正协整关系的情况下具有比较优势。现在，我们假设价格 A = 10 美元，价格 B = 5 美元，其初始比率是 2；一段时间后，价格 A 增加到 100 美元，价格 B 增至 50 美元，相应价差的范围是 5 ~ 50 美元，这样，我们可能会发现相应价格序列并不是平稳的，但比率仍然是 2。那么，不管价格是 10 美元 /5 美元，还是 100 美元 /50 美元，基于比率的均值回归型交易策略可以是同样有效的，换句话说，如果组合中的两个资产不具有协整的性质，但你仍然相信它们的价差可以在短时间内恢复至均值回归的水平，那么，使用价格比例作为一个指标的做法可能比使用价差或价格对数之差值的方式要好（基于同样的思路，线性均值回归策略会使用移动均线和标准差等指标进行相关的分析）。

由以上论述可知，当组合中的一对资产不具有协整关系时，我们将使用价格的比率指标，这里还有另外一个理由，即对组合中的一对资产而言，我们通常需要使用一个动态变化的对冲比率来实现相应的点差收益，但是，在使用价格比率作为交易信号的情况之下，我们可以免除这个问题。然而，价格比率之运行状况就一定比按照价差（或价格对数之差值）所生成的适应性对冲比率的模式要好吗？其实，我并不知道答案，但我们可以参看例3-1，其中，相对于线性均值回归交易策略而言，我们采用了价差、价格对数差，以及相应的价格比率进行比较，且交易的工具涉及了以ETF基金形式在交易所交易的黄金（GLD）和美油（USO）、黄金和原油交易，从中你会发现：至少在这个例子中，基于价差而确定的自适应对冲比率的运行状况比价格比率的模式要好得多。

例 3-1　交叉交易模式、价格对数差模式与价格比率模式之解析

在例2-5和例2-8中，我们应用线性均值回归策略交易ETF形式的黄金（GLD）和美国石油（USO）一类的资产。但是，我们现在要尝试将策略相关的差价、对数差和价格比率三种模型进行相应的比较。

一些交易者相信：当油价上升时，黄金价格也一样会抬高，

而其中的逻辑是高油价导致通货膨胀，而黄金价格与通胀率成正比。但是，你可以使用我们在第 2 章所学的协整检验方面的知识对此进行求证，而结果是：黄金价格（GLD，由 ETF 形式的黄金交易所标注）和石油价格（由美国石油 USO 的形式所表示）事实上不具备协整的性质［我们这里忽略了石油现货价格与石油期货价格之间的区别，而实际上，正是此两种金融工具同时构成美油交易（USO），对此两者的差异，我们将在第 5 章进行探讨］。尽管如此，我们还是可以看到：如果相应的均值回归型交易期限足够短，那此种均值回归策略还是有利可图的。

这里，我们将首先尝试将价差作为一种交易信号，但是，我们需要每天以较短的回溯期限对相应的对冲比率进行动态的调整（将近优化的交易日定为 20，然后进行后验的计算），如此则可使其适应随时间变化而变化的 ETF 价格水平。同时，我们用来计算对冲比率的方法属于线性回归的模式——从 jplv7 软件包中选取 ols 函数（ols 指的是"正常最小二乘法"），当然，你也可以使用约翰森检验中的第一特征向量来计算相应的对冲比率。

MATLAB 源代码可以从我的网站 PriceSpread.m. 上下载，我们假设黄金 GLD 的价格序列包含在 $T\times 1$ 型的数组 x 当中，美油（USO）之价格序列包含在 $T\times 1$ 型数组 y 中。这里需要注意的是：我们通常所参照的"美油价格 –（对冲比率 × 黄金价格）"之价差等于单位组合证券的价格，我们将其标识于相应程

序的 yport 阵列之中，其编辑过程如下：㊀

```
% lookback period for calculating the dynamically changing
  % hedge ratio
lookback=20;
hedgeRatio=NaN(size(x, 1), 1);
for t=lookback:size(hedgeRatio, 1)
    regression_result=ols(y(t-lookback+1:t), ...
      [x(t-lookback+1:t) ones(lookback, 1)]);
    hedgeRatio(t)=regression_result.beta(1);
end
y2=[x y];
yport=sum([-hedgeRatio ones(size(hedgeRatio))].*y2, 2);
```

图 3-1 中所显示的点差看上去比较平稳。现在，我们看一看如果可以创建一个有利可图的线性均值回归的交易策略，重复之前的模式，将我们自有的单位投资组合之数量单位（或份数）设置成 Z 分数的负值，同时，以 $T \times 2$ 型的头寸数组表示每个成分基金（ETF 形式）的市场价值（以美元计），而相应的成分基金正是我们所应该投资的，其编辑过程如下：

```
numUnits=-(spread-movingAvg(spread, lookback)) ...
  ./movingStd(spread, lookback);
positions=repmat(numUnits, [1 size(y2, 2)]).*[hedgeRatio ...
  -ones(size(hedgeRatio))].*y2; pnl=sum(lag(positions, ...
  1).*(y2-lag(y2, 1))./lag(y2, 1), 2); % daily P&L of the
  % strategy
ret=pnl./sum(abs(lag(positions, 1)), 2); % return is P&L
  % divided by gross market value of portfolio
```

通过上述的运行模式，我们的年化收益率为 10.9%，相应的夏普比率约为 0.59，这是使用差价对相应对冲比率进行动态调整的结果，即使美油与黄金不具备协整的性质也无关紧要。

㊀ lookback 指的是回溯期，yport 指的是相应输入接口。——译者注

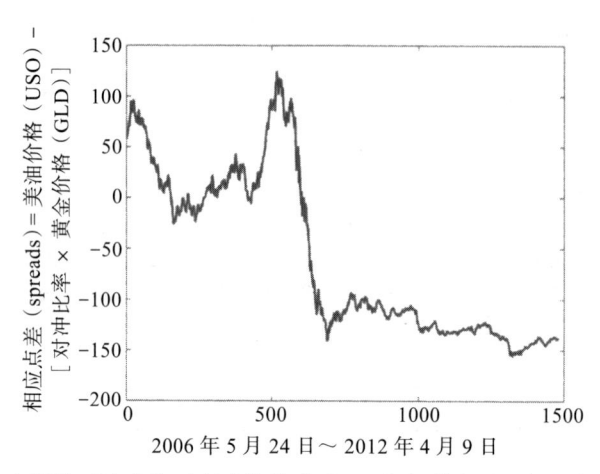

图3-1 由调整对冲比率而生成的美油（USO）与黄金（GLD）价格之点差

接下来，我们将看看使用价格对数值的差分模式所产生的效应，相关的源代码位于价格对数工作区 LogPriceSpread.m 之内，然而在这里，我们只显示与价差工作区 PriceSpread.m 的运行模式所不同的两种编程语言，其过程如下：

```
regression_result=ols(log(y(t-lookback+1:t)), ...
    [log(x(t-lookback+1:t)) ones(lookback, 1)]);
yport=sum([-hedgeRatio ones(size(hedgeRatio))].*log(y2), ...
    2); % The net market value of the portfolio is same as
    % the "spread"
```

通过上述的程序运行，我们发现：相应的年化收益率为9%，夏普比率为0.5，其结果弱于价差策略的效应，这主要是因为此策略需要每天调整相关组合的成分资产，然后对每一份 ETF 基金分配所需资金，如此则会产生许多额外的交易成本。

接下来，我们将尝试使用价格比率作为相应的交易信号。在这种情况下，我们要求多单与空单具有相同的资金份额（以美元计价）。而相关的源代码位于比率工作区 **Ratio.m.** 中，在图 3-2 中，你可以看到一个非常有趣的画面。

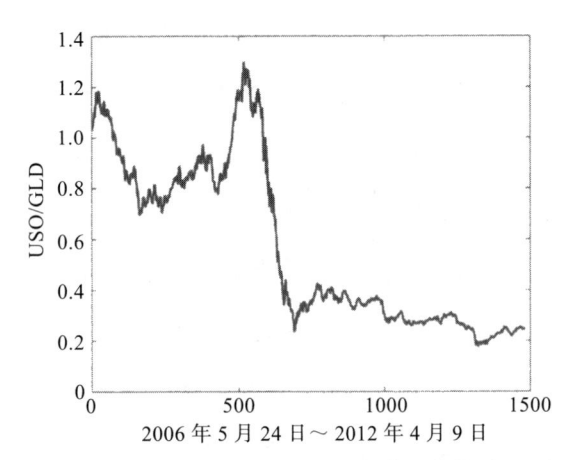

图 3-2　价格比率为美油价格（USO）与黄金价格（GLD）之比

从图 3-2 中我们可以看到：相应的价格比率模式所生成的效应与价差模式和自适应对冲比率模式相比较而言，其看起来根本就不是不平稳的。所以，如果我们发现相关的均值回归模式的表现不佳且生成负的年化收益率时，我们都不应该感到惊讶，而相应的编辑程序如下：

```
lookback=20; % Lookback is set arbitrarily
ratio=y./x;
ratio(1:lookback)=[]; % Removed to have same test set as
    % price spread and log price spread strategies
x(1:lookback)=[];
y(1:lookback)=[];

% Apply a simple linear mean reversion strategy to GLD-USO
numUnits=-(ratio-movingAvg(ratio, lookback))...
    ./movingStd(ratio, lookback); positions=repmat(numUnits, ...
```

```
[1 2]).*[-ones(size(x, 1), 1) ones(size(x, 1), 1)];
pnl=sum(lag(positions, 1).*([x y]-lag([x y], 1)). ...
/lag([x y], 1), 2); ret=pnl./sum(abs(lag(positions, 1)), 2);
```

不过，有一种特殊情况，即外汇交易，如果我们交易的货币对是欧元/英镑，我们就应该使用价格比率这个指标，因为，此货币对正好等于欧元/美元：英镑/美元（EUR.USD/GBP.USD）。在例2-5中，我们已经演示了一个简易型的均值回归策略相关的货币对美元/加元（USD.CAD）的交易，此交易就是以价格比例作为交易信号的，但是，对那些在券商，或交易所内没有现成的交叉汇率，比如墨西哥比索/挪威克朗（MXN.NOK），那又该如何处置呢？在此情况下，我们是否应该用美元/克朗：美元/比索（USD.NOK/USD.MXN）所确定的价格比率作为交易的信号，或者，以美元/克朗－美元/比索之点差予以替代呢？这里有一个问题，即因为墨西哥比索/挪威克朗这个货币对并不平稳，使用其自身之价格比率的方式可能更有效——这是毫无疑问的，即使我们不能直接交易比索/克朗且不得不以美元/克朗、美元/比索取而代之的情况下，也是如此［注意：交易美元/克朗和美元/比索时所生成的损益（P&L）由克朗与比索决定，而交易比索/克朗的损益由克朗所确定，所以前述这两种方法是不相同的］。

3.2 布林带线

迄今为止，我所描述的均值回归策略都是线性的，即投资于一个平稳的单位组合证券，并使其规模数量与基于该单元组合之市值（价格）的移动均线而形成的标准差成正比。我们之所以选择这个简单的交易策略是因为它几乎是无参数的，且至少在数据探测方面，能够避免一些误差。其实，此种线性策略只是在既定的投资组合之下，用于证明相关的均值回归交易是否可以获利，而它却是不切实际的，因为我们事先不知道如何部署最大规模的资本，而且此种策略对基于移动均线之标准差[一]的短暂且突然的变化没有任何的约束条件。

在实际交易中，我们可以使用布林带线，即当相应价格的波动偏离了以均值为基准的相关标准差的范围之时，相应系统将提示一个入场信号 *entryZscore*，这时我们可以入场建仓；*EntryZscore* 是一个免费的参数，其可在训练集中进行优化，而相关的标准差和均值可以在回溯期内进行计算，回溯期的跨度也可以由免费的参数进行优化，或者，可以将其设置为均值回归的半衰期。当相应的价格自标准差的点位向均值回归之时，系统会提示离场信号 *exitZscore*，那么，我们则可以选择平仓出场，此时离场信号 *exitZscore* 的强度小于进场信号 *entryZscore* 的强度。这里需要注意的是：如果离场信号 *exitZscore* = 0，这意味着相应价格以均值回归的方式向当期的均价运行，我们可以选择渐渐地离场；如果 *exitZscore* = –*entryZscore*，如此则意味着价格的波动反向超出了相应的包络线，这会诱发反向做单的交易信号，我们将选择迅速离场。在任何时候，我们可以运用布林带线的相关理念进行零投资，或一个单位投资（做多，或者做

㊀ 波动率。——译者注

空），所以，此种交易策略很容易配置资金，同时管控风险。如果我们缩短相应的回溯期限，同时缩小进场点位（*entryZscore*）与离场点位（*exitZscore*）之间的波幅，那么，我们就可以压缩相关资产的持有期限，增加往返交易的次数，同时获取更高的利润。在例 3-2 中，我们将以之前探讨过的黄金 – 美油的配对交易为标的，从技术层面对布林带线进行详细的解析。

例 3-2　均值回归策略相关的布林带线

在例 3-2 中，我们展示了黄金 – 美油的交易过程，其中，我们运用价差（美油价格 – 对冲比率 × 黄金价格）作为交易信号运行了相应的线性均值回归的交易策略。现在，我们的系统可以很容易地切换到布林带线相关的交易策略之中——设置入场信号 *entryZscore* = 1、离场信号 *exitZscore* = 0，且将此两种信号置于点差程序 PriceSpread.m 的第一部分，而布林带指标的源代码是 bollinger.m。这里我们需要注意的是：多单入场信号 *longsEntry* 与空单入场信号 *shortsEntry* 是 $T \times 1$ 型的逻辑数组，多单离场信号 *longsExit* 和空单离场信号 *shortsExit* 也是如此。我们以 numUnitsLong 函数将与多单相关的单位投资组合的数量单位进行初始化的处理，这是一个 $T \times 1$ 型的数组，然后，在出现多单入场信号之时，设置其值为 1，而在多单离场信号出现之时，则设置其值为 0；而对于空单的数量单位，我们则进行反向设置即可；在没有入场、离场信号的时间序列之内，我们使用失踪数据填充函数 fillMissingData 来提取前一天的数量单位 [fillMissingData 函数从数组的第二行开始,并以前一行各单元格的价值覆盖本期单元格的非数变量(NaN 值),相应程序可以从我的网站下载]。一旦我们计算出代表多单数量单位的 numUnitsLong 函数和代表空单单位数量的 numUnitsShort 函数的数值,我们就可以计算相关数量单位的净值。而相关程序的其他编辑语言与例 3-1 中的点差程序 PriceSpread.m 中的是一样的,其编辑过程如下:

```
% Bollinger band strategy
entryZscore=1;
exitZscore=0;

zScore=(yport-movingAvg(yport, lookback))./movingStd(yport, ...
    lookback);

longsEntry=zScore < -entryZscore; % a long position means we
    % should buy EWC
longsExit=zScore >= -exitZscore;

shortsEntry=zScore > entryZscore;
shortsExit=zScore <= exitZscore;

numUnitsLong=NaN(length(yport), 1);
numUnitsShort=NaN(length(yport), 1);

numUnitsLong(1)=0;
numUnitsLong(longsEntry)=1;
numUnitsLong(longsExit)=0;
numUnitsLong =fillMissingData(numUnitsLong);

numUnitsShort(1)=0;
numUnitsShort(shortsEntry)=-1;
numUnitsShort(shortsExit)=0;
numUnitsShort =fillMissingData(numUnitsShort);

numUnits= numUnitsLong + numUnitsShort;
```

通过上述程序的运行,我们发现:布林带线相关的交易策略所生成的年化收益率是 17.8%,相应的夏普比率为 0.96——与线性均值回归策略相比,进步不小!图 3-3 展示了相关的累积收益率曲线。

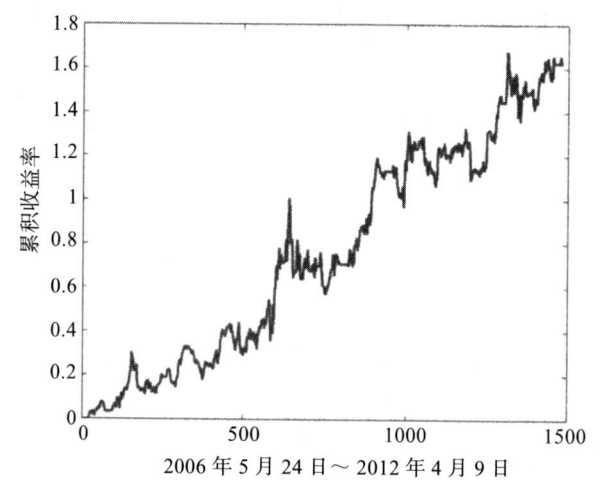

图 3-3　布林带指标相关交易策略项下美油 – 黄金的累积收益率

3.3　相应的头寸增持功能可行吗

均值回归策略相关的头寸增持的概念对许多交易者来说并不陌生(我们还将其称作"轧平")。如果一种资产的价格(点差,或投资组合的价格)偏离其均值越来越远,而潜在的收益随着行情的反转也有增加的趋势,如此则提高了追加投资的可能性,这正是我们的线性均值回归策略关键之所在。这里,我们还要注意:这类策略也要有所变通,即我们不必等到相应价格回归至均值之时才来获利平仓。而这种当价格在小增量恢复情境下迅速离场的优势在于：即使价格序列并不平稳且从来没有真正回归到均值时，我们仍然可以通过不断地"积小胜"，最终"取大胜"。如果你扩大交易规模，那你的收益就会增加，因为不断地增持相应资产且不停地获利平仓可以缓冲因入场与离场而造成的行情波动。如果我们想依据布林带线实施相关的增持计划，我们需要设置多个入场与离场信号。例如，我们可以设定基于 Z 分数的入场信号 $entryZscore = 1, 2, 3, \cdots, N$，离场信号 $exitZscore = 0, 1, 2, \cdots, N-1$，其中，$N$ 是训练数据集合之中另一个被优化的参数。

上述所有这些似乎很容易达成一种共识，而舍恩伯格和科文的研究证明：在两个或两个以上的布林带区间内进场与离场的交易从来就不是最优的，也就是说，你总能找到一个入口 / 出口所对应的点位，进而在回测系统中生成高额的平均收益（科文和舍恩伯格，2010），他们将此种优化的单一入场方式称为"全押"模式。

为了对上述说法进行解析，我们假设某期货的价格最近降至 L_1，而未来的期货价格的终值水平 $F > L_1$（我们必须假设均值回归，从而对"轧平"模式与"全押"模式进行比较），同时，还存在一种概率 p，即未来的价格在恢复至 F 之前，可能会先降至 L_2，且 $L_2 < L_1$，相应的概率变化被图 3-4 所描述出来。现在，无论价格是在 L_1、L_2，还是在 F 的水平，我们都有足够的资本同时做多两种期货合约，如此，我们便有以下三种入场模式：

第一种模式：当价格降至 L_1 时，我们将全部资金押上，构建两个合约，且无须顾虑价格是否会降至 L_2。

第二种模式：当价格降至 L_2 时，我们将全部资金押上，构建两个合约（如果价格未达到 L_2 的水平，那我们的预约单则没有任何意义，且收益为零）。

第三种模式，即轧平模式：在价格到达 L_1 时，我们构建一个合约，而当价格降至 L_2 时，我们再构建另一个合约。

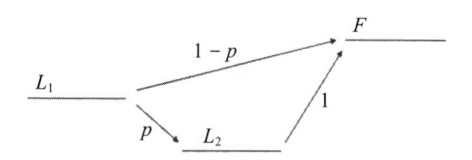

图 3-4　均值回归策略相关的两种可能发生的路径

路径 1（对应的概率是 p）是指相应的价格在恢复至 F 之前会从 L_1 降至 L_2；路径 2（对应的概率为 $1-p$）是指相应的价格会迅速恢复至 F 的水平（这里需要注意的是：案例中，相应的期货价格必须具有均值回归性）。

在上述所有的情况之下，只有当相应的价格达到 F 的时候我们才能平仓出场（所以即使有轧平式的平均投入，也不会出现按均值分批出局的情况）。那么，上述三种模式所对应的预期收益又是什么呢？其实，预期收益可以根据以下公式分别进行计算。

第一种模式所对应的收益为：$2(F-L_1)$。

第二种模式所对应的收益为：$2p(F-L_2)$。

第三种模式所对应的收益为：$p[(F-L_1)+(F-L_2)]+(1-p)(F-L_1)=(F-L_1)+p(F-L_2)$。

显而易见：当概率 $p=0$ 时候，模式 I 的预期收益是最高的；$p=1$ 时，模式 II 的预期是最高的。事实上，这里需要引入一个转移概率

$\hat{p}=(F-L_1)/(F-L_2)$——如果 $p<\hat{p}$，模式Ⅰ比模式Ⅱ更有利可图；当 $p>\hat{p}$ 时，情况相反。如果 $p<\hat{p}$，模式Ⅰ比模式Ⅲ更有利可图；如果 $p>\hat{p}$，模式Ⅱ比模式Ⅲ的预期收益更高。因此，通过上面的计算，我们发现：没有任何一种情境能够证明轧平式的平均分配资金模式的预期收益是最高的。

那么，上述解析是不是就意味着逐步建仓或均匀投资的做法都是不可行的呢？这并不一定，请注意我在相关解析当中所隐含的假设，即在相应价格恢复至 F 之前，其偏离至 L_2 的概率自始至终都是一个常数，而在现实生活当中，我们可能会也可能不会发现这个概率是常数。但事实上，波动率通常并不是一个常数，如此则意味着概率 p 也不会是一个常数。在此种情境之下，如果不考虑收益的问题，则增持头寸的做法更有可能导出一个比较理想的夏普比率。同时，我们这里还有另一种解释，即尽管你会发现轧平式的等比例投资从来都不是你投资策略中的最优选项，然而在样本外数据的检测之中，你将会发现此种投资策略要优于全押式的投资策略。

3.4 动态线性回归相关的卡尔曼过滤法则

对于一对真正的、具有协整性质的价格序列来说，确定对冲比率的方法非常简单：只要我们能够找到尽可能多的历史数据，然后，使用回归拟合相关的普通最小二乘法（OLS），或使用约翰森检验法则找到特征向量就可以了。但正如我们之前所一直强调的那样：平稳性与协整性是一种理想化的状态，没有多少实际的价格序列能够实现。那么，在实际价格序列的对冲比率随着时间的推移而变化的情境之下，我们要如何对相关的对冲比率做出最好的估计呢？对于到目前为止我们所讨论过的所有均值回归的交易策略而言，我们只是提取一个移动的回溯期，然后在此期限内计算回归系数或特定的约翰森检验相关的特征向量，不过，此种方法有一个缺陷，即如果回溯周期过短，那么，随着时间的推进，我们需要删除初始的价格以及最新的价格，如此则会对相关比率产生一个突然的、人为的冲击；如果我们使用移动平均线或者移动标准差来计算当前价格序列的平均值和标准差，我们也会面临相同的问题。鉴于前述所有的相关情况，我们可以使用指数加权的方法，将较大的权重与最新的数据相结合，而将较小的权重与较陈旧的数据相结合，且不使用任意的分界点，这样的方式估计会使相应的情况得到改善。其实，指数加权移动平均线（EMA）就相当于前述的这种加权方式，但是，目前关于"为什么指数权重下降就是一个最优化的指标"这个问题，尚无比较清晰的答案。这里我们将描述一个使用卡尔曼过滤法则更新对冲比率的模式，此模式可以避免因随意挑选一个加权方案而产生误差的问题（Montana、Triantafyllopoulos 和 Tsagaris，2009）。

　　卡尔曼过滤法是最优化的线性算法，它能够基于一个可观测变量的最新值更新一个隐变量的期望值（关于这个话题，我们可以参看"卡尔曼，2007"）。此法则是线性的，因为它假定可观测变量是与噪声相关的隐变量的函数，同时，此法则还假设 t 时刻所对应的隐变量

是其本身于 $t-1$ 时刻（与噪声变量相关）的线性函数，而出现在这些函数中的噪声变量具有高斯分布的性质（因此，我们可以指定一个渐变式的协方差矩阵，这里我们假设相应的均值都是零）。因为所有的这些线性关系，t 时刻相对应的隐变量的期望值也是其自身于观测期 t 时刻之前的期望值的线性函数，同时，它也是于 t 时刻所能观测到的变量数值的线性函数。如果我们把噪声的分布假定为高斯分布，则卡尔曼过滤法就是一种最优化的方法，并且可以将相应的预期变量的均方误差最小化。

对于卡尔曼过滤法则的每一次应用而言，我们需要先弄清楚相关的变量和矩阵：

（1）可观测变量（向量）。

（2）隐变量（向量）。

（3）状态转换模型（矩阵）。

（4）观测模型（矩阵）。

上述内容是相关应用程序当中唯一具有创造性的部分，因为一旦相关数值被指定之后，那剩下的就是一个机械的应用算法了。作为交易者，我们不需要知道如何推导这些变量之间的关系，我们只需要知道在哪里能够找到好的软件包，进而为我们提供正确的答案。

在我们的应用程序中，其重点是要找出对冲比率、平均均值和相应点差的波动率，而可观察变量就是价格序列 y，隐变量则是对冲比率 β，其函数的线性关系式如下

$$y(t) = x(t)\beta(t) + \varepsilon(t) \text{（"测量方程"）} \quad (3\text{-}5)$$

其中，x是其他资产的价格序列；ε是服从高斯分布的噪声变量的方差（V_ε）。我们通常设定x和y之间的点差具有一个非零的均值，同时，我们将使用一个2×1型的向量$\boldsymbol{\beta}$来表示截距项μ以及x与y之间线性关系的斜率，我们将对$x(t)$增加一个列向量，用以创建一个$N\times2$型的数组，进而弥补x和y之间的常数设置。实际上，x是卡尔曼过滤法则之中的观测模型。

上述问题也许看起来很奇怪，即我们只将$y(t)$设定为可观察值，而$x(t)$不是——其实这仅仅是一个数学技巧，因为除了隐变量和噪声，卡尔曼过滤方程中的每一个变量都是可观测的，所以，我们可以自由指定哪一个变量是"可见"的（y），哪一个变量是"观测模型"（x）。接下来，我们要做一个重要的假设，即设回归系数（我们的隐变量）在t时刻的数值，等于其在$t-1$时刻的值中加入噪声因子，即

$$\beta(t)=\beta(t-1)+\omega(t-1)\text{（"状态转换方程"）} \quad (3-6)$$

其中，ω也是服从高斯分布的噪声变量的方差（V_ω），换句话说，状态转换模型在这里只是一个单位矩阵而已。

上述方程中的四个重要量纲的规范已经用斜体标出，卡尔曼过滤法则可以在可观测变量"t时刻"既定的情况下，迭代生成隐变量β的期望值。利用卡尔曼过滤法则来发现β的做法有一个值得注意的优势，即我们不仅能够获得两种资产之间的动态对冲比率，同时也能获得之前所提到的点差的"移动平均线"，这是因为，正如我们之前所提到的那样，β既是y和x之间线性关系的斜率，也是两者线性回归方程中的截距项。目前，对于截距项的最好估计方法是取代相关点差的

移动平均值。但是，正如你的电话销售员经常提醒的那样：这还不是全部的功效！作为一个副产品，式（3-6）还可以生成可观测变量的预测误差相关的预期标准差，我们可以用它来代替布林带线的移动标准差。

在线性卡尔曼过滤法则中，相应矩阵所生成的各种量纲之间的关系似乎相当复杂，所以在这里，我将在专栏 3-1 中为读者进行详细的解读。

实际上，除了迭代方程，我们还需要确定测量方程和状态转换方程之中的（协）方差 V_ε 与方差 V_ω 的值，相应数值的确定在专栏 3-1 中也有体现。

专栏 3-1　卡尔曼过滤法则的迭代方程

我们在可观测的 $t-1$ 时刻所表示的 t 时刻 β 的期望值为 $\hat{\beta}(t|t-1)$，而 β 在 t 时刻可观测的期望值为 $\hat{\beta}(t|t)$。同样，在 $t-1$ 时刻可观测数据既定的情况下，t 时刻 $y(t)$ 的期望值为 $\hat{y}(t|t-1)$。如果在 $t-1$ 时刻，$\hat{\beta}(t-1|t-1)$ 和 $R(t-1|t-1)$ 的数值为已知，那么，我们可以做进一步预测，即

$$\hat{\beta}(t|t-1) = \hat{\beta}(t-1|t-1)（"状态预测"）\quad (3\text{-}7)$$
$$R(t|t-1) = R(t-1|t-1) + V_w（"状态协方差预测"）\quad (3\text{-}8)$$
$$\hat{y}(t) = x(t)\hat{\beta}(t|t-1)（"测量预测"）\quad (3\text{-}9)$$
$$Q(t) = x(t)'R(t|t-1)x(t) + V_e（"测量方差的预测"）$$
$$(3\text{-}10)$$

其中，$R(t|t-1)$ 是 $\beta(t)-\hat{\beta}(t|t-1)$ 的协方差，主要是对隐变量协方差的残差项所进行的相应预期（这里我们用协方差取代方差，主要因为 β 是由两个独立的部分所组成）。同样，$R(t|t)$ 也是 $\beta(t)-\hat{\beta}(t|t)$ 的协方差。这里，我们需要记住：隐变量包含的主要是点差的均值以及相应的对冲比率，而 $\boldsymbol{R}$ 是一个 2×2 型的矩阵，还有，$e(t)=y(t)-x(t)\hat{\beta}(t|t-1)$，它是 $y(t)$ 在 $t-1$ 时刻可测的错漏预期；$Q(t)$ 是 $e(t)$ 的方差，主要是预期残差项的方差。

在观察测量之后的 t 时刻，著名的卡尔曼过滤法则的状态与协方差的更新方程则产生如下变化

$$\beta(t|t)=\hat{\beta}(t|t-1)+K(t)\times e(t) \text{（"状态更新"）} \quad (3\text{-}11)$$
$$R(t|t)=R(t|t-1)-K(t)\times x(t)\times R(t|t-1)\text{（"状态协方差更新"）}$$
$$(3\text{-}12)$$

其中，$K(t)$ 叫作卡尔曼增益，其数值由下式得到

$$K(t)=R(t|t-1)\times x(t)/Q(t) \quad (3\text{-}13)$$

现在，我们开始进行数理循环——假设 $\hat{\beta}(1|0)=0$，$R(0|0)=0$。但是 V_w 和 V_e 的数值是什么呢？有一个方法可以从数据来估计这些差异，这个方法称为自协方差最小二乘法，这是由拉贾马尼和罗林斯开发的（2007，2009）。同时，还有一个免费的 Matlab/Octave 软件包能够解决前述问题。但是为了简单起见，我们还是按照 Montana 假设的原理，即 $V_w=\dfrac{\delta}{1-\delta}\boldsymbol{I}$，其中

δ 是一个 0 和 1 之间的参数，I 是一个 2×2 型的单位矩阵。如果 $\delta=0$——这意味着 $\beta(t)=\beta(t-1)$，如此，则降低了卡尔曼过滤法则相关的普通最小二乘法回归方程中的斜率和固定偏移量。如果 $\delta=1$，这意味着 β 的估值会基于最新的观察而剧烈波动。最优化的 δ 值能够通过数据的训练得以生成，就像回测线性移动回归模式那样。根据后验的相关理论基础，我们设定 $\delta=0.0001$；同理，我们设定 $V_e=0.001$。

在例 3-3 中，我们将描述应用卡尔曼过滤法则进行实际操作的过程，进而为 EWA 与 EWC 之间估计一个动态的 β 值——关于这个问题，我们已经在例 2-7 中进行过相应的讨论。

例 3-3　均值回归策略相关的卡尔曼过滤法则

现在，我们将以式（3-5）～式（3-13）来实际运行卡尔曼的过滤法则，并将它们应用到基金 EWA-EWC 的配对交易之中，相应代码可以从 KF_beta_EWA_EWC.m 下载。同时，我们设定基金 EWA 的价格序列存储在一个 $T\times1$ 型的数组 x 内，而 EWC 存储在一个 $T\times1$ 型的数组 y 中，编辑程序如下：⊖

```
% Augment x with ones to accommodate possible offset in the
    % regression
% between y vs x.
x=[x ones(size(x))];
```

⊖ size( ) 函数指的是返回数组的信息。——译者注

```
delta=0.0001; % delta=0 allows no change (like traditional
 % linear regression).

yhat=NaN(size(y)); % measurement prediction
e=NaN(size(y)); % measurement prediction error
Q=NaN(size(y)); % measurement prediction error variance

% For clarity, we denote R(t|t) by P(t).
% initialize P and beta.
P=zeros(2);
beta=NaN(2, size(x, 1));
Vw=delta/(1-delta)*diag(ones(2, 1));
Ve=0.001;

% Initialize beta(:, 1) to zero
beta(:, 1)=0;
for t=1:length(y)
    if (t > 1)
        beta(:, t)=beta(:, t-1); % state prediction.
          % Equation 3.7
        R=P+Vw; % state covariance prediction. Equation 3.8
    end

    yhat(t)=x(t, :)*beta(:, t); % measurement prediction.
      % Equation 3.9

    Q(t)=x(t, :)*R*x(t, :)'+Ve; % measurement variance
      % prediction. Equation 3.10

    % Observe y(t)
    e(t)=y(t)-yhat(t); % measurement prediction error

    K=R*x(t, :)'/Q(t); % Kalman gain

    beta(:, t)=beta(:, t)+K*e(t); % State update.
      % Equation 3.11
    P=R-K*x(t, :)*R; % State covariance update. Euqation 3.12

End
```

从图 3-5 中我们可以看到，$\delta = 0.0001$，卡尔曼法则更新了基金 EWC(y) 和基金 EWA(x) 之间的线性拟合斜率 $\beta(1, t)$，相应斜率在 1 处发生了震荡。

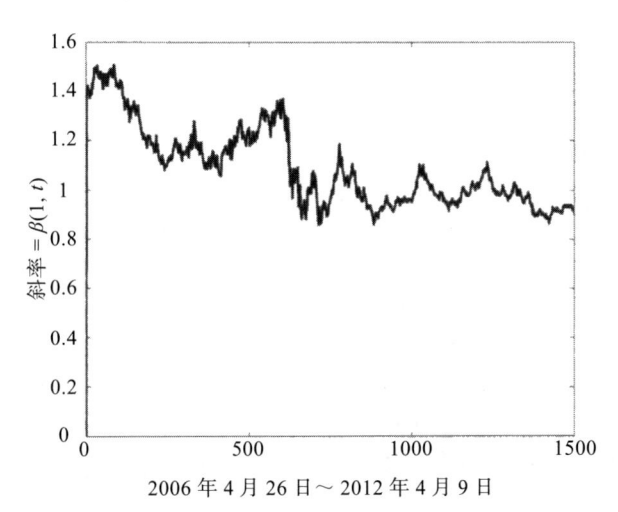

图 3-5 卡尔曼过滤对于 EWC(y) 和 EWA(x) 之间斜率的估计

我们还可以从图 3-6 看到：卡尔曼法则对截距项 $\beta(2, t)$ 进行了更新，相应截距随时间而单调地增加。

我们可以利用这样或那样的数理量纲来计算卡尔曼过滤法则，进而创建一个均值回归的策略模型。而对残差 $e(t)$ 的预期值正是以基金 EWC-EWA 的点差中值为基准的标准差 [以前称为"$t-1$ 时刻可测变量既定之情境下的 $y(t)$ 的残差的预期值"]，同时，我们可以在点差极为负偏时做多，而在其极为正偏时做空。那么，何为正偏与负偏呢？这取决于残差 $e(t)$ 的标准差的预期值，即 $\sqrt{Q(t)}$，我们可以在同一张图中画出 $e(t)$ 和 $\sqrt{Q(t)}$（见图 3-7），图中可见：因为 δ 值很小，所以 $\sqrt{Q(t)}$ 的变化就非常缓慢。

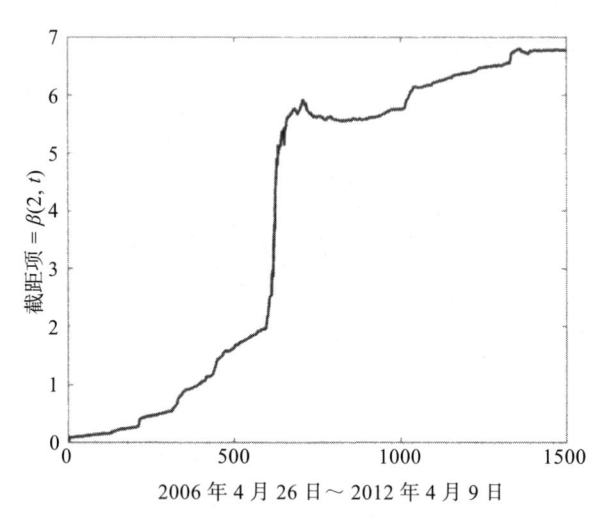

图 3-6　卡尔曼过滤对于 EWC(y) 和 EWA(x) 之间截距项的估计

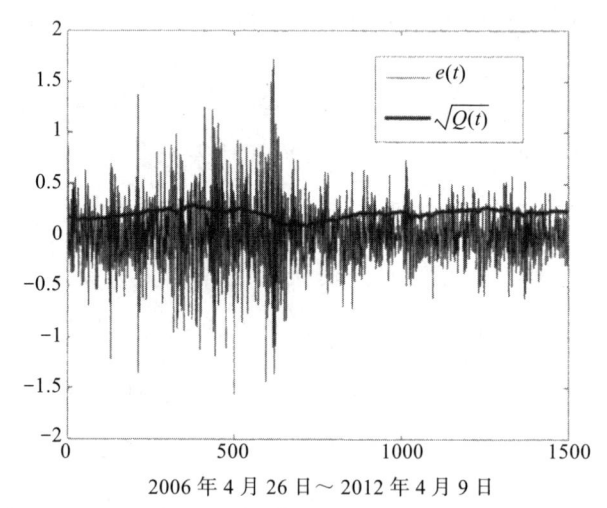

图 3-7　测量残差 $e(t)$ 的标准差的预期值和 $e(t)$ 的标准偏差

MATLAB 程序关于入场、离场的信号代码如下：㊀

㊀　sqrt(Q) 指的是 Q 的平方根。——译者注

```
y2=[x(:, 1) y];

longsEntry=e < -sqrt(Q); % a long position means we should
  % buy EWC
longsExit=e > -sqrt(Q);

shortsEntry=e > sqrt(Q);
shortsExit=e < sqrt(Q);
```

一旦进场与离场的信号生效,剩下的代码就和布林带指标相关的程序 bollinger.m 一样了,只是其中需要用 beta(1,:)代替对冲比率。通过程序运行,我们发现相关年化收益率为 26.2%,夏普比率为 2.4,累积收益率被刻画在图 3-8 中。

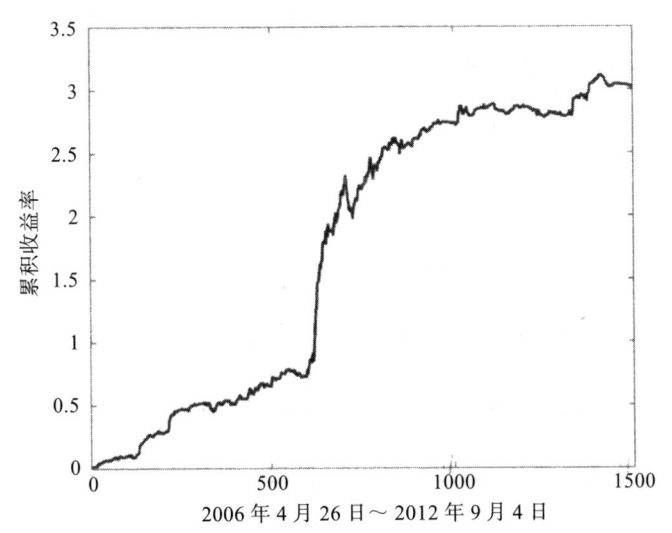

图 3-8 卡尔曼过滤策略相关的基金 EWA-EWC 的累积收益率

代替自己编码的方式,我们演示了卡尔曼过滤法则的编程方式。你还可以使用在许多地方能够找到的免费的、资源共享型的 MATLAB 代码,相应的软件包也可以在网站 www.cs.ubc.

ca/~murphyk/Software/Kalman/kalman.html 下载，而且，卡尔曼过滤模型也同样适用于 MATLAB 控制系统的工具箱。

3.5　卡尔曼过滤法则相关的做市商模型

均值回归策略相关的卡尔曼过滤法则还有一个值得注意的应用程序，在这个应用程序中，我们只关心一个均值回归的价格序列，我们并不关心能否找到两个具有协整性质的价格序列之间的对冲比率。然而，像之前一样，我们仍然需要找到均值回归交易相关的平均价格和相应的标准差。所以，均值 $m(t)$ 在这里是隐变量，而且价格 $y(t)$ 是可观测变量，而在这种情况下，测量方程则变得微不足道了，其表达式如下

$$y(t)=m(t)+\varepsilon(t)(\text{"测量方程"}) \quad (3\text{-}14)$$

根据与状态转换方程相同的定理，我们得出

$$m(t)=m(t-1)+\omega(t-1)(\text{"状态转换"}) \quad (3\text{-}15)$$

因此，相应的状态更新式（3-11）则转变为

$$m(t|t)=m(t|t-1)+K(t)(y(t)-m(t|t-1))(\text{"状态更新"}) \quad (3\text{-}16)$$

（如果你忽略了专栏 3-1，这也许能帮你回顾一下。）

同时，残差预期值的方差公式为

$$Q(t) = \mathrm{Var}(m(t)) + V_e \qquad (3\text{-}17)$$

而卡尔曼增益是

$$K(t) = R(t|t-1)/(R(t|t-1) + V_e) \qquad (3\text{-}18)$$

状态方差的更新方程是

$$R(t|t) = (1 - K(t))R(t|t-1) \qquad (3\text{-}19)$$

我们为什么要突出解析上述这些方程呢？因为这是一个让做市商非常喜欢的商业模型，可以借此更新他们资产估值的平均价格，辛克莱·尤安对此有过专门的论述（辛克莱，2010）。为了使这些方程更加切合实际（不知你是否记得），从业者可以进一步设定测量误差 V_e，进而测量所观测到的交易价格的不确定性。但是，如何在所观测到的价格里发现相关的不确定因素呢？事实证明：我们可以用一种方法解释相应的不确定性，即如果交易规模大（相较于一些基准而言），那么，相应的不确定性就会很小；反之亦然。因此，V_e 在这种情况下，也可以成为一个 t 的函数。如果我们设定交易规模为 T，贸易规模的基准为 $T_{\max}$，然后，我们就可以有如下形式

$$V_e = R(t|t-1)(T/T_{\max} - 1) \qquad (3\text{-}20)$$

通过上述方程，你可以看到：如果 $T = T_{\max}$，那么在这里，就没有观察到具有不确定性的价格，卡尔曼增益指数就是 1，而更新的预期均值 $m(t)$ 与所观察到的价格则是完全相等的！但 $T_{\max}$ 应该是怎样的数值呢？它可以是前一交易日总交易量的一部分，例如，精确的比率

值可以用一些训练数据进行优化。

请注意上述这种方法的相似性，即以所谓的交易量加权平均的价格（VWAP）来确定某一资产的均值或公允价值。在卡尔曼过滤法则当中，我们不仅要为较大的交易规模配以较大的权重，而对于最新的交易价格，我们也要配以较大的权重。因此，相应的均值可能是以交易量和时间为权数的平均价格。

3.6 数据误差的危险性

在回测与运行均值回归策略方面，如果数据出现误差，则会产生特别不好的影响。

在利用历史数据进行回测的过程，如果出现错误或"极端数值"，那么，这些误差项通常会使相关的均值回归策略的效应出现膨胀的现象。例如，如果实际的股票交易价格于上午 11:00、11:01 和 11:02 的价格分别是 100 美元、100 美元和 100 美元，但历史数据错误地记录为 100 美元、110 美元和 100 美元，然后，你的均值回归策略相关的回测系统可能会显示在 11:01 做空股票（110 美元），而后在 11:02 平仓（100 美元），整个过程干净利索，而 10 美元的盈利却是虚拟的。从中你可以看到：数据质量对盘中数据而言是特别重要的，但是，相关数据为相应误差的出现也提供了更多的机会，这就是为什么有信誉的数据厂商会小心翼翼地使用交易所提供的删除与修正代码（cancel-and-correct codes）来纠正那些因价格太过偏离"正态"水平而被删除的各类交易合约（一个"正态"价格的构成是完全可以独立确定的，有时在相关交易所的个案基础上即可确定）。托马斯·法尔肯伯里（Tomas Falkenberry）写了许多关于数据清洗问题的论文（2002）。

然而，这个错误的数据将会抑制动量型交易模式的回测效果，所以，对此种交易策略而言，它不是很危险。在前一个例子中，反应测试中的一个动量模型可能会在11:01花费110美元购买股票，但是可能在11:02（100美元）止损离场。

这里应当注意的是：同样的错误也会触发现实生活中的错误交易，常常会导致现实中的损失。在前面的例子中，如果相关的价格是买入价，我们在11:02有110美元的错误报价，那么，我们的执行程序在那个时间内可能会生成一个卖单指令，这个指令将不幸地被100美元所代替，因为市场目前没有真实的110美元的报价。

上述这个与买入价/卖出价相关的误差在货币对交易、套利交易中也会导致非常危险的结果，因为在这些策略中，我们常常要依赖于各类金融工具的报价差值来触发相应的交易信号，而一对报价的差值比报价本身要小得多，所以，任何报价当中所存在的误差都会导致较大比例的错误点差。例如，我们交易一对股票 X 和 Y，X 有一个真实的100美元的买入价，Y 有一个真实的105美元的卖出价格，所以股票 X 和股票 Y 的价差是5美元，这个价差可能太小，以至于不能触发一个买入 X、卖出 Y 的交易指令，但是，如果错误数据导致 Y 的卖出价格是106美元，然后相应的点差就会变成6美元，比真实的5美元提高了20%，如此则可能触发一个买入 X、卖出 Y 的错误指令。

当我使用券商的数据填充系统来运行配对资产交易的时候，在真实的交易情境当中，我也看到过类似的问题。数据填充系统相当规律地触发了亏损的交易模式，对此，我不能够加以解析，直到我把数据转换给一个第三方供应商之后（没有比雅虎更漂亮的实时报价），错误的交易才停止下来。而后，我接受了彭博社（Bloomberg）提供的实时数据，它也没有触发任何错误的交易。

在实时交易当中，错误的点数也会使动量交易策略传输错误的交易指令，所以，进而在执行过程中诱发相关的亏损。

• 本章要点 •

1. 你想在交易持续时间中构建一个固定数量的均值回归策略相关的投资组合吗？

   那你就要使用价格序列来确定相应的对冲比率。

2. 在交易存续期限内，你想按照每一个成分资产的市值来构建一个均值回归策略相关的投资组合吗？用价格序列的对数（log）值来确定相应的对冲比率。

3. 价格比率，而不是利差，往往是货币对交易的一个很好的指标。

4. 你担心对冲比率、点差之平均值和标准差将来会有什么变化吗？解决此问题需要使用一个移动的回溯期或应用卡尔曼过滤法则。

5. 如果要实际运行一个线性的交易策略，我们可以在增持头寸的前提之下使用布林带指标。

6. 增持相应头寸的做法在回测系统中不是最优的，但在实时交易中，由于波动率和概率经常发生变化，因此，此种方法就显得有效了。

7. 你想根据最新的交易（价格和规模），动态地更新一个金融工具的预期价格吗？那就应用卡尔曼过滤法则。

8. 数据的误差可能会使得均值回归策略出现膨胀的效果，但动量型交易策略在此方面不受影响。

9. 无论在回测系统还是在实时交易中，基于点差的交易策略对很小的数据误差却表现得特别敏感。

| 第4章 |

股票与 ETF 基金的均值回归模式

从某种意义上说,股票市场是寻找具有均值回归性质且可以应用前述两章所描述的相关交易技巧之金融工具的最肥沃的土壤;从理论上讲,我们可以构建属于任何部门的股票交易对,同时,对其暴露于许多常见的经济因素之下的协整性质进行相应的预期。股票的种类与数量很大,所以,将其归类是很容易的。但是,在实践当中,如果要将一些通用技术应用到股票交易和 ETF 基金之上,其中确实存在着一些很严重的制约因素。本章将对特定的股票与 ETF 基金的特定问题进行相关的研究,同时,我也会证明:简易型的均值回归策略更适合于由两种和三种 ETF 基金所构建的投资组合。

但是,我们在寻找均值回归相关的股票与 ETF 基金进行交易的时候,我们没有必要把自己束缚于第 3 章所描述的相应规则之中。我们发现:在短时期内,大多数股票在正常情况下基本都能表现出均值回归的属性（所谓"正常情况"意味着没针对任何股票的新闻事件，没有出现我们在第 7 章所提到的题材）。尽管从长期来看，股票价格的运行模式遵循几何随机游走的规律，但是，我们还是可以构建一个策略，并以此来开发相应的短期的或者"季节性"的均值回归模式。

另外，所谓"指数套利"也是一个为我们所熟悉的、与均值回归相关的交易策略。在此种情境之下，我们可以对股票相对于期货或股票相对于 ETF 基金进行相应的协整检验——由于使用传统的指数套利策略所实现的利润不多，我们不得不对此进行一定程度的修正。

如前所述，除了我们所熟悉的、到目前为止吸引我们所有注意力的、时间序列相关的均值回归模式，还有一种投资组合式的均值回归现象，此现象普遍存在于股票篮子之中。让我们回忆一下：在时间序列相关的均值回归模式当中，相应价格水平一般要向由其相关的历史水平所确定的均值的方向恢复，而组合式的均值回归则意味着，相关篮子中的相应金融工具的累积收益率要向整个篮子的累积收益水平恢复。就关于时间序列相关的均值回归模式的统计测试而言，其与组合式的均值回归模式在很大程度上是不相关的，而这种组合式的均值回归模式可以为各类股票构建任何类型的均值回归交易策略，而且其步骤简单易行。

因为存在上述构建相关均值回归模式的可行性，股票市场吸引了大量交易者，我们通常称其为"统计型套利者"，他们竭尽所能地开发此种模式，因此，这种策略相关的收益率一般都降低了。这里，我们将讨论一些简单的技巧，从而提高相关策略的收益率。不过，我要再一次地强调：在本书中，相应的回测效应不包括相关的交易成本。遗漏的原因之一是：交易成本可以很敏感地依赖于准确的执行方法和对股票类型的精准抉择，而在对股票模型进行回测的过程中，更加具体的缺陷还包括所使用的数据面临退市的风险，而剥离退市数据的信息模式的构建形式比较烦琐，而且价格也比较昂贵。我们希望相应的回测结果是不现实的，至少，过去一两年的回测结果是这种情况。如果你打算以携带退市信息的、免费的数据库为模板重新运行相应的回测程序，那你就应该记住：股票指数在其整个运行历史当中，一直都在改变它的成分股（通常是指标准普尔 500 指数），同时，要做到这一点，你可能需要一个数据库，其中包含历史性的日报成分指数。另外，我们还要记得在第 1 章中所讨论过的主要问题和综合股票价格，在这里，我们使用的历史价格都是统一的开盘价和收盘价。但是，如果你要使用开盘市价订单（market-on-open，MOO），或开盘限价订单（limit-on-open，LOO），抑或是收盘市价订单（market-on-close，MOC），还有收盘限价订单（limit-on-close，LOC）来实现相应的交易策略，那你要在主要交易所的开市或收市之时进行相应的数据填充。通常，这意味着实际的收益将低于所展示的收益。

4.1 股票配对交易的难点

股票的配对交易是机构交易者发明的、与均值回归策略相关的第一种算法，其是由在摩根士丹利（Morgan Stanley）工作的格里·班贝克所揭示出来的（帕特森，2010）。然而，它现在的运行模式比较困难，且对相应收益产生意外的挤出效应。

如果我们测试单个股票的日间价格序列，我们会发现：它们几乎从不迎合第 2 章所定义的平稳性的概念，而用几何随机游走来描述其运行模式则相当不错——如果它们走得太远，那就很少回到起点（而相应价格序列于盘中，或呈季节性地向均值回归的属性则是特殊的情况，我们稍后予以讨论）。

即使你用一些合理的方法将相应资产配对交易 [如埃克森美孚（Exxon）对应雪佛龙（Chevron），或者花旗银行（Citibank）对应美国银行（Bank of America）]，而成分资产在样本外之数据的检测当中，都很少具有协整的性质。我之所以强调样本外数据是因为，在任意选择的一段时间内，对此类数据的探测能够很容易地找到具有协整性质的一对股票，但是，在下一个样本外数据相关的时间序列之内，这些股票可能很容易失去其协整属性。出现这个疑难问题的原因是：一个公司的命运可能因相关的管理决策和企业间竞争情况的变化而改变，事实上，即使两家公司在同一行业，也不能保证它们会有同样的命运 [想想美国苹果公司（AAPL）和黑莓公司（BBRY）的情况]，其结果是：相对于应用均值回归策略交易一对股票而言，要想做到持续盈利其实是很困难的，除非你对每一个公司都有一个基本的认知，同时，你能够在某个公司相关的坏消息公布于众之前平仓离场。

如果我们交易大量的股票对，即使偶尔有一些标的资产不符合预期的协整性质，那也不会影响整个投资组合的盈利能力，情况是这样吗？大数定律只在样本外数据相关的一段期限内、某一单组交易的收益率为正值时才对我们有利，但是，我没有发现此定律对所有股票的配对交易有效。很显然，较好配对的交易所获得的小利润一定会被巨额亏损的股票对交易所倾覆。

股票配对交易所相关的问题除了上述这些，还有两个额外的技术难题。第一个困难是对卖空能力的约束。此种约束对一对股票而言是特别危险的，因为由一对股票所构建的组合一定有一只股票要被做成"融券"的形式，而融券是非常困难的，那么，即使你的头寸最终是盈利的，但是，你可能会被迫在最无利可图和最不恰当的时刻进行清算，诱发此种情况的情境是：在你做空某只股票之时，由于出现一些意想不到的好消息，从而造成相应价格突然跳值，而很多沽出此股票的空方又急于脱手，如此，你所"融入"的股票可能要被回购，而你将被迫在某个价位进行抛补，从而蒙受较大的损失，同时，你还要出售另一仓位的多头头寸，这就是所谓的"轧空"。

与上述相同的卖空能力约束机制一样，自2010年以来，新的替代提价交易规则在美国股市的实施也为相关的回测系统及股票配对交易策略制造了很多不确定因素，即一旦触发熔断机制，从本质上讲，我们是被禁止向市场发送做空订单的。

股票配对交易的第二个难点出现在盘中（日间）交易当中。多年以来，股票配对交易的利润空间一直都在下降，这就要求我们在盘中交易时捕捉最好的价格且及时入场和离场。还有，如果相关交易者在配对股票交易中要避免相应头寸出现"隔夜"的情况，他们也许能够避免企业基本面估值所带来的价格变化，从而免受长期被"套牢"的煎熬。然而，盘中配对股票交易还是会遇到一些问题，因为全国最好的买入、卖出报价系统（以下简称NBBO）的股票（或etf基金）的交易规模已经变得非常小了，这可能是由于机构交易者流行使用"暗池"或非显性的"冰山订单"⊖所致。如此，很多大订单就会被相关的智能算法拆分成许多很小的订单加以执行，同时，许多高频交易者提交小额的订单，他们可以随时取消且频繁地更换交易。最后，做市商也不愿意显示大订单，从而避免被高频交易者所利用。

对于上述问题，我们举例说明如下：对美国苹果公司的股票来说，NBBO报价系统的交易规模只有100股，这种情况其实并不罕见。因此，除非你只交易100股，或者你能够承受巨大的交易成本，否则，在对股票配对交易策略进行回测的过程中，使用交易价格或系统报价都不是很现实。而同样的现象也会导致实时执行系统的运行难度加大——如果我们在NBBO报价系统诱发交易信号之后向市场的多、空双方提交相应的订单，那我们就会因出现相关的、大量的利差而蒙受损失。我们被迫向交易的一方提交限价订单（或向交易双方提交不足一个单位的小额订单，而暂时性的小额非对冲头寸会使我们蒙受损失），同时，在相应订单还没有被完全填充之前，我们还要积极地对其进行管理，即随时有可能撤单，或重新提交此订单。

为什么股票配对交易在过去会盈利呢？一个普遍存在的原因是：

⊖ 所谓冰川订单是指市场参与者能够输入数量较大的订单，但又不希望向市场显示全部委托数量。——译者注

那时，市场效率要低得多，所以，配对交易的正常收益足以使相应的均值回归策略弥补那些不符合其属性的交易所造成的损失。然而，当前的形势对任何一个有利可图的交易策略来说都是一种灾难，而且对大家所熟知的股票配对交易来说尤为严重。另外，股票配对交易的利润下降还有一个技术性的原因，即美国股票价格的十进制原则——十进制导致买卖价差显著缩小，所以对股票配对交易的相关人士而言，即使是做市商，也会发现其做市的利润大幅度地减少（泽格，2008）。

当然，上述股票配对交易于收益方面不是很高效的问题在美国市场是一种事实，但这并不意味着此类交易在其他国家也不会盈利。然而，对于美国市场而言，我们有另一种盈利模式——ETF 基金的配对交易模式。

4.2　ETF 基金的配对交易（或三重 ETF 基金交易）

ETF 基金的配对交易相较于股票配对交易的一个优势是：一旦其被发现具有协整的属性，那在样本外的数据检测中，ETF 基金的配对交易不太可能出现分崩离析的局面，这是因为篮子中整体成分股的基本经济面的变化比一个公司的变化要慢得多。例如，都是以商品为基础的经济模式，因此 EWA 和 EWC（它们各自代表澳大利亚和加拿大的相应之 ETF 股票指数基金）是适合应用协整测试的。实际上，我们在第 3 章已经证实了它们的协整属性。在我 2009 年的博客上，我提到过这两种基金的配对交易模式，而它们的协整属性在撰写本文时被继续加以验证（2012 年 11 月）。对可以配对交易的 ETF 基金的选择过程相当简单：我们只需要寻找那些暴露于共同的经济因素之下的 ETF 基金即可。除了国家级别的 ETF 基金，行业 ETF 基金也拥有一个能够发现具有协整性质资产的肥沃的土壤。例如，零售业基金 RTH 与消费品基金 XLP 就具有协整性质。随着对多少具有相同属性的行业 ETF 基金的增值功能的探索，相应的配对交易规模就稳步增长了。

我所喜欢的另一个 ETF 基金的配对交易是大宗商品之 ETF 基金和由生产这些商品的公司股票所构成的 ETF 基金之间所构建的投资组合。黄金相关的 GLD 基金与金矿股票指数型基金 GDX 就是一个很好的例子，其基本原理是：由于金矿公司的主要资产是黄金，因此其股票的价值应该与黄金现货价格具有协整关系，而且事实上，两者之间的协整关系一直持续到 2008 年 7 月 14 日左右。如果我们在 2006 年 5 月 23 日至 2008 年 7 月 14 日对 GLD 基金与 GDX 股票指数型基金的协整属性使用约翰森模式进行检测，那么，我们会发现：它们之间的协整概率是 99%，但如果我们在 2008 年 7 月 15 日至 2012 年 4 月 9 日进行测试，那它们就不具备协整的属性。2008 年 7 月 14 日到底发生了什么呢？当时，石油（西德克萨斯中质原油）价格达到每桶 145 美元的峰值，可谓空前的高涨。那么，石油价格和黄金价格以及与黄金企业股指之间的协整关系又是怎样的呢？显然，它们有很多相关性，而且事实证明：当石油价格变得昂贵，我就要花费更多的资金去开采黄金，如此，开采企业的利润就会减少，进而导致相关企业的股票价格相对于黄金现货价格来说表现不佳（"古怪黄金界"，2011）。

我们可以通过实证来支持上述的观点，即我们可以在投资组合当中引入石油相关的 USO 基金，看看由三种基金所构建的投资组合的表现——2006～2012 年，约翰森检验的测试结果表明：此三种基金呈协整关系的概率值是 99%。因此，除却 GLD 基金与 GDX 基金，我们可以在组合中再加入一只基金。即使你觉得交易三重基金太过麻烦，那你至少应该制定一个规则，即当石油价格超过一定的阈值时，我们就要停止 GLD 基金与 GDX 基金的配对交易。

上述这个例子具有特别意义。当科学家最初遇到一个无法解释的现象时，他们就会对此现象的成因形成一种直觉上的预期，然后，再找到一定的方法来测试这个先验的预期。我们也应该采用与前述相同的科学方法来探索相应的交易过程。当相应交易策略停止工作的时候，我们应该形成一个相关成因的假设，然后，通过实证来测试相应假设能否得到数据的支持，这个过程的结果通常是通过修正相关的策略来恢复其盈利能力的。

有人可能会认为：石油基金 USO 和能源部门基金 XLE 是商品和商品生产者之间配对交易的另一个例子，但是，这个配对交易有一个问题——尽管 GLD 基金拥有黄金，因此其可以反映黄金的现货价格，但基金 USO 实际上并不拥有石油，它投资的是石油期货合约。在第 5 章中，我们将讨论商品的期货价格与现货价格的关系。即使基金 XLE 与石油现货价格具有协整的属性，但它也不一定与 USO 基金具有协整的属性，这个问题一直困扰着任何商品期货基金与大宗商品生产行业基金的配对交易，但是，如果大宗商品基金持有实际的商品而不是期货，那与之相关的配对交易所凭借的均值回归交易策略的风险就会很低。

ETF 基金的配对交易机制与股票配对交易是一样的。传统的报升规则对 ETF 基金是排除的。但是，新的替代提价交易规则涵盖了所有在美国证券交易所上市的证券。然而，NBBO 报价系统对 ETF 基金规模的限制比股票要大得多，例如，在一个标准交易日，NBBO 报价系统所规定的 EWC 基金的交易规模是 5000 份。

4.3　日间均值回归交易策略：缺口买入模式

股票价格遵循几何随机游走的运行规律，关于这一点，许多金融学者在不知疲倦地提醒着我们（麦基尔，2008），但是，这个理论只有在我们严格按照均值回归的属性的规定且在相同的时间序列之内测试相应的价格序列的情境之下，才能被验证过关（如，我们要使用日间的收盘价）。而相应交易者的工作却是发现某些特殊的情境或特殊的时段，于此情境，或时段内，发掘价格序列的均值回归属性的规律，并同时避免数据探测过程中所出现的偏差。下面，相应交易策略将展示一系列的运行原则，而此原则可能确实触发日间交易的时间框架之下、具有季节性的均值回归属性的价格序列的运行模式，其对股市来说，也不例外。

相应策略所相关的规则是：

（1）于靠近开盘时刻，选择所有的自前一天的最低价至今日的开盘价之间的收益率低于一个标准差的股票。标准差的计算依据是90天的日间收盘价的收益率，而被选中的股票就是"缺口"型的。

（2）缩小所选股票的范围，留下那些开盘价格高于收盘价20日移动均线的股票。

（3）在剩余股票中，买入10只，要求是：此类股票价格与前一日之最低价格相比较而得出的收益率最低。如果能够买入的数量少于10只股票，那就买入上述的所有股票。

（4）在收盘之前清算所有股票。

上述这种策略的基本原理是：当股指期货的价格于开盘之前下跌，那么，由于市场上的恐慌情绪，某些股票于开盘之时会被不成比例地抛售。但是，一旦这种恐慌性抛售结束，股票于当天将会逐步地升值。

上述第二个规则通常是非常有用的均值回归型的交易策略：它基本上是一个动量过滤法则再叠加一个均值回归策略，这是我们经常重复的一种技术。在通常情况之下，那些价格跌了"一点点"的股票相较于那些跌了"很多"的股票而言，会有一个更好的反转契机，因为后者经常会面临负面新闻的冲击，比如营业收入公告不如人意等。由负面消息所造成的价格下降是不太可能恢复的。我们可以基于前述之类的突发新闻开发动量型交易策略（这在第7章会有更多的描述）。此外，一只股票的价格如果高于其长期移动平均线，那它将承受来自诸如多头基金之类的交易者所做的抛售之压力，且其交易的时间往往会更长，而这种于开盘时对流动性的需求可能会夸大相应价格的下行压力，但是，由流动性需求所引起的价格变动更有可能恢复正常，因为此种需求与因基本经济面的变化而引起的价格波动相比，很容易消失。因此，前述这种策略在"信息为王"的环境之下可以成功，而传统的日间股票的配对交易则有可能会失败。

回测上述策略的 MATLAB 代码展示在例 4-1 之中。

例 4-1　标准普尔股指相关的缺口买入模式

下列这段代码是用以回测"缺口买入模式"的，它可以在 MATLAB 软件中的 bog.m 工作区下载，它需要三个 $T \times N$ 型的输入数组，即 op 数组、lo 数组和 cl 数组，其中，T 代表的是天数，N 代表的是仓中的股票数量，同时，op 包含的是每日的开盘价格，lo 包含的是每日的最低价格，而 cl 是每日的收盘价。被回测的、相应的股票之数据来源是标准普尔 500 指数的成分股，但其中存在退市的风险。㊀

```
topN=10; % Max number of positions
entryZscore=1;
lookback=20; % for MA

stdretC2C90d=backshift(1, smartMovingStd(calculateReturns ...
    (cl, 1), 90));
buyPrice=backshift(1, lo).*(1-entryZscore*stdretC2C90d);

retGap=op-backshift(1, lo))./backshift(1, lo);

pnl=zeros(length(tday), 1);

positionTable=zeros(size(cl));
```

㊀ ret 代表的是收益率，有时也有返回程序的意思；foo 代表的是数据、功能或命令的变量。——译者注

```
    ma=backshift(1, smartMovingAvg(cl, lookback));

for t=2:size(cl, 1)
        hasData=find(isfinite(retGap(t, :)) & op(t, :) ...
          < buyPrice(t, :) & op(t, :) > ma(t, :));

        [foo idxSort]=sort(retGap(t, hasData), 'ascend');
        positionTable(t, hasData(idxSort(1:min(topN, ...
          length(idxSort)))))=1;
end

retO2C=(cl-op)./op;
pnl=smartsum(positionTable.*(retO2C), 2);
ret=pnl/topN;
ret(isnan(ret))=0;
```

上述这一策略的运行结果是：从 2006 年 5 月 11 日至 2012 年 4 月 24 日，相关交易的年利率（APR）为 8.7%，夏普比率为 1.5，相应累积收益率曲线如图 4-1 所示。

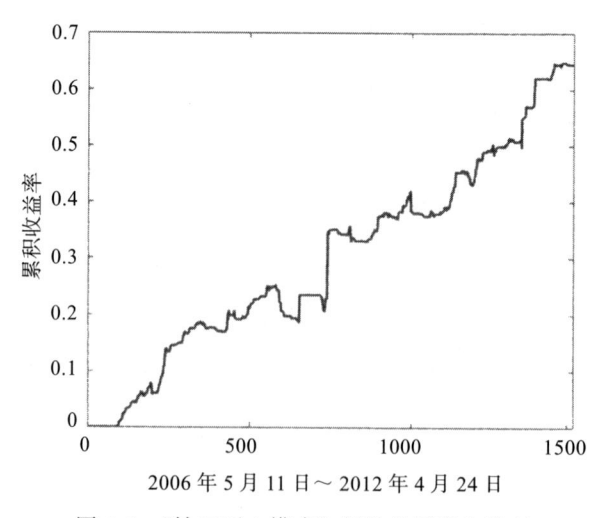

图 4-1 "缺口买入模式"相关的累积收益率

在我的个人账户与基金存货之中，我有一个很盈利的交易版本，不幸的是，这个版本并不包括前文的第（2）条规则，而且从 2009 年开始，其收益开始递减。做多的策略也面临一些风险管理方面的挑战。最后，由于每天所交易的股票数量很小，这意味着相应策略没有较大的容量。

精明的读者可能想知道如何于开盘时使用其价格确定入场的交易信号，并填充相应之官方公开的价格。当然，简短的回答是：我们不可能做到！然而，我们可以使用预开盘的价格来确定相应的交易信号 [例如，在德国阿卡（ARCA）]。因此，相应交易信号的确定方式将不会与实际开盘价所确定的方式完全匹配，但是，我们希望它们之间的差异不会太大，以至于挤压掉相关的收益，而我们则把这些差异称之为信号噪声。同时，我们也注意到：相应策略的回测过程中使用的是统一价格与初级市场价格，这里存在一些缺陷——在第 1 章中，我们做过相应的解析。

那么，上述策略是否存在相反的镜像呢？我们能否在相应股票价格的一个标准差的缺口被补齐，但仍低于其 20 日移动均线时，做空此类股票吗？是的，我们可以，而且，相应年利率是 46%，同期夏普比率为 1.27，尽管此种交易看起来比做多头的战略具有更高的回报且相应行情的降势也确实很陡峭（见图 4-2），但它同样跌入了之前讨论过的卖空交易约束的陷阱。

在交易员之间，上述这种策略其实很有名，而且在同一主题之上还有很多的变化模式。例如，你可以同时做多且做空某个公司的股票；

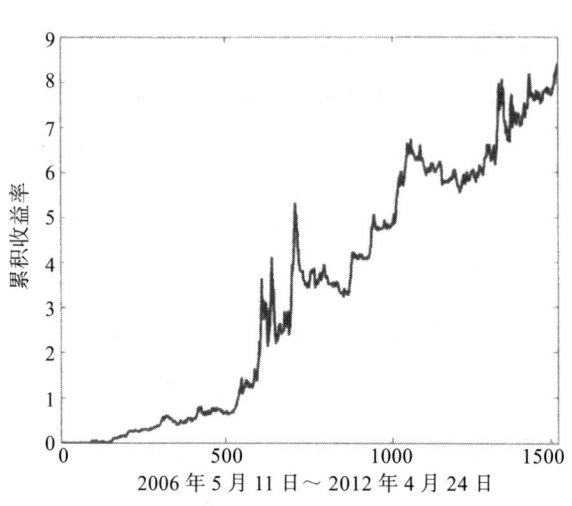

图 4-2 "缺口卖出模式"相关的累积收益率

或者，你可以做多股票，同时用股指期货的空头进行对冲；你也可以购买更大数量的股票，但同时限制同一行业的股票数量；你还可以于市场开盘时刻之外扩展购买的期限；你也可以实施盘中"抢帽子"交易⊖。但是，这里有一个重要的信息：以日间棒线为样本、不具有均值回归属性的价格序列可以在特定的时期表现出强烈的均值回归属性，这是较短时间尺度所呈现的季节性的工作原理。

4.4　ETF 基金与成分股之间的套利模式

许多读者对"指数套利"的相关策略应该是很熟悉的，即在股票的投资组合与指数期货之间构建一种对冲的关系，并按照它们之间的

⊖ 利用点差、利差获利。——译者注

价差进行相关的交易。如果股票以同样的加权方式构造相应的指数，那么，由其所构建的投资组合的市场价值与指数期货价格的协整关系的拟合度将非常之高——也许太高了，所以很不幸！由于这是一个著名的交易策略，所以相互对冲之资产之间的市值差异就变得非常小（Reverre，2001），只有最富有经验的交易员才可以从这种策略中获利，而且此种策略需要于盘中进行交易，可能也需要高频交易（详见专栏 4-1）。为了增加两种证券价格之间的差异，我们可以在股票指数当中选择一个股票子集来构建相应的投资组合，而与此相同的理念也可以应用于由股票所构建的一个 ETF 基金和此基金本身之间的套利模式，在这种情况下，我们只需要选择一个适当的由成分股所构成的子集来构建相关的投资组合。其方法是选择所有的与相关的 ETF 基金具有协整关系的股票，我们将通过使用最著名的 ETF 基金 SPY 来演示此种方法。

专栏 4-1　高频指数套利

高频交易员已经能够利用日间交易中的两个缺陷来计算股指期货与成分股之间的套利比率及相关指标，其中第一个缺陷是：许多主要的指数，包括道琼斯指数（Dow Jones）、标准普尔指数（S&P）、纳斯达克指数（Nasdaq）和罗素指数（Russell），其计算程序只使用初级市场的交易数据（详见第 1 章对初级市场与综合股票价格的论述），而这只代表了不到 30% 的被交易的股票（阿诺、萨鲁奇，2012）；第二个缺陷是：相关该指数每隔几秒钟就要更新一次。前述两个缺陷会导致由一组股票所构成的"篮子"证券的价格以及股指本身的价格在不断地被更新，从而生成它们之间的市值差异。因此，对股指期货价值的预期较之瞬时变化的股票市值而言，会有稍许的延迟。如果股指期货的价值高于成分股的瞬时市值，那我们就可以做空股指期货，反之亦然。那么，我们在哪里可以发现这个事实呢？是瞬时变化的股票市值吗？当然，我们需要从所有美国证券交易所和电子交易平台（ECN）（而不是证券行业自动化公司，SIAC）订阅直接的数据，同时，我们要在相关的交易场所对指数相关的所有股票的交易价格实施监控，而且，延迟的时间要以毫秒来计算。所以，没有人能说"高频交易"是件很容易的事情！

我们将选择一年的数据（在我们的例子中，我们选择的是2007年1月1日至2007年12月31日的数据）作为训练集，然后以约翰森检验模式寻找所有那些与SPY基金的协整属性达到90%概率之上的股票，接下来，我们用这些股票构建一个投资组合，并对每只股票平均分配资金，再用约翰森检验模式进行测试，确认此多头形式的投资组合是否仍然与SPY基金具有协整关系。前述这一步是必要的，因为一个任意金额以相等权重将资本平均分配给每只股票，而由这些股票所构建的组合并不一定与SPY基金具有协整关系，即使每个成分股都与SPY基金具有协整关系，投资组合的情况也是如此。我们在第二个测试当中使用了价格的对数形式，因为我们希望每天都调整这个组合，进而使每个股票的资本都是恒定的（详见第 3 章的讨论内容）。在确认相关的协整属性之后，我们就可以回测在第 2 章所描述的线性均值回归的交易策略，而相关的 MATLAB 源代码则显示在例 4-2 之中。

例 4-2 SPY 基金与成分股之间的套利行为

下列这段代码可以从 indexArb.m 下载，而且它需要输入一个 $T \times N$ 型的数组 cl，T 代表的是天数，N 代表的是仓中的股票数量，cl 代表的是每日的收盘价。对于我们要进行回测的仓内股票的选取则与例 4-1 中的一样，而所对应的符号就是股票数组所在的单元格，所有这些数组打包在一个 stk 的结构之中；此外，我们需要一个 $T \times 1$ 型的数组 cl，即 SPY 基金每天的收盘价——这些都是打包在一个结构性的 etf 基金之内。当然，我们必须确保 stk 的日期和 etf 的日期彼此要相互匹配，而常见的交易日期包含在 $T \times 1$ 型的 tday 数组之中。我们只在第一部分的数据当中运行约翰森检验模式，即 2007 年 1 月 1 日至 2007 年 12 月 31 日的数据，这是被指定的训练集，而相应的编程如下：

```
trainDataIdx=find(tday>=20070101 & tday<=20071231);
testDataIdx=find(tday > 20071231);

isCoint=false(size(stks.stocks));
for s=1:length(stks.stocks)
    % Combine the two time series into a matrix y2 for
      % input into Johansen test
    y2=[stks.cl(trainDataIdx, s), etf.cl(trainDataIdx)];
    badData=any(isnan(y2), 2);
    y2(badData, :)=[]; % remove any missing data
```

```
            if (size(y2, 1) > 250)
                results=johansen(y2, 0, 1); % johansen test
                  % with non-zero offset but zero drift, and with
                  % the lag k=1.
                if (results.lr1(1) > results.cvt(1, 1))
                    isCoint(s)=true;
                end
            end
    end
end

length(find(isCoint))
```

我们基于约翰森检验的原理对 SPY 基金的每只成分股与 SPY 基金本身之间的协整关系进行测试，之后我们发现：有 98 只股票分别与 SPY 基金具有协整关系。现在，我们可以将所有与 SPY 基金具有协整关系的股票之多头形式构成一个投资组合，并配置同样的资本，但是，我们还必须测试这个投资组合与 SPY 基金的协整关系，其编辑程序如下：[⊖]

```
yN=stks.cl(trainDataIdx, isCoint);
logMktVal_long=sum(log(yN), 2); % The net market value of
  the long-only portfolio is same as the "spread"
% Confirm that the portfolio cointegrates with SPY
ytest=[logMktVal_long, log(etf.cl(trainDataIdx))];
results=johansen(ytest, 0, 1); % johansen test with non-zero
  offset but zero drift, and with the lag k=1.
prt(results);

% Output:
% Johansen MLE estimates
% NULL:           Trace Statistic   Crit 90%   Crit 95%   Crit 99%
% r <= 0  variable 1      15.869    13.429     15.494     19.935
```

⊖ NULL 是 MATLAB 中的函数，用以求相应矩阵的值；Johansen MLE estimates 指的是约翰森最大估计量的预期值；drift 指的是漂移率。——译者注

```
%  r <= 1    variable 2        6.197      2.705      3.841      6.635
%
%  NULL:              Eigen Statistic   Crit 90%   Crit 95%   Crit 99%
%  r <= 0    variable 1        9.671     12.297     14.264     18.520
%  r <= 1    variable 2        6.197      2.705      3.841      6.635

results.evec
%
% ans =
%
%        1.0939        -0.2799
%     -105.5600        56.0933
```

上述约翰森测试表明股票的多头组合与 SPY 基金的协整属性达到 95% 以上的概率。所以，我们可以构建一个包括股票和 SPY 基金在内的多单－空单相间的平稳投资组合，同时，我们可以使用约翰森检验中的特征向量来确定 SPY 基金与股票投资组合的权重（事实上，即使二者之间存在协整关系，我们也可以选择特征向量矩阵 eigenmatrix 中的、位于第一列的最大值来构建平稳的投资组合）。约翰森测试使用的是价格的对数形式，而股票或 SPY 基金的对冲比率（由权重数组所标出）所代表的是以美元计价的资本配置，而不是如第 3 章所说的股票数量（由于我们假设资本分配的比例是相同的，所以，每只股票的权重当然是一样的，但它们在 SPY 基金中各自所占的权重是不同的）。

接下来，我们应用线性均值回归的交易策略来测试上述这个投资组合的效应，期限是 2008 年 1 月 2 日至 2012 年 4 月 9 日，而测试的方式与例 2-8 相同，只不过这里有一个例外，即在当前的程序中，我们将回溯期加以固定，从而便于计算相关投资组合的移动平均值和相应的标准差，且设其市值为5，这是一个后验的数值。而相应编辑程序如下：[○]

```
% Apply linear mean-reversion model on test set
yNplus=[stks.cl(testDataIdx, isCoint), etf.cl(testDataIdx)];...
    % Array of stock and ETF prices
weights=[repmat(results.evec(1, 1), size(stks.cl(testDataIdx,
    isCoint))), ...
        repmat(results.evec(2, 1), size(etf.cl(testDataIdx)))];...
        % capital allocation among the stocks and SPY.

logMktVal=smartsum(weights.*log(yNplus), 2); % Log market
    % value of long-short portfolio

lookback=5;
numUnits=-(logMktVal-movingAvg(logMktVal, lookback)) ...
    ./movingStd(logMktVal, lookback);
    positions=repmat(numUnits, [1 size(weights, 2)]).*weights;
    % positions is the dollar capital in each stock or SPY.
pnl=smartsum(lag(positions, 1).*(log(yNplus)- ...
    lag(log(yNplus), 1)), 2);
    ret=pnl./smartsum(abs(lag(positions, 1)), 2);
    ret(isnan(ret))=0;
```

应用上述策略所得的年化收益率是4.5%，夏普比率是1.3。正如你所看到的累积收益率图（见图4-3）所示的那样：相应的性能随着时间的推移而下降，部分原因是我们没有按照更新的成分股与新型的对冲比率定期重新检测相关模型。在一个更完整的回测体系当中，我们应该添加一个更新的、动态的对冲比率。

○ repmat 指的是复制数组的意思；size( ) 函数指的是将相关语句返回相应矩阵的行、列之中。——译者注

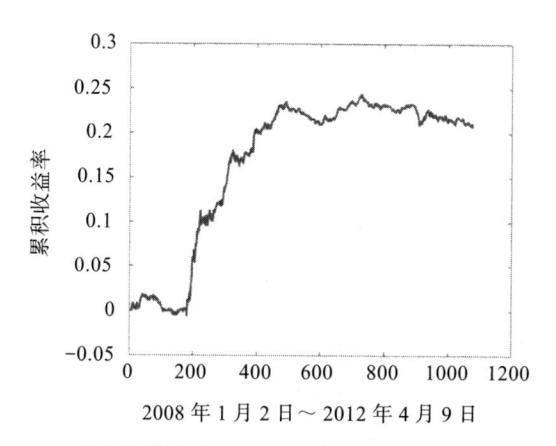

图 4-3 SPY 基金与其成分股之间的套利模型所生成的累积收益率

当然，与上述问题系统的理念可以适用于任何 ETF 基金、指数或指数子集的交易。此外，如果存在一个跟踪指数或指数子集的期货合约，那我们就可以使用这个期货来取代 ETF 基金，但是在这种情况下，我们必须对相应的期货价格倍加小心，即使用于回测的期货价格与股票的收盘价格同步运行，也不例外（关于"潜在陷阱"这一问题，我们在第 1 章中，已经予以论述了）。

你可能想知道：为什么我们不直接运行约翰森检验模式，检测标准普尔指数所包含的 500 只股票与 SPY 基金之间的协整属性，然后让相关算法为包含 SPY 基金在内的所有具有协整关系的金融工具自动寻找一个特征向量呢？（其实，并不是所有具有协整关系的股票 + SPY 基金的仓内头寸都必然包括 SPY 基金本身，但是我们只需要选择一个。）与这种相关的方法论有着双重含义：

（1）在约翰森测试的实施过程中，我知道的其所能接受的函数符号最多是 12 个（Le Sage，1998）。

（2）特征向量通常会涉及股票的多、空两个头寸，这意味着我们不能做多股票的投资组合，同时用 SPY 基金的空头进行对冲，反之亦然。这就存在一个问题：如果我们在股票投资组合中拥有空头头寸，而同时又做空 SPY 基金，那么，即使我们做多股票的投资组合，但存在的两个空方头寸会增加我们的特定风险。

关于上述的问题，我们有一个替代的方法，即构造一个多－空头寸并存的股票投资组合。我们仍然可以使用约翰森检验模式——单独测试标准普尔（SPX）指数中每只股票与 SPY 基金的协整属性，找到相应的股票子集之后，将其纳入股票的投资组合之内，然后，使用一个约束优化方法（如遗传算法和模拟退火算法）来减少股票投资组合的价格序列和 SPY 基金的价格序列之间的平均差的绝对值——在这种情况下，我们想要优化的变量就是股票的对冲比率，同时，我们的约束条件是：所有对冲比率的值必须是正数。全球 MATLAB 优化工具箱会提供遗传算法和模拟退火函数来完成这种具有"约束性"的优化任务。

由于上述这一策略涉及股票的空方头寸，因此同样受制于卖空交易的约束机制，其实，任何涉及做空的策略都不例外。但是，在这里，此类问题不是太严重，因为相应的投资组合包含的是非常多样化的股票，如果由于卖空约束机制的限制而必须移除几只股票，那影响应该也是有限的。

4.5 跨行业的均值回归交易策略：线性多-空模式

在基于协整检验的均值回归策略相关的交易当中，我们以一组固定的金融工具和固定数量的股票，或每个金融工具所配置的一定数额的美元资本来构建一个投资组合。这种固定的数量可以由菲亚特模式（如例4-2所示）、线性回归模式、约翰森测试模式或约束优化模式来予以确定。但是，没有理由来解析一个问题，即为什么投资组合每天需要包含相同的、数量固定的金融工具，而且，数量固定的金融工具具有相同的权重。其实，许多基于股票交易策略而构建的投资组合的优势恰恰应该是：每日精明地选择股票，同时，对相应的权重要重新进行加权。

在所谓的"跨行业"（通常被称之为"横截面"）均值回归策略当中，相关个股价格不一定向自己的历史性的均值回归（这种类型的策略通常只包括股票交易，不包含期货交易或货币交易）；相反，其重点是相关股票的短期相对收益率；同时，我们依靠这些相对收益率的序列反相关模式而生成相应利润。在大多数情况下，相对收益率的数值是通过特定股票的收益率减去仓内头寸相关的所有股票的平均收益率而得出的。之所以如此，是因为我们预期那些表现不佳的股票在之后的绩效可能会超出市场的平均水平，反之亦然。因为我们只测量相对的收益率，因此，我们很有可能做空一些股票，即使其先前的（绝对）收益率是负值，但只要它的数值高于仓内所有股票的平均收益率即可。

跨行业交易策略的一个有趣的特性是：与"时间序列"相关的交易策略相比，我们不应该从每只个股来预期相应的收益，因为仓内的某些股票可能在几天的时间段内要被作为一种"对冲"的工具，所以，相应的收益只能从所有股票的总体配置情况来予以确定。

我在之前的一本书中曾经描述过一个交易策略，此策略由汉丹和罗开发（出现于陈先生的 2009 年著作之中的例 3-7；原始论文由汉丹和罗于 2007 年所著）。这种策略是：我们投资买入一些股票，这些股票大都是标准普尔 500 指数（S&P 500）、标准普尔 1500 指数（S&P 1500），或罗素 2000 指数（Russell 2000）中的成分股，我们对每只股票都配置了资本，但配置的比重各有不同。在每一天靠近收盘的时间段内，我们将决定多头资本或空头资本 w_i 配置给第 i 只股票（i^{th}），其数理模型如下

$$w_i = -(r_i - \langle r_j \rangle) / \sum_k |r_k - \langle r_j \rangle| \qquad (4\text{-}1)$$

其中，r_i 是第 i 只股票的日收益率；$\langle r_j \rangle$ 是所有指数成分股的平均日间收益率。换句话说，如果一只股票相对于同类股票来说有一个较高的回报率，那么，我们会大量做空此股票，而如果它相对于同类股票来说表现消极，那我们就会大量做多此股票。这里需要注意的是：因为在式（4-1）中，相关分母的要素比较规范化，所以我们每天向此投资组合注入的、相同的投资总额是 1 美元，相应 MATLAB 代码显示于例 4-3 中。

例 4-3　股票相关的线性多 – 空模式

应用 MATLAB 运行式（4-1）的步骤非常紧凑。我们设定：输入 $T \times N$ 型的数组，像往常一样，cl 代表的是每日收盘价格，

T 是交易日的数量，N 是标准普尔指数成分股的数量，下列这段代码可以从工作区 asandrewlo_2007_2012.m 下载：

```
ret=(cl-lag(cl, 1))./lag(cl, 1); % daily returns

marketRet=smartmean(ret, 2); % equal weighted market index
   % return

weights=-(ret-repmat(marketRet, [1 size(ret, 2)]));
weights=weights./repmat(smartsum(abs(weights), 2), ...
   [1 size(weights, 2)]);

dailyret=smartsum(backshift(1, weights).*ret, 2); % Capital
   % is always one
```

上述程序的运行结果是：自 2007 年 1 月 2 日至 2011 年 12 月 30 日，相应的年化收益率为 13.7%，夏普比率为 1.32，即使我们回测标准普尔指数本身，情况也是如此（通常，如果我们回测仓内股票相关的"抢帽子"交易，即点差交易，相应的收益率会更高）。相应的累积收益率则被绘制在图 4-4 中。

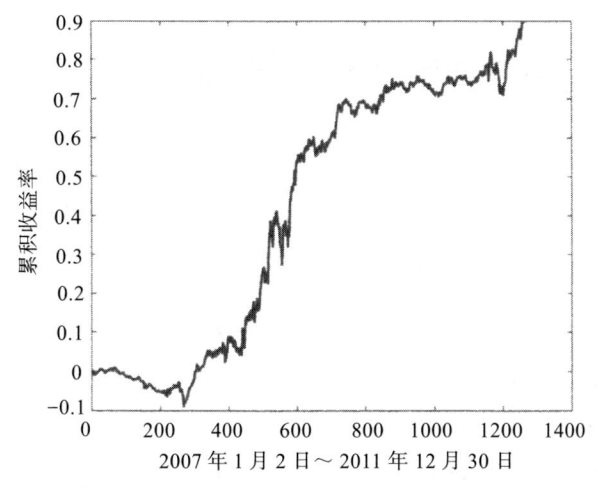

图 4-4 线性多 - 空模式相关的累积收益率

上述策略的显著特点是：它完全是线性的且没有参数，相应资本又是完美中性的。那么，什么策略能比此交易策略更简单呢？这里值得注意的是，在 2008 年，此策略实现了 30% 的年化收益率，同年，雷曼兄弟公司（Lehman Brothers）宣告破产；2011 年 4 月，其年化收益率是 11%，而此时，市场正充斥着对美国联邦债务评级下调且希腊违约等事件的高度焦虑（此策略于 2008 年年初以来的表现是一个真正的样本外测试，被发表于 2007 年）。

在我以前的著作当中，我也曾建议：我们应该使用靠近今日开盘时刻的之前的收益率指标来确定今日开盘时各类资产的权重，进而提高相关交易策略的整体收益。同时，在收盘之前，我们应该将仓内的头寸全部结清，从而使相应策略变成盘中（日间）的交易策略，经过修正的 MATLAB 代码则显示在例 4-4 当中。

例 4-4　股票相关的盘中线性多-空模式

在此情境之下，除了例 4-3 中所需输入的因子，我们还需插入一个 $T \times N$ 型的 op 数组，其中所包含的是股票每日的开盘价格，而相应程序如下：⊖

```
ret=(op-backshift(1, cl))./backshift(1, cl); % daily returns
marketRet=smartmean(ret, 2); % equal weighted market index
```

⊖ smartsum 指的是底部加总，abs（weights）指的是相应权重的绝对值。——译者注

```
% return
weights=-(ret-repmat(marketRet, [1 size(ret, 2)]));
weights=weights./repmat(smartsum(abs(weights), 2), ...
  [1 size(weights, 2)]);
dailyret=smartsum(weights.*(cl-op)./op, 2) ...
  ./smartsum(abs(weights), 2);
```

以上程序的运行结果是：同期年化收益率和夏普比率分别是 73% 和 4.7。尽管有这样出色的绩效，但是开盘价－收盘价的模式仍然有一定的期限，而此缺陷在收盘价－收盘价模式中是没有的，那么，相应模式都有哪些缺陷呢？

第一，交易成本（不包括在我们的回测系统当中）将翻倍，因为，我们是一天交易两次，而不是一次交易一天；第二，由于这种策略也必须使用"开盘"价格来确定开盘时刻入场的交易信号，而这同样会产生噪声交易信号。

实际上，即使对于收盘价－收盘价的交易策略而言，我们也不能用确切的收盘价来确定相关的权重，然后按照这些价格入场。但是，在这种情况下，闭市几秒钟之前的价格通常更接近实际的官方（初级交易所）公布的收盘价格，因为这些收盘之前的价格在初级市场第二天开盘之时需要被打印出来，而且具有较高的流动性。

另外，上述相关策略还有可能存在其他变量（也被称为"要素"），这些变量更善于预测股票价格相关的跨行业（横截面）式的均值回归模式的运行效应，可能比我们在例 4-3 和例 4-4 中所使用的相对收益率的模式要好：一个流行的且被交易员常常使用的变量是衡量股票等级的市盈率（P/E）比率，此比率可能是最后一个季度的收益率，也可能是由分析师或股票发行公司本身所估计的预期收益。收益率的推理模式是：如果收入公告或相关预期发生变化，那么，股票价格将转向一个新的均衡点位，所以，如果对股票的收益预期是正偏的，那么，相关股票的收益率就可能呈现正值，同时，我们不应预期：如果相应收益率与预期的估计值呈等比例变化，那么，相关股票价格就会呈现均值回归的属性。因此，如果我们使用市盈率对股票进行排名的话，我们就可以避免卖空这些股票。

· 本章要点 ·

1. 你是否因为巨大的噪声因素而选择股票的配对交易？

   答：我们的目的是要防止因公司基本面要素的变化而使样本外数据的性能表现很差，尽管一流的回测系统也改变不了这样的结果。

2. 由具有协整关系的 ETF 基金所构建的投资组合的表现可以比股票配对交易好。

3. 你的 ETF 基金的配对交易中有期货头寸吗？

   答：在确定期货的总收益率时，要弄清滚动收益的作用。

4. 季节性或盘中均值回归的交易策略很难以平稳性和协整模式来进行测试，但它的收益可以非常好。

5. 在均值回归策略中应用动量过滤法则可以提高相关策略的一致性。

6. 你认为股票和期货之间的指数套利不再有利可图吗？

答：你可以试着选择股票指数之内的成分股的子集进行交易。

7. 跨行业（横截面）式均值回归策略可以很容易地实现线性多－空交易策略。

8. 在横截面均值回归策略中，用于股票排名的变量通常是相对收益率，但它也可以是市盈率等基本因素。

| 第 5 章 |

货币交易与期货交易相关的均值回归的交易策略

传统的智慧告诉我们：货币和期货是动量型交易者施展才华的领域，而这种传统的智慧所言是正确的。事实上，大多数商品交易顾问（Commodities Trading Advisors，CTA）的分析都是以动量策略为基础的。并且，大多数货币对或期货对是不具有协整属性的，并且由货币或者期货所构建的大部分投资组合都没有表现出横截面式均值回归的特质。因此，在货币和期货交易中，应用均值回归之策略的机会是有限的，但并不是不存在。本章将指导读者如何以"例外"的模式而不是以"规则"形式来应对均值回归的问题，如期货日历价差的交易。这里特别要指出的是：我们将讨论一个独特的应用期货跨市场价差进行交易的策略，即波动型期货与股指期货的交易。

在期货均值回归策略的探索过程中，我们还将讨论一个简单的有关期货价格的数学模型，这个模型会阐明诸如"现货收益与滚动收益"，以及"现货溢价与交易延期"的概念，了解这个模型也将有助于建立新的期货交易策略，而不是将其诉诸特定的技术指标。

货币对交易有一个微妙的不足之处，即对美国股票的交易者来说，它有点"外国"的味道。因此，在检验货币的协整属性或计算由货币交易所构建的投资组合之收益率时，我们必须十分小心，即要确定一个货币对的一个点的变化所引发的美元计价的金额波动与另一个货币对的一个点的变化所引发的美元计价的金额波动是相同的，否则，回测结果将不会有意义。此外，在确定总收益时，循环的利益有时可能会发挥重要的作用，这些细微的变化都将在本章中被涉及。

5.1 交叉货币对交易

建立一个平稳的外汇投资组合的基本思想与交易来自不同国家股票指数之 ETF 基金的配对交易非常相似：我们需要找到经济基础相似的国家。因为我们发现，例如，EWA 基金（澳大利亚股票指数之 ETF 基金）和 EWC 基金（加拿大股票指数之 ETF 基金）具有协整关系，我们也可能会发现澳元（AUD）与加元（CAD）具有协整关系。此外，由于澳大利亚和南非主要的收入来自矿业，我们可以对澳元与南非兰特（South African Rand，ZAR）进行协整测试。事实上，交易员称这样或那样的诸如挪威克朗之类的货币为商品货币。

相较于股票指数之 ETF 基金的配对交易而言，货币对交易具有许多优势。通常情况下，货币的流动性较高（特别是具有最理想的买入/卖出价），这样能够比较容易降低交易成本；还有，可以采用的货币杠杆率也非常高，当然，这也很可能是一把双刃剑；另外，货币交易是没有卖空限制的；最后，外汇交易可以夜以继日地进行，每周从星期日下午 5:00 至美国东部时间星期五下午 5:00，至少有 5 天的交易时间[美国东部时间（ET）可以是夏日制时间（EDT），也可以是东部标准时间（EST），即它是格林尼治时间（GMT）的 4 点或 5 点]，这意味着相应的回报对有更多的交易机会，并且，我们可以使用一种非常有意义的止损模式㊀。

尽管与 ETF 基金配对交易的概念具有相似性，但货币交易的机制与其是不同的，让我们从一些基本术语开始介绍。如果我们交易的是交叉汇率澳元/南非兰特（AUD.ZAR），那么澳元被称为"基础货币"，而南非兰特则被称为"报价货币"（我个人的记忆是：就顺序而言，字母 B 应该在 Q 的前面，于是相应订单的命令符号为 B.Q.），如果澳元/南非兰特的报价是 9.58，那就是以 9.58 南非兰特能够购买 1 澳元。购买 100 000 份澳元/南非兰特则意味着购买 100 000 澳元，而其等值沽出金额是 958 000 南非兰特（100 000 × 9.58 = 958 000，根据之前的报价）。然而，实际上很少有经纪人真的提供澳元/南非兰特的交叉汇率交易。所以，通常我们要买入 X 单位的 B 货币/南非兰特，同时卖出 X 单位的 B 货币/澳元，从而有效地购买与澳元/南非兰特价值相当

㊀ 如果一个市场停盘很长一段时间，而当其开盘时，市场的上升或下降的差距很大，止损设置则是无用的。例如周五的止损单在下周一则失效。——译者注

的 X 单位的澳元,而货币 B 是其他一些基础性的货币。我们通常选择一个非常具有流动性的基础货币,如美元或欧元,来进行相应的操作。我们可以构建一个合成的配对交易,即 [美元/澳元(USD.AUD)] / [美元/南非兰特(USD.ZAR)],因为澳元/南非兰特的报价将恰好等于前述这个比例的报价。当我们实际地进行这种合成货币对的交易时,所实现的盈利和损失(P&L)将以南非兰特和澳元计价。一般来说,当我们计算一个 B.Q 型交易⊖策略的收益率时,我们需要设定相关的收益是由我们自身当地的货币计价的(美元为美国投资者的货币),既不属于 B,也不属于 Q。那么,为了使我们所实现的损益符合我们回测的损益值(P&L),我们需要将货币 B、货币 Q 定期转换成当地的货币。例如,如果我们的货币是美元,我们在一轮交易之后所实现的收益是 X 单位的澳元(AUD)与 Y 单位的南非兰特(ZAR),那我们需要购买 X 单位的南非兰特/美元(ZAR.USD)和 Y 单位的南非兰特/澳元(ZAR.AUD)。而从我们的测试结果中,我们能够得出的结论是:如果我们不能有规律地重复前述行为,在澳元和南非兰特之上所生成的大量累计之损益(P&L)则会引起明显的偏差。

即使一个交叉汇率,诸如澳元/加元(AUD.CAD),是一种现成的货币对交易,那么,通过各自单独交易澳元/美元(AUD.USD)与美元/加元(USD.CAD),我们可能会发现:前述方式可能会更加有利于用不同的方式权衡澳元与加元这两种货币——例 5-1 中的代码阐述了

⊖ 澳元/南非兰特型的交叉汇率交易。——译者注

这样一个策略，该策略利用约翰森检验模式找出最佳资本保值率或澳元/美元与加元/美元之间资本的权重。那么，我们为什么不使用美元/加元（USD.CAD）代替传统的加元/美元（CAD.USD）的报价呢？这是因为，为了解析约翰森测试中作为资本权重的特征向量，两个价格序列必须有相同的报价货币，否则，这两个假定的协整工具之点数的移动将会诱发不同的数值，如此，约翰森检验将会变得毫无意义。当然，在我们的回测程序当中，如果你使用了加元/美元，那不会给实时交易带来任何困难，因为只要程序发送一个"购买1单位的加元/美元（CAD.USD）"的指令，那我们只需变成"卖出1/y单位的美元/加元（USD.CAD）"即可，其中，y是美元/加元（USD.CAD）的当前报价。

例5-1 约翰森检验之特征向量相关的美元/澳元与美元/加元的配对交易

这是一个经典的线性均值回归的交易策略，其运行模式与例3-1很相似［详见其中的报价单（pricespread.m）］。以前，我们利用20天的回溯期进行了对冲比率的计算，而在这里，我们使用一个固定的250天的训练集（此后检测会给出更好的结果），虽然我们仍然使用着20日的回溯时间序列来计算移动平均值和相关标准差，然而，我们目前的策略与例2-5所示的典型的外汇策略是十分不同的。在这里，两种货币之间的对冲比率不是一个值，所以我们不能将其用一个交叉汇率澳元/加元来替代进行相关的交易，同时，我们也不能分别对美元/澳元与加元／美元进行约翰森检验；我们应该对澳元／美元、加元／美元进行约翰森检验，从而使每种金融工具之美元的点数变化标准整齐划一，从直观的角度来说，此种模式也是说得通的，因为就均值回归的交易策略而言，如果加元／美元的价格比澳元／美元的价格低很多的话，那我们就该买入加元。

我们假设输入两个 $T\times 1$ 型的数组 usdcad 与 usdaud，其各自代表自身每日的价格序列；$T\times 1$ 型的数组 yport 代表的是由澳元／美元与加元／美元所构建的投资组合的单位市值，且此市值以美元计价；numUnits 代表的相应交易策略要求我们持有的投资组合的数量单位；这里还有一个 $T\times 2$ 型的表示相应头寸的数组，其所表示的是我们应该拥有的澳元／美元与加元／美元之以美元计价的相关市值。自然，相应损益表（仍然是以美元计价）是每个金融工具的市值总和乘以相应的收益率，投资组合的日间收益率等于损益表总值（P&L）除以前一天收盘时投资组合的总市值。

上述程序的代码可以从工作区 AUDCAD_unequal.m. 处下载，其具体语言指令如下：

```
cad=1./usdcad.cl;
aud=audusd.cl;

y=[ aud cad ];
trainlen=250;
lookback=20;
hedgeRatio=NaN(size(y));
numUnits=NaN(size(y, 1), 1);
```

```
for t=trainlen+1:size(y, 1)
    res=johansen(log(y(t-trainlen:t-1, :)), 0, 1);
    hedgeRatio(t, :)=res.evec(:, 1)';
    yport=sum(y(t-lookback+1:t, :).* ...
      repmat(hedgeRatio(t, :), [lookback 1]), 2);
    ma=mean(yport);
    mstd=std(yport);
    zScore=(yport(end)-ma)/mstd;
    numUnits(t)=-(yport(end)-ma)/mstd;
end

positions=repmat(numUnits, [1 size(y, 2)]).*hedgeRatio.*y;
pnl=sum(lag(positions, 1).*(y-lag(y, 1))./lag(y, 1), 2);
ret=pnl./sum(abs(lag(positions, 1)), 2);
```

在上述程序的运行过程当中，我们注意到：第一个以滚算法则统计的 250 天的训练数据所计算的相应策略的效应是年化收益率为 11%、夏普比率为 1.6，相关期限为 2009 年 12 月 18 日至 2012 年 4 月 26 日，而累积收益曲线被绘制在图 5-1 中。

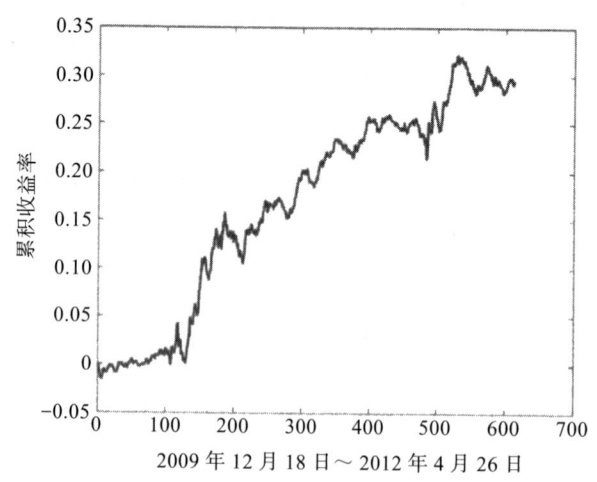

图 5-1　货币对美元/澳元与美元/加元之交易相关的累积收益率

在例 5-1 中，我们专注于交易的两种货币最终可简化为一个共同的以美元计价的货币对——美元：货币 B_1/美元：货币 B_2。所以，n_1 个单位的货币 B_1/USD 与 n_2 个单位的货币 B_2/USD 所构建的投资组合的收益率是

$$r(t+1) = \frac{n_1 y_{1,U}(t) r_1(t+1) + n_2 y_{2,U}(t) r_2(t+1)}{|n_1| y_{1,U}(t) + |n_2| y_{2,U}(t)} \quad (5\text{-}1)$$

在例证当中，MATLAB 代码所显示的最后一行就是收益率，其中，r_1 是货币 B_1/美元的收益率，其公式为

$$r_i(t+1) = (y_{i,U}(t+1) - y_{i,U}(t))/y_{i,U}(t) \quad (5\text{-}2)$$

$y_{1,U}(t)$ 和 $y_{1,U}(t+1)$ 分别是 t 时刻和 $t+1$ 时刻的货币 B_1/美元的报价。这是因为在美元中一个单位的货币 B_1/美元等价于以美元计价的 $y_{1,U}$。

然而，如果一个投资组合被 n_1' 个单位的美元/货币 Q_1 和 n_2' 个单位的美元/货币 Q_2 所替代，那相应的方程还可以简写成

$$r(t+1) = \frac{n_1' r_1(t+1) + n_2' r_2(t+1)}{|n_1'| + |n_2'|} \quad (5\text{-}3)$$

这里

$$r_i(t+1) = (y_{U,i}(t+1) - y_{U,i}(t))/y_{U,i}(t) \quad (5\text{-}4)$$

其中，$y_{U,i}(t)$ 与 $y_{U,i}(t+1)$ 分别是 t 时刻和 $t+1$ 时刻的美元/货币 Q_i 的报价，这是因为一个单位美元的价值正好是 1 美元。

而现在，我要说的是：从严格意义上讲，式（5-2）和式（5-4）

是不正确的，因为我们已经忽略了延期收益的问题，对此，我们将在下一节进行讨论。但是，正如我在例 5-1 中所描述的那样，延期收益对短期交易的影响通常不是很大，所以，为了追求简易的模式，我们在这里忽略了这些要素。

有时，在交易彼此两个完全不同的交叉汇率时，你会发现赚钱的机会，即交易货币 B_1/货币 Q_1 与货币 B_2/货币 Q_2。如果相应的策略要求相关投资组合拥有 n_1 个单位的货币 B_1/货币 Q_1 且 n_2 个单位的货币 B_2/货币 Q_2，而此投资组合的相应日间收益率（假定以当地货币美元计价）由式（5-1）给出，我们用 r_i 代表货币对 B_i/Q_i 的收益率，而式（5-2）可以用以下的方程来取代

$$r_i(t+1) = \{\log(y_{i,Q_i}(t+1)) - \log(y_{i,Q_i}(t))\} \qquad (5\text{-}5)$$

其中，$y_{i,Q_i}(t)$ 货币 B_i/货币 Q_i 的报价——如果我们使用了欧元或其他任何货币代替美元作为本币来计算相应收益率，那么，式（5-1）～式（5-5）都是有效的。

如你所见，回测货币套利相关策略的关键难点不在于策略的复杂性，而是需要备足协整测试所需的数据序列，以及确定正确的收益率计算公式。

5.2 货币交易中的展期利息问题

交叉货币对交易的一个特色是：如果你持有此货币对的隔夜单，

那么，你所收入[1]或支付[2]利差是不同的。我们这里要注意的是：所谓"隔夜"的外汇交易意味着你所持有的头寸要一直延续到或超出美国东部时间的下午 5:00 点。如果我们持有一个货币对 B/Q 且持之隔夜，那相应的利差就是 $i_B - i_Q$，i_B 与 i_Q 分别是货币 B 与回报 Q 的日利率——如果 $i_Q > i_B$，那么，这个利差也被称为展期的利息，而此利差实际是一种借息（例如，此项目要计入你账户的借方），实际上，由于相关清算系统运行机制的原因，如果你的买单/空单（对任意交叉货币对而言）所持有的时间超过了第 T 日美国东部时间下午 5:00 点的话，相应利差就应按 T + 2 日的原则清算，而如果第 T 日是周末或假日，那相应利差就应按 T + 3 日的原则清算。因此，相应头寸的展期利息等于单日利差乘以（1 + 闭市的天数）；如果相关头寸持有至美国东部时间的星期四下午 5:00 点之后，相应展期利息就等于单日利差乘以 3，因为相关市场在周六、周日是休市的。只不过，前述规则在我们交易美元/加元，或美元/（墨西哥）比索的交易当中有一个例外，即相应清算系统实行的是 T + 1 的原则，而相应展期利息等于单日利差乘以（1 + 闭市的天数），而对于周末或假日而言，展期利息按 T + 2 的原则计算（因此，对于一个超过美国东部时间的周四下午 5:00 点的持仓头寸而言，其展期利息是单日利差的 3 倍）。前述所有这些因素都将对回测隔夜头寸相关的一揽子交易策略产生重大的影响。

当计算任何交易策略的夏普比率之时，我们都需要计算超额收益，

---

[1] 大多数情况是买单。——译者注
[2] 大多数情况是空单。——译者注

因为夏普比率等于平均超额收益除以超额收益的年化标准差。超额收益是策略相关的持有头寸减去相应的融资成本。如果我们只在盘中持有相应的头寸，那么，融资成本就是零；如果我们交易的资本配置在股票相关的多－空中性投资组合当中，那么，我们也可以设定融资成本为零，即使"存款利息"常常低于"贷款利息"也无关紧要。同样，对于期货的头寸而言，融资成本也是零，因为期货的头寸只是合约，不需要以现金的形式进行资产融资（在这里，我们没有计算保证金的现金需求，因为现金在账户内会生成利息）。在交叉汇率之货币交易的情境之下，我们也可以再次设置融资成本为零，只是我们需要小心翼翼地将展期利息添加到相应汇率变化的百分比当中；我们需要修改式（5-5），设定 r_{t+1} 为交叉汇率之头寸（$POS_{B,Q}$）的额外收益，对应时间序列为第 t 日至 $t+1$ 日，而相应的替代方程如下

$$r(t+1) = \{\log(y_{B,Q}(t+1)) - \log(y_{B,Q}(t)) + \log(1+i_B(t)) - \log(1+i_Q(t))\}$$

（5-6）

其中，$y_{B,Q}(t)$ 与 $y_{B,Q}(t+1)$ 分别是货币对 B/Q 于 t 和 $t+1$ 时刻的报价（Dueker，2006）。

在例 5-2 中，我们会展示如何在线性均值回归的交易策略相关的回测系统当中，将展期利息的理念应用于澳元/加元的交易之中。

例 5-2　展期利息相关的澳元/加元的配对交易

这里，我们继续使用线性均值回归的交易策略，但与例 5-1 相比，为了简单起见，我们选择交易一个现成的货币对澳元/

加元，而不是美元/加元和澳元/美元。我们将考虑隔夜的展期利息，因为我们的交易策略之中的头寸持有时间超过美国东部时间下午 5:00 点。我们设定澳元/加元之每日的收盘价包含在一个 $T\times 1$ 型的数组 dailyCl 内，而相应的交易日期包含在 $T\times 1$ 型的数组 tday 之内。同时，历史的利率数据可以从澳大利亚储备银行的货币市场利率相关的网站和加拿大央行的隔夜货币市场融资利率相关的网站下载。同时，澳元和加元的日间利率分别设置在为两个 $T\times 1$ 型的数组 aud_dailyRates 和 cad_dailyRates 之内，匹配日期设置在数组 tday 之内。相应源代码可以从工作区 AUDCAD_daily.m 处下载，而相应的编辑程序如下：

```
lookback=20;

% Triple rollover interest on Wednesdays for AUD
isWednesday=weekday(datenum(num2str(tday), 'yyyymmdd'))==4;
aud_dailyRates(isWednesday)=3*aud_dailyRates(isWednesday);

cad_dailyRates=zeros(size(tday));
% Triple rollover interest on Thursdays for CAD
isThursday=weekday(datenum(num2str(tday), 'yyyymmdd'))==5;
cad_dailyRates(isThursday)=3*cad_dailyRates(isThursday);

ma=movingAvg(dailyCl, lookback);
z=(dailyCl-ma);

ret=lag(-sign(z), 1).*(log(dailyCl)- ...
  lag(log(dailyCl)+log(1+aud_dailyRates)- ...
  log(1+cad_dailyRates), 1));
```

通过运行上述这个简单的均值回归策略收益率，其所生成的年化收益率为 6.2%，夏普比率为 0.54，较之例 5-1 的结果比较弱，不过，你可能还记得：例 5-1 使用的是非同式的对冲比率。另外，同样值得我们注意的是：即使我们在上述情境之下忽略相应的展期利息，相关的年化收益率也只会稍微地增加到 6.7%，夏普比率为 0.58，而且，相应的年化平均展期利息将达到近 5%。

5.3 期货之跨期套利的交易

期货合约价格因各种到期日（或"期限"）的不一致而各不相同，它们各自的收益率也有少许的区别。将期限不同的期货合约进行配对，进而交易的模式被称为"跨期套利"。由于跨期套利所对应的标的资产具有两个价格，所以人们会认为此种交易可能为均值回归型的交易策略提供一个良好的机遇，但在现实中，它们不属于一般性质的均值回归交易。要想明白为什么，我们就需要了解更多的"关于驱动期货收益"一般性的规则。

5.3.1 循环连续（滚动）收益、现货溢价与期货溢价

不同期限之期货合约的价格各不相同，其隐含意义为：期货头寸会有一个非零的收益率，即使标的资产的现货价格不变也不会受到影响，因为，最终所有的期货价格都会向一个常数的现货价格收敛，而与之相关的收益则被称为"展期收益"。尽管是一个称谓，但期货的头寸会因我们犹疑是否"循环"至下一期合约而备受困扰，因为这是

总收益内在价值的一个重要的组成部分，它可以分解成一个现货收益和一个展期收益。

如果合约出现"现货溢价"的现象，那就意味着近期期货合约（接近到期日的合约）的价格会高于远期期货合约的价格，如此，循环连续收益⊖就是正值；反之的情境就是"期货溢价"，且循环连续收益是负值。基于此，在图 5-2 中，我们设定相应的现货价格在所对应的时间 t 轴之上的序列是不变的。

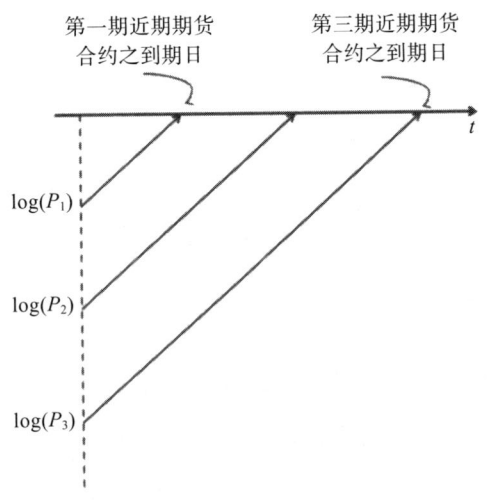

图 5-2 时间函数相关的现货溢价情境之下的，到期日不同的各期期货合约价格的对数值

我们也可以假设：不同期限的期货价格的对数值与所对应的时间线性函数的斜率是相同的，但属于不同的集合，且与现货价格曲线相交于到期日。现在的问题是：相应斜率应该是正值还是负值呢？我们

⊖ 循环连续收益，即滚动收益。——译者注

可以从图形上进行分析，即如果近期期货价格高于远期期货价格，且到期之前必须与横轴相交，那它们就必须向上倾斜，连续收益[⊖]就是正值，如图 5-2 所示，如此，则在任何给定的时间序列之内，第一个近期期货合约的价格 P_1 就会高于第二个近期期货合约的价格 P_2，依此类推。而如果当期是期货溢价的情境，那情况就正好相反了，如图 5-3 所示（我们用价格的对数值代替相应的原始价格，这样，相应合约的复合总收益就是一个常数，图形上将显示为一条直线）。

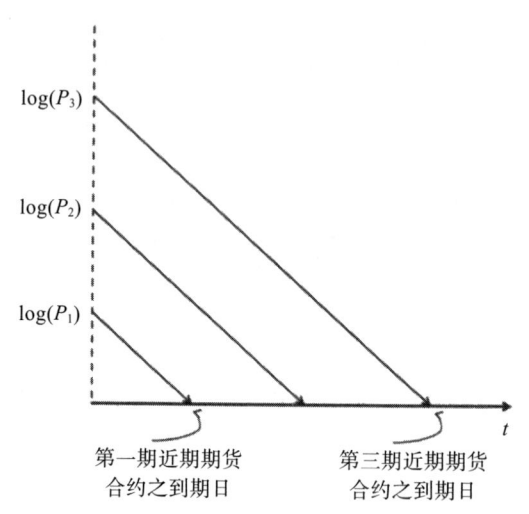

图 5-3　时间函数相关的期货溢价情境之下的，到期日不同的各期期货合约价格的对数值

这里需要注意的是：相关图形的参数仅仅是一种助记，而不是一种证明。当然，真正的期货价格的对数值并不是时间的线性函数，各期价格甚至可能于到期日之前相交于一点（不同期限的两个合约具有

⊖　即滚动收益。——译者注

相同的价格），同时，现货价格于到期日也不太可能是一个对应时间序列的常数。然而，图 5-2 和图 5-3 的模式却说明了比较典型的情况，我们以专栏 5-1 来显示一个助记符——凭此来帮助我们认识："现货溢价"是否就意味着近期期货合约的价格要高于远期期货合约的价格。

专栏 5-1　现货溢价相较于期货溢价的助记符

我不记得现货溢价是意味着近期期货合约的价格更高，还是更低于远期期货合约。而如果你像我一样，那你就可以使用下面的助记符。

这个助记符起源于约翰·梅纳德·凯恩斯（霍尔，1997），他和约翰·希克斯认为：对于真正拥有正常的、实务性的商品的那些人（"套期保值者"，如农民或石油生产者）来说，他们倾向于通过卖空期货来对冲相应的头寸，冲销其所预期的亏损；与此同时，拥有净多头仓位的投机者也需要补偿相应的敞口风险，所以，他们会只购入连续收益为正值的期货合约，或与期货价格等值的且低于期货现货价格的预期值的合约，也就是说，此种交易的情境是"现货溢价"式的。所以，我们应该记住"现货溢价"总是与"常态"相伴的，而"常态"就是指期货价格总是低于现货价格。

当然，上述这种说法是不完全正确的，因为我们会发现：原油是一个完美的"常态"商品，而在各个时期呈现的却是"期货溢价"的形式。但是，上述的解析给了我们一个良好的助记符。

我们现在要计算一组期货合约的现货价格以及相应的连续收益。我们可以引入一个有用的、简单的期货价格模型来进行运算，对于许多商品而言，我们的数理公式可以写成

$$F(t,T) = S(t)\exp(\gamma(t-T)) \qquad (5\text{-}7)$$

其中，t 是当前时间，T 是到期时间，$S(t)$ 是现货价格（霍尔，1997），这个模型意味着：相关商品的复合收益率 γ 是恒定的常数，而我们可以更进一步设定复合现货收益率 α 也是常数，相应公式为

$$S(t) = ce^{\alpha t} \qquad (5\text{-}8)$$

从本质上讲，我们希望以上述的数学公式来刻画图 5-2 和图 5-3 中的曲线，做一些轻微的修改，即各条曲线并不终止在一个水平线上，而是有一个非零的斜率。所以，我们对所采用的于到期日之期货价格的计算模型是

$$F(t,T) = ce^{\alpha t}\exp(\gamma(t-T)) \qquad (5\text{-}9)$$

其中，c、α 和 γ 都是常数，而期货合约之总收益率是

$$\partial(\log F(t,T))/\partial t = \alpha + \gamma \qquad (5\text{-}10)$$

因为 T 在一个特定的期货合约中是固定的，收益期货之连续收益由下列公式给出

$$-\partial(\log F(t,T))/\partial T = \gamma \qquad (5\text{-}11)$$

因此，我们从数学上的概念出发，得出：总收益 = 现货收益 +（循环）连续收益。

基于上式这个模型，我们可以使用线性回归来估计期货价格的现货收益及连续收益，例 5-3 进行了很好的演示。

例 5-3　以固定收益模型预期现货收益及连续收益

如果我们设定：现货收益率与连续收益率在相应时间序列之内是固定的常数，如式（5-9）所示，那么，我们就可以使用线性回归模式来估计它们的值。以前述这种方式，我们会很容易地找到现货收益率的值——我们只需要将现货价格的对数值相对于时间做回归处理即可，但是，如果要发现连续收益率的数值，我们就需要选一个固定的时间点，将期限不同的各个期货合约的价格相对于不同的到期日做相应的回归处理。在实践当中，相关的回归系数将取决于固定的时间点，同时取决于当期一组期货合约的价格。所以，尽管我们设定连续收益是常数，但最终我们还是会以预期缓慢变化之 γ 值的方式来结束相关过程。

我们会将上述的程序应用于价格不同类别的期货，即巴西雷亚尔期货 BR、玉米期货 C、西得克萨斯（WTI）原油期货 CL、铜期货 HG、两年期美国国债期货 TU。

在下列过程中，我们设定：现货价格包含在一个 $\tau \times 1$ 型的数组 spot 之内，期货收盘价数据存储在 $\tau \times M$ 数组 cl 之内，τ 是交易日的步长，M 是期货合同的数量。当然，不是所有合同在时间序列之内都能够存在，因此，我们将那些不存在的合约所对应的日期标示于数组 NaN（Not a Number）之内。

下面，我们将用一个简单的回归程序，首先找到一个平均的、年化（复合）的现货收益率，而相应程序如下（相应程序可以从 MATLAB 的 estimateFutu-resReturns.m 处下载）：

```
T=[1:length(spot)]';
T(isBadData)=[];
res=ols(log(spot), [T ones(size(T, 1), 1)]);

fprintf(1, 'Average annualized spot return=%f\n', ...
  252*smartmean(res.beta(1)));
```

接下来，我们将绘制一条远期价格的曲线（期货价格相对于到期日的函数），从而获得连续收益率 γ 的值，也就是说，我们将一天一次地选择最接近到期日 T 的 5 个期货合约的价格（以月计）绘制相应的曲线，如此，我们就有 5 个连续的期货合约（在最近的 5 个期货合约之外，期货溢价曲线很可能改变为现货溢价曲线，反之亦然）。我们将 γ 的值存储在一个 $\tau \times 1$ 的数组 gamma 之内，而相应的编辑程序如下：⊖

```
Gamma=NaN(size(tday));
for t=1:length(tday)
    FT=cl(t, :)';
    idx=find(isfinite(FT));
    idxDiff=fwdshift(1, idx)-idx; % ensure consecutive months
      % futures
    if (length(idx) >= 5 && all(idxDiff(1:4)==1))
        FT=FT(idx(1:5));
        T=[1:length(FT)]';
```

⊖ res 函数代表的是行、列向量的个数，idx 指的是符号索引。——译者注

```
        res=ols(log(FT), [T ones(size(T, 1), 1)]);
        gamma(t)=-12*res.beta(1);
    end
end
```

上述式（5-7）的验证程序是很敏感的，我们的散点图（见图 5-4）是在一个固定的时间点，相对于到期时间之期货价格 CL 的对数值——通过检查，我们发现：相应的一条直线呈下降趋势且形式上很整齐［我们的限制是：相应散点图只包括最近的 5 个期货合约。同时，到期日稍远的期货合约可能不会以直线的形式很整齐地下降到相同的点位——式（5-7）的分解模式说明了这一点］。

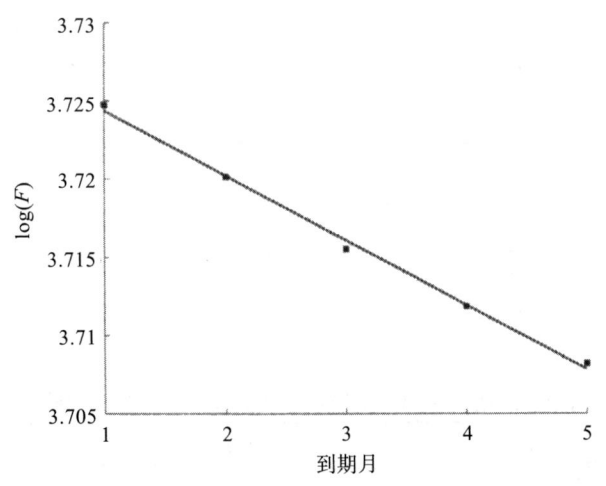

图 5-4　2007 年 1 ～ 5 月相应到期日所对应的期货价格对数值 CL 的散点图，图中曲线呈平滑形式且具有下降趋势

在图 5-5 中，年化连续收益率 γ 的数值，以及期货收盘价 CL 所覆盖的时间段是 2004 年 11 月 22 日至 2012 年 8 月 13 日。

图中文字:现货溢价、期货溢价

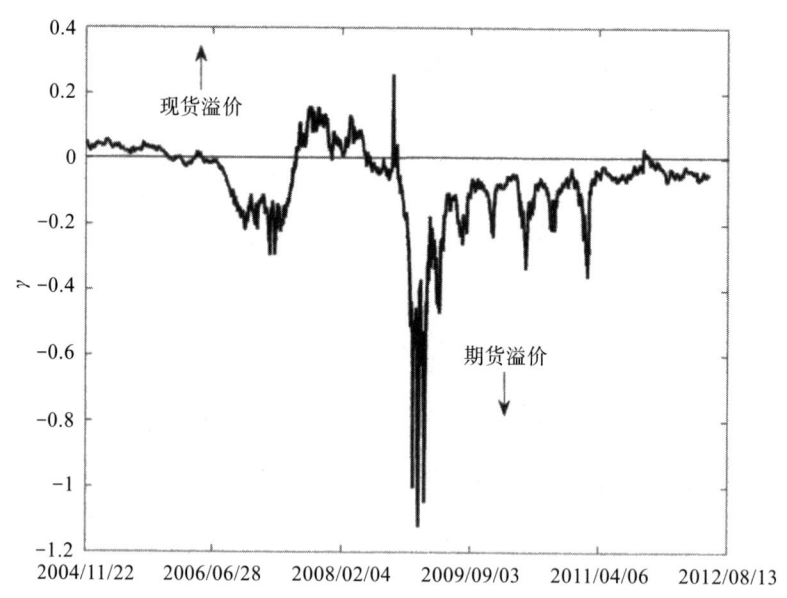

图 5-5　不同期限的期货价格 CL 所对应的连续收益率 γ 的数值,其中正值表示现货溢价,负值代表期货溢价

我在表 5-1 中列出了不同期限的期货合约之平均年化收益率 α 的值和平均年化连续收益率 γ 的值,其中,你可以看到巴西雷亚尔期货 BR、玉米期货 C、国债期货 TU 等,同时,你会发现:连续收益的变化幅度远远大于现货收益的变化幅度!

表 5-1　不同期限的期货合约的平均年化现货收益率 α 与连续收益率 γ 的数值

商品符号	α 值（%）	γ 值（%）
BR（芝加哥商业交易所 -CME）	-2.7	10.8
C（芝加哥期货交易所 -CBOT）	2.8	-12.8
CL（纽约商品期货交易所 -NYMEX）	7.3	-7.1
HG（芝加哥商业交易所 -CME）	5.0	7.7
TU（芝加哥期货交易所 -CBOT）	0.0	3.2

在许多情况之下，滚动收益的概念对于许多具有吸引力的策略而言，似有不妥，因为相关策略是根据标的资产的现货价格、基于相应的知识或直觉而确定的，例如，大宗商品生产商相关的 ETF 基金（如 XLE 基金）就通常与商品的现货价格具有协整关系，但是，因为连续收益的存在，这些 ETF 基金可能不与大宗商品的期货价格具有协整关系——由于对这个微妙的变化不求甚解，在成为独立交易员的第一年间（2006 年），我的交易损失超过了 100 000 美元，险些破产。

还有一个例子是：每个学金融的学生都知道，波动率的变化就是一种均值回归的模式；更确切地说，我们知道 VIX 指数（芝加哥期权期货交易所使用的市场波动性指数）就具有均值回归的属性，而事实上，一个扩展版的迪基-富勒（ADF）检验模式表明：该指数平稳之概率在 99%。你可能会想：那么说，VX 期货交易将非常适用于均值回归的交易策略 [VX 交易是在芝加哥期权交易所（CBOE）之期货交易所（CFE）交易的、跟踪 VIX 波动性指数的期货交易]。然而，当我们看一看近月期货合约的价格随时间变化的回测结果时会发现：VX 交易的均值回归属性只发生在 2008 年 11 月 20 日（信贷危机期间）相关波动率达到峰值时才体现出来，接下来是 2010 年 5 月 20 日（金融市场闪电崩盘之后），然后又发生在 2011 年 10 月 3 日。在其他时候，VX 的价格只是无情地下降。事实上，相应的 ADF 检验结果表明：对相关近期合约价格所进行的回测效应明显地不具有均值回归的性质。在图 5-6 中，你可以看到：VIX 指数与近月 VX 期货价格存在很大的差异，而此差异则源自相关的连续收益——VX 期货价格在大约 3/4 的时间里出现期货溢价的状态，而平均连续年化收益率是 −50%（西蒙和卡姆，2012），而相应的、持续性的期货溢价则显得我们在第 6 章发掘的 VX 期货相关的动量交易策略是比较管用的。

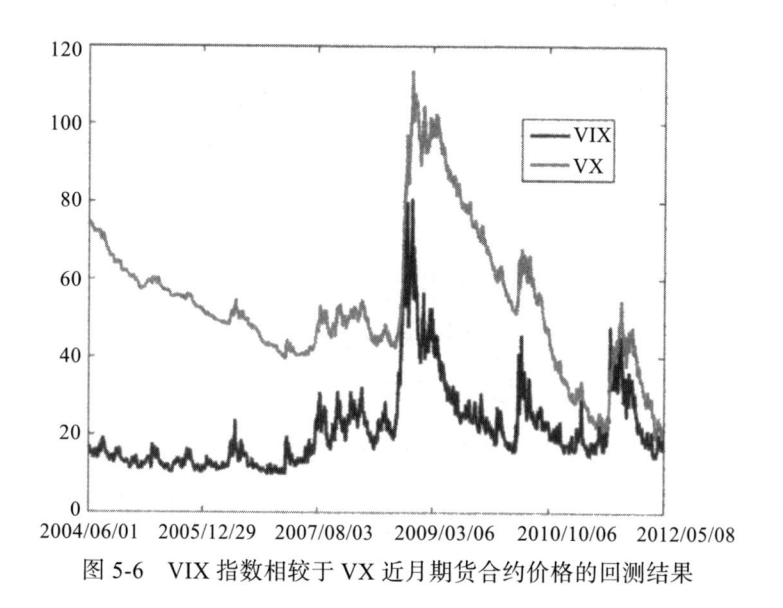

图 5-6　VIX 指数相较于 VX 近月期货合约价格的回测结果

对包括 VX 在内的各类期货而言，与现货平均收益率相比，平均连续收益率的变化幅度极大。表 5-1 显示玉米的年化连续收益率是 −12.8%，而同期的现货收益率只有 2.8%；1982 年 12 月至 2004 年 5 月，厄尔布和哈维所计算的燃料油的年化连续收益率是 4.6%，而同期的现货收益率只有 0.93%（厄尔布和哈维，2006）。

5.3.2　跨期套利具有均值回归属性吗

跨期套利是构建一个投资组合，由一个期货合约的多头和另一个期货合约的空头所组成，且标的资产相同，但到期月份不一样。基于我们之前所掌握的点差，跨期套利似乎是非常适合均值回归交易的可选项，但两个仓位头寸所跟踪的是同一个标的资产吗？在这里，答案为是的。只不过，相应的连续收益会破坏我们的直觉，而式（5-7）所表达的期货价格模型能清楚地说明这一点。

就任何点差交易模式而言，我们可以选择两个头寸所对应的相应价格之对数形式的差值来生成相关的交易信号（详见第 3 章），这里需要假设：在每一个时期，两个金融工具头寸所对的市场价值是相同的。同时，根据式（5-7）所示，用于构建跨期套利组合的标的资产是一个远期合约的多头与一个近期合约的空头，其数值的对数形式以 $\gamma(T_1 - T_2)$ 的形式来表示，且 $T_2 > T_1$（我在这里再一次重申：如果 $T_2 - T_1$ 的数值很大，前述这个简单的公式就没有意义了），另外，还有很重要一点的是：跨期套利的日历交易信号不依赖于现货价格，只依赖于连续收益率！

如我们在第 2 章所知的那样：收益率序列（而不是价格序列）几乎总是具有均值回归性质的。我们正在考虑的不是期货的总收益，而是构成总收益的连续收益率，所以相应情况可能有所不同［尽管式（5-7）所表达模型的前提是现货收益率和连续收益率都是常数，不过，我们可以尝试将其应用于连续收益率是变量的情境之下］。我们以原油期货 CL 价格之日历价差的对数形式，运行期限为 12 个月的 ADF 检验模式，并且发现：相关组合确实是平稳的，且概率为 99%，半衰期为 36 日。此外，如果我们应用正常的线性均值回归策略检测 2008 年 1 月 2 日至 2012 年 8 月 13 日的原油期货 CL 之日历价差的对数值，我们可以得到一个 8.3% 的年化收益率且夏普比率为 1.3，相关回测程序的细节会在例 5-4 予以展示。

例 5-4　跨期套利相关的均值回归型交易模式

正如我们在文中所讨论的那样：由一个远期合约的多头与一个近期合约的空头所构建的投资组合的市值的对数值是 $\gamma(T_1-T_2)$，且 $T_2 > T_1$，因为 T_1 和 T_2 相对于特定的日历点差而言是固定的，我们可以使用（可能）具有均值回归属性的 γ 值生成相应的交易信号。在编辑程序 calendarSpdsMeanReversion.m 中，我们设定：CL 期货合同的价格被存储在一个 $\tau \times m$ 型的数组 cl 之中，τ 代表的是交易日，m 代表的是合约的数量。我们以与例 5-3 同样的方式计算 γ，并且将由此产生的 γ 值存储在一个 $\tau \times 1$ 型的数组 γ 之中，现在，作为第一步编程，我们所要发现的是 γ 的半衰期，而相应程序语言如下：㊀

```
isGoodData=find(isfinite(gamma));
gammalag=lag(gamma(isGoodData), 1);
deltaGamma=gamma(isGoodData)-gammalag;
deltaGamma(1)=[];
gammalag(1)=[];
regress_results=ols(deltaGamma, [gammalag ...
  ones(size(gammalag))]);
halflife=-log(2)/regress_results.beta(1);
```

经过上述程序的运行，我们发现：相应的半衰期约为 36 天。现在，我们依据例 2-5 的相关原理，应用线性均值回归的

㊀ isfinite——测试相应数值是不是有限数，若是有限数，则数值为真。——译者注

第 5 章 | 货币交易与期货交易相关的均值回归的交易策略 183

策略，计算相应的 Z 分数值，且设置相应的回溯期等于相关的半衰期，而相应的编辑程序如下：

```
lookback=round(halflife);
ma=movingAvg(gamma, lookback);
mstd=movingStd(gamma, lookback);
zScore=(gamma-ma)./mstd;
```

接下来，最难的部分出现了。我们需要挑选一对期货合约、远期合约与近期合约，每一个被选合约的历史日期的确定要基于以下三个标准，即：

（1）两个合同的持有期是 3 个月（61 个交易日）。

（2）在到期合约到期前 10 天，我们将相应的一对期货合约循环至下一个交易期限之内。

（3）近期与远期期货的到期日分别是一年。

一旦我们选择了上述这些期货合约，我们的最初设定是：我们将保有一个多头形式的远期的合同，以及空头形式的近期合约。而相应的修正式的编辑程序如下：⊖

```
isExpireDate=false(size(cl));
positions=zeros(size(cl));
isExpireDate=isfinite(cl) & ~isfinite(fwdshift(1, cl));
holddays=3*21;
numDaysStart=holddays+10;
numDaysEnd=10;
spreadMonth=12; % No. months between far and near contracts.
for c=1:length(contracts)-spreadMonth
    expireIdx=find(isExpireDate(:, c));
```

⊖ ~isempty——若是空矩阵则为真。——译者注

```
        expireIdx=expireIdx(end); % There may be some missing
          % data earlier on
        if (c==1)
            startIdx=max(1, expireIdx-numDaysStart);
            endIdx=expireIdx-numDaysEnd;
        else % ensure next front month contract doesn't start
          until current one ends
            myStartIdx=endIdx+1;
            myEndIdx=expireIdx-numDaysEnd;
            if (myEndIdx-myStartIdx >= holddays)
                startIdx=myStartIdx;
                endIdx=myEndIdx;
            else
                startIdx=NaN;
            end
        end

        if (~isempty(expireIdx) & endIdx > startIdx)
            positions(startIdx:endIdx, c)=-1;
            positions(startIdx:endIdx, c+spreadMonth)=1;
        end
    end
```

最后，我们应用线性均值回归的策略来确定真正的头寸数量，同时计算非杠杆式的投资组合的日收益率（日收益率是每日利润表除以2，因为我们有两个期货合约），相应的编辑程序如下：

```
positions(isnan(zScore), :)=0;
positions(zScore > 0, :)=-positions(zScore > 0, :);
ret=smartsum(lag(positions).*(cl-lag(cl, 1))./lag(cl, 1), ...
   2)/2;
ret(isnan(ret))=0;
```

上述程序的运行价格很有吸引力：自2008年1月2日至2012年8月13日，其非杠杆式年化收益率为8.3%，夏普比率为1.3，累积收益率曲线如图5-7所示。

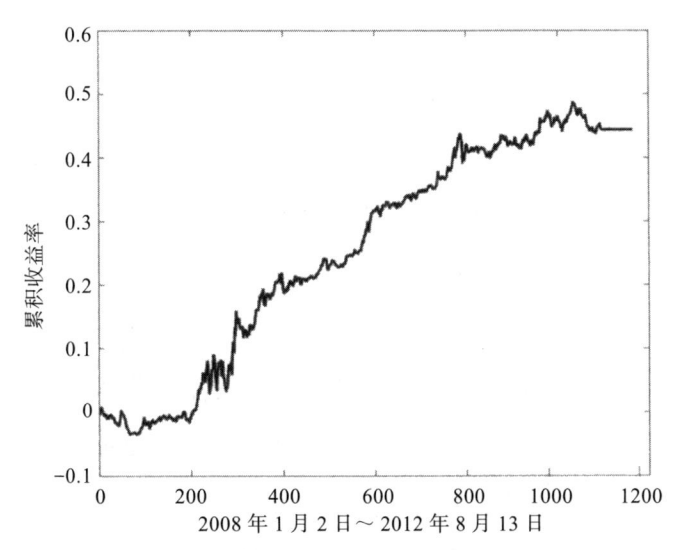

图 5-7　线性均值回归交易策略相关的美国西得克萨斯原油期货 CL 之 12 个月跨期套利组合的累积收益率

熟悉大宗商品市场的学员都知道："季节性"是期货交易中一个突出的要素。所以，你可能发现：对于一个特定的市场而言，只有某些月份（和相互独立的某些月份）的跨期套利交易具有均值回归的性质。然而在这里，我们不追求这些对市场行情高度依赖的细枝末节。

我们可以尝试把相同的线性均值回归策略应用于 VX 期货的跨期套利交易之上。事实证明：式（5-7）所适用的期货标的资产只能是可交易的金融工具，波动率指数 VIX 并不是一个可交易的资产（如果在你的散点图上，VX 期货价格的对数值是相对于到期日的函数，如原油期货 CL 所对应的图 5-4 所示，你会发现，相应价格点位并不在一条直线上）。各种研究人员建议选择替代公式应用于 VX 期货（例如，杜邦、戴姆勒、陈就曾于 2011 年提出过），但是，我发现没有一个公式可以解释 VX 期货价格本身不具有均值回归的特质，而其跨期套利交易模式却具有均值回归的属性。所以，我们只能依靠经验观察，我们以 ADF 检验模式，对前期 / 后期的 VX 期货合约价格之比率进行相关的测试，其结果也表明相应平稳性的概率为 99%。如果我们应用通常的线性均值回归的交易策略，使用比率作为交易信号（基于 15 天回溯期的移动平均和标准差指标），我们会发现：从 2008 年 10 月 27 日至 2012 年 4 月 23 日，VX 可以生成 17.7% 的年化收益率，且夏普比率为 1.5（参见图 5-8 的累积收益率），但是，其在 2008 年 10 月之前表现很差。在 5.4 节中，我将以图形的方式来说明 VIX 波动率指数的运行伴随着一个政权的更迭，而相关期货所对应的时间正是 2008 年的金融危机，所以，这种突然的变化也许会影响相应策略性能之间的关系。

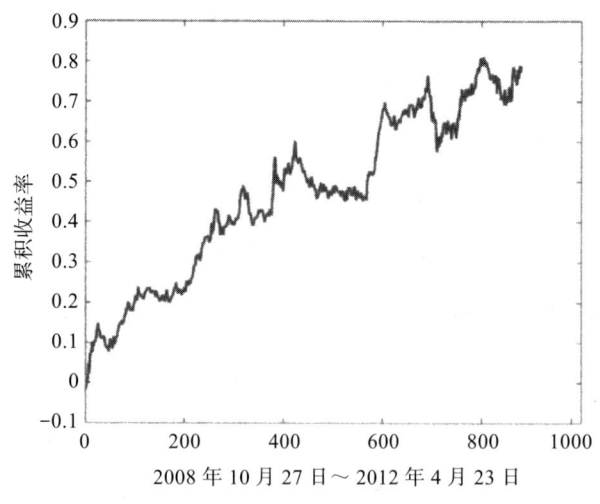

图 5-8 线性均值回归交易策略相关的 VX 期货之跨期套利的累积收益率

5.4 期货之跨市场（区域）套利

正如我在本章所介绍的那样：在不同品种期货之间所进行的具有均值回归性质的跨市场套利行为是很困难的（所谓跨市场套利是指不同标的资产期货的配对交易）。然而，至于具体情况如何，我们需要进行详细的解析。

这里，我们选择两个密切相关的、最明显的一对期货作为备选项，对其套利交易进行解析。例如，能源复合物［例如，西得克萨斯（WTI）原油CL、布伦特原油BZ、无铅汽油RB、取暖油HO，所有这些产品均在纽约商品交易所（NYMEX）交易］应该能够提供丰富的潜在交易机会。

在我们运行一个约翰森检验模式测试上述这四个期货合约时，我们可以先检查一个众所周知的组合，其被称之为裂解价差交易，它是由三个多头形式的原油期货合约CL、两个空头形式的无铅汽油期货合约RB，以及一个空头形式的取暖油期货合约HO所构建的一个投资组合，此种模式就是裂解价差交易，之所以如此称呼，是因为我们可以通过裂解原油之碳氢长链分子而获得汽油和取暖油，而"3∶2∶1"的对冲比率的原因是三桶原油（CL）能够产生约两桶无铅汽油（RB）和一桶取暖油（HO）（虽然此种模式并不是普遍适用于所有的精炼产品）。裂解价差交易有一个优点，即纽约商品交易所能够提供一个现成的篮子，而且与我们分别所进行的交易相比，相应组合的保证金比例较低。

然而，我们对2002年5月20日至2012年5月4日期间的裂解价差交易模式进行一个 ADF 检验，而其中的测试结果表明这种套利交易并不具有均值回归的性质。图 5-9 揭示了：在 2007 年 3 月 9 日至 2008 年 7 月 3 日，相应组合的价值有一个大幅的上涨，然后急剧下降——如果我们运行线性均值回归的交易策略，那这一时期的回报就是负值（这里需要注意的是：在测试当中，我们必须回测连续合约的价格，而不是相关的收益率，否则，相应的差价将在循环的过程中显示出不连续的跳跃性，对此，我在第 1 章解释过）。

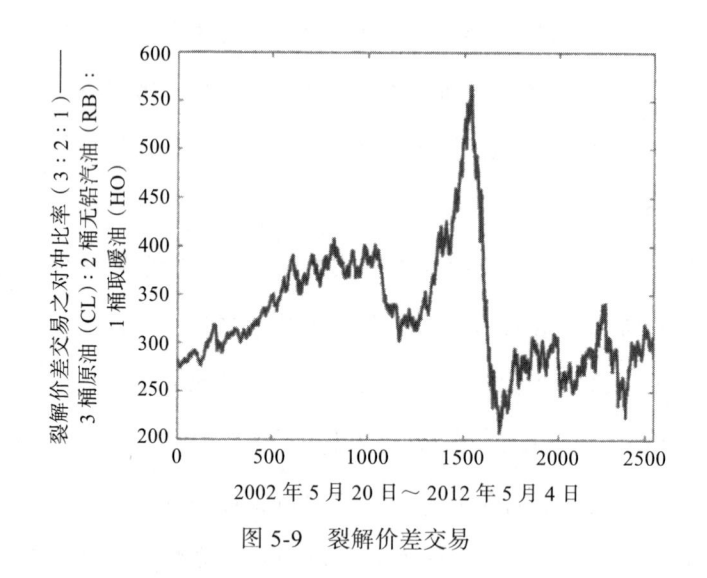

图 5-9 裂解价差交易

另一个似乎不错的可选项是：原油期货 CL 和布伦特原油期货 BZ 按 1∶1 的比例构建相关的组合，毕竟这两种产品基本都是原油，但是，另一个快速的 ADF 检验模式表明，此组合根本不具备平稳的属性。BZ 期货的表现远远超过原油期货 CL，这是由各种各样的因素所决定的；最有可能的因素是：美国增加了石油的产量（弗里德曼，

2012），同时，俄克拉何马州库欣的管道建设存在瓶颈问题（飞利浦，2012）；另外，地缘政治方面也存在问题，如2012年对伊朗的石油禁运使欧洲受到影响，而此问题对美国原油期货BZ的影响更甚。

如果你想回测跨市场的套利交易模式，别忘了确保相应价格的同步运行机制。关于这个问题，我在第1章曾经警告过。这里特别要注意的是：BZ原油期货于2001年9月5日在纽约商品交易所开始交易之前，它就已经在伦敦洲际石油交易所进行交易了，而纽约商品交易所的CL期货一直都在交易，这就存在一个显著的问题，即BZ原油期货有两个不同的收盘时间。因此，当我们于2001年9月5日之前回测BZ期货与CL期货之间的跨市场交易模式之时，如果使用收盘价格，那就要出错了。同时，我们经常需要将期货价格乘以转换因子，将其折算成美元。

虽然我们在寻求跨市场套利交易模式的均值回归属性的过程中，没有获得理想的成果，但是，我现在将讨论一个不同寻常的点差套利模式，它将改变前述的这种情况。

波动率指数期货与股指期货

许多交易员已经观察到：波动率与股票市场的指数具有反相关性：当市场行情下降时，波动率就会暴涨，然后幅度缩小，反之亦然。显示这种反相关性的一个方法是：用E-迷你标普500指数期货（ES）近月合约的价格与VX期货的近月合约价格、VIX期货的近月价格进行对比即可，此种测试可以通过MATLAB的离散函数予以计算，相应结果显示在图 5-10 中。

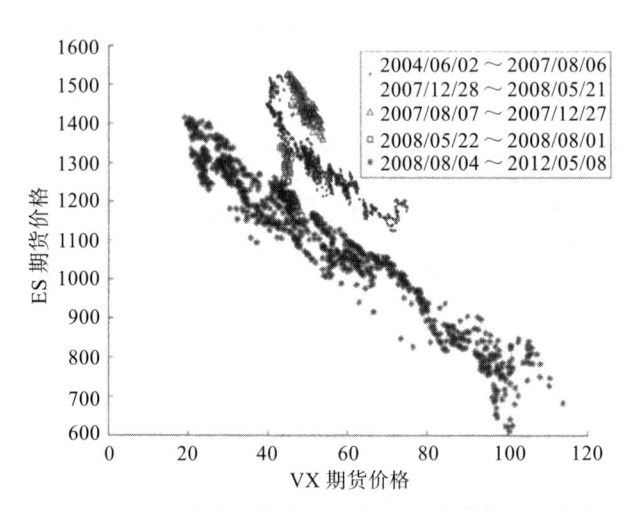

图 5-10　对相应波动模式的研究：ES 期货与 VX 期货

　　散点图 5-10 的第一个明显特征是：就事实而言，股票指数与波动率成反比关系，但更有趣的是，图中似乎有两个主要的波动模式——2004 年～ 2008 年 5 月的波动形态和 2008 年 8 月～ 2012 年的波动模式，其中，在第二个时间序列当中，就给定的股票指数的价格水平而言，相应的波动率明显偏低，说白了，就是当期的市场波动性较小，然而，其波动范围更大，这意味着我们有一些天的波动比以前更极端（还有其他的原因，即较短的日期可能对应一种过渡的状态，但在相关的分析当中，我们可能会忽视其存在）。如果我们在前述两个时间序列之内运行线性回归的交易策略，或应用约翰森检验模式对两个时间序列所对应的波动模式进行混合测试，那将生成一个错误的结果，所以，我们专注于第二个时间序列，因为它已经延伸至我撰写本文之时。

我们选择 2008 年以后的第一个 500 天的数据作为训练集来计算相应的回归系数，因为之后，我们想使用这个回归方程相关的各种统计数据来构建我们的交易模型。在通过线性回归程序实际运行价格数据之前，我们必须记住 VX 期货和 ES 期货的价格单位不同：在 VX 期货中，一个点的价值是 1000 美元；在 ES 期货中，一个点的价值是 50 美元。所以，我们需要将 VX 的价格乘以 1000，而 ES 的价格需要乘以 50，如此则是为了使相应的对冲比率能够适当地反映相关期货合约数量的比例。

上述形式的线性关系方程则由式（5-12）所给出

$$ES \times 50 = -0.3906 \times VX \times 1000 + 77\,150 \qquad (5\text{-}12)$$

其中，ES 期货和 VX 期货的价格分别是其各自的期货（结算）价格，而残留的标准差是 2047 美元，这就意味着相关的投资组合是由 0.3906 份多头形式的 VX 期货合约和 1 份多头形式的 ES 期货合约所构建，其应该是平稳的，而相关投资组合市值的曲线图（见图 5-11）会证明这一点。

当上述投资组合的数值偏离训练集所确定的残差之标准差 1 个单位时，我们则可以构建一个布林带式的均值回归型交易策略，即做空此组合。通过对相应训练集中 2010 年 7 月 29 日至 2012 年 5 月 8 日的数据的测试，我们发现：相应的年化收益率是 12.3%，夏普比率是 1.4，尤其是在标准普尔下调美国信用评级的时候，其获利最多，而相应累积收益率曲线被刻画在图 5-12 之中。

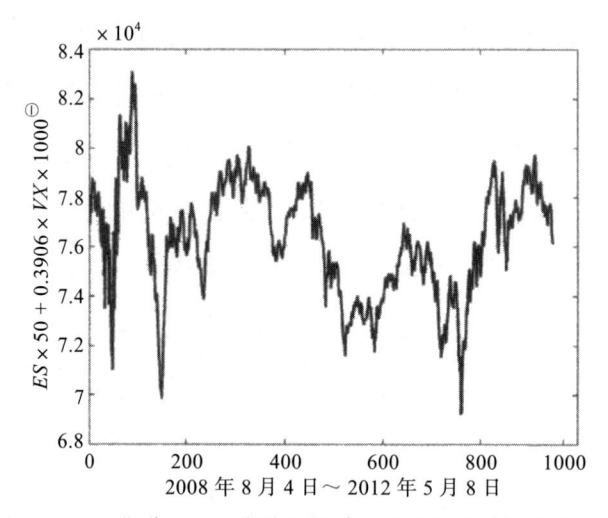

图 5-11　ES 期货和 VX 期货所构建的投资组合的平稳性测试

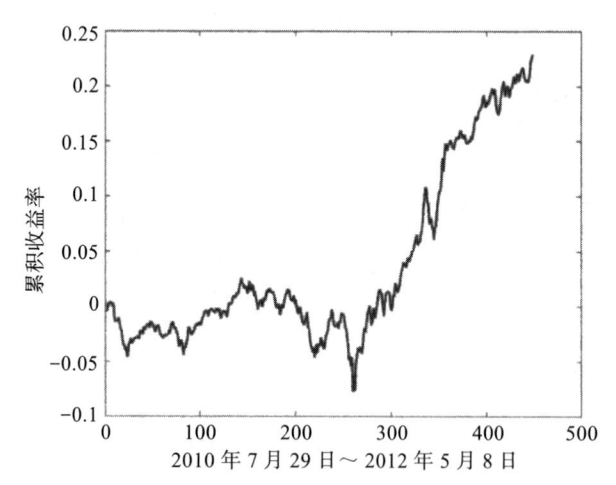

图 5-12　均值回归策略相关的 VX 期货-ES 期货之组合的累积收益率

还有一个我们可以使用的交易策略,且此策略可以应用于 VX 期货-ES 期货之类的组合交易,其不依赖于 VX 期货-ES 期货点差所具

㊀　加号表示做多。——译者注

有的均值回归之属性，因为它是一个动量型的交易策略，对此，我将在第 6 章进行讨论。

• 本章要点 •

1. 作为特殊"商品"的货币交易之协整属性的概率很高。

2. 在计算两个交叉汇率的配对交易所构建的投资组合的收益率时，你是否关注其是不是相同的报价货币呢？货币相关国家的经济基础是同样的吗？

   答：因情况不同，相应公式所计算的收益率是不一样的。

3. 期货收益率包括两个部分：点现货收益率、连续（循环）收益率。

4. 现货溢价是指：连续收益率是正值——远期期货合约的价格低于近期期货合约的价格；期货溢价是指：连续收益率为负值——近期期货合约的价格低于远期期货合约的价格。

5. 由于连续收益的存在，现货价格均值回归的属性可能不会使期货价格也具有均值回归的性质。

6. 可交易资产的跨期套利行为的均值回归的属性依赖于连续收益率的均值回归的性质。

| 第 6 章 |

日间动量型交易策略

日间动量型交易策略之所以存在的主要原因有四个：

（1）对于期货而言，连续收益率具有可持续性，尤其是它们所显现的迹象。

（2）一个新的信息要经历缓慢的扩散、分析和接受三个过程。

（3）由各种类型的基金所构成的资产经常被迫出售或购回。

（4）金融市场往往被高频交易员所操纵。

在本章和第 7 章中，我们将利用每个诱发动量交易的动因来讨论相关的交易策略。特别是，在第 5 章中所着重提及的期货的滚动收益的问题于本章将再次成为相关策略的中心话题。因为滚动收益所显现的具有可持续性的特质，无数的期货相关的交易策略可以被构造出来。

研究人员有时将资产价格所显现的动量模式分为两种类型，即时间序列动量和横向动量，正如我们在第 2 章中将相应的均值回归分为两种类型（莫斯科维茨、姚、彼得森，2010）。时间序列型动量模式非常简单和直观：过往价格序列的收益率与未来的收益呈正相关性；横向动量是指某种金融工具的价格序列相对于其他工具的价格序列的相对性——当某种价格序列的收益胜过其他序列的收益，那么，此种势头将来可能会被延续，反之亦然。我们将在期货和股票当中研究这两种类型的动量模式。

本章所描述的策略倾向于持有头寸数日，这就是为什么我将此策略称为"日间"动量策略。我将在第 7 章考虑盘中高频动量策略，而产生这种区别的原因是许多日间动量交易策略受制于近期所发现的一个弱点，而盘中动量策略受此影响较小，我将在本章强调这一弱点，并讨论动量策略与均值回归型交易策略的不同属性，以及它们的优缺点。

6.1　时间序列型动量交易策略的检验模式

在我们深入研究动量策略相关的动因之前，我们应该先看看如何检测相应的动量模式，或更具体地说，如何检测时间序列的动量模式。时间序列动量模式项下的一系列价格意味着过去与未来的收益回报呈正相关性，那么接下来，我们就可以计算出相应收益率的相关系数，同时确定一个假定的 p 值（其所代表的是不相关之零假设的概率）。而计算相关性的一个特征是：我们必须为相应的收益率选择一个特定的时间间隔。有时候，最大值的正相关系数往往在不同时间段所对应的收益率之间产生，例如，日收益率之间可能呈现负相关性，而过去 20 日的收益率与未来 40 日的收益率之间却有可能是正相关的。我们应该分别找到最优化的过去和未来的时间序列，从而使其之间的相应收益率呈现最高的正相关性，然后，将其设置为回溯期与持单（仓）期，进而检验相应的动量交易策略。

另外，我们还可以测试过去和未来之间的收益率之彼此行情迹象的相关性，这种做法是恰当的，因为我们想知道的是：一个向上的波动，未来是否伴随另一个向上波动的行情走势，同时，我们并不在乎此种前后的波动幅度是否相似。

如果我们感兴趣的是探寻是否存在一种具有长期趋势行情的时间序列，而不考虑特定的时间框架，那我们就可以计算赫斯特指数，同时，以方差比率的检验模式排除随机漫步的零假设，这个在第 2 章中已被描述的测试模式是用于检测均值回归交易策略的，但它们也可以用于测试动量型的交易策略。

接下来，我以在芝加哥商业交易所（CME）交易的两年期国债期货 TU 为例来说明如何使用下列的检测模式，同时，相关系数及其假定的 p 值可以使用 MATLAB 函数 corrcoef 进行计算，而且，和之前一样，赫斯特指数和方差比检验的数值由函数 genhurst 和函数 vratiotest 给出。

在计算一对分别源于回溯期与持单期的收益率的相关性时，我们必须注意：不要使用重叠的数据——如果回溯期大于持单期，我们就必须向前移动持单期，从而生成一个新的收益率；如果持单期大于回溯期，我们就必须前移回溯期，此种情况被刻画在图 6-1 之中。

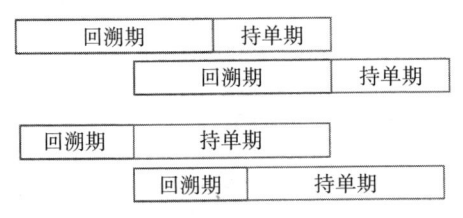

图 6-1　不重叠的时间序列相关性计算

图 6-1 中最上面的两个情况是回溯期大于持单期。第一栏所代表的数据组生成了第一对收益率，第二栏所代表的数据集形成第二对独立的收益率；底部两栏的情况是回溯期小于持单期，同理生成相应的收益率，专栏 6-1 所列出的是相应的程序编辑语言代码（以及可供下载的平台 TU_mom.m）。

专栏 6-1　发掘不同时间框架所对应的收益率之间的相关系数[一]

```
% Correlation tests
for lookback=[1 5 10 25 60 120 250]
  for holddays=[1 5 10 25 60 120 250]
      ret_lag=(cl-backshift(lookback, cl)) ...
        ./backshift(lookback, cl);
      ret_fut=(fwdshift(holddays, cl)-cl)./cl;
      badDates=any([isnan(ret_lag) isnan(ret_fut)], 2);

      ret_lag(badDates)=[];
      ret_fut(badDates)=[];

      if (lookback >= holddays)
          indepSet=[1:lookback:length(ret_lag)];
```

㊀ ret_fut 指的是数据的转换；fprintf 指的是设置显示格式；isnan 指的是若是非数，则相应矩阵为真；pval 指的是概率 p 的数值。——译者注

```
        else
            indepSet=[1:holddays:length(ret_lag)];
        end

        ret_lag=ret_lag(indepSet);
        ret_fut=ret_fut(indepSet);

        [cc, pval]=corrcoef(ret_lag, ret_fut);
        fprintf(1, 'lookback=%3i holddays=%3i cc=%7.4f ...
            pval=%6.4f\n', lookback, holddays, cc(1, 2), ...
            pval(1, 2));
    end
end
```

如果我们把数据日期提前一天，我们就会得到一个稍有不同的收益率来计算相关系数的数值。而为了简单起见，我只测试许多可能生成的收益率之中的一个来计算相关系数，这是因为两个不同收益率数组之间的数据如果有较大程度的重叠，那么，相应的测试结果也不太可能出现太大的差异。一些更重要的测试结果被列在表 6-1 中。

表 6-1　不同时间框架之下的美国两年期国债期货 TU 的收益率间的相关系数

回溯期限	持有期限	相关系数	相应概率 p 值
25	1	−0.014 0	0.535 3
25	5	0.031 9	0.527 6
25	10	0.121 9	0.088 0
25	25	0.195 5	0.086 3
25	60	0.233 3	0.041 1
25	120	0.148 2	0.204 5
25	250	0.262 0	0.029 7
60	1	0.031 3	0.168 6
60	5	0.079 9	0.116 8
60	10	0.171 8	0.016 9
60	25	0.259 2	0.022 8
60	60	0.216 2	0.234 6

（续）

回溯期限	持有期限	相关系数	相应概率 p 值
60	120	−0.033 1	0.859 8
60	250	0.313 7	0.097 4
120	1	0.022 2	0.335 5
120	5	0.056 5	0.275 0
120	10	0.095 5	0.193 4
120	25	0.145 6	0.212 6
120	60	−0.019 2	0.918 2
120	120	0.208 1	0.456 7
120	250	0.407 2	0.148 4
250	1	0.041 1	0.085 7
250	5	0.106 8	0.046 2
250	10	0.178 4	0.018 5
250	25	0.271 9	0.023 8
250	60	0.424 5	0.021 7
250	120	0.511 2	0.061 7
250	250	0.487 3	0.326 9

我们可以看到：在一个相关系数和相应概率 p 值之间存在着一种折衷式的选择模式。以下就是为回溯期、持单期之间的时间序列所提供的一些最好的折中模式：(60，10)、(60，25)、(250，10)、(250，25)、(250，60)、(250，120)。当然，从交易的角度来看，我们更喜欢那些被尽量缩短的持有期限，因为在此情境之下，能够生成最好的夏普比率。

另外，我还测试了由过往与未来收益率所应对的行情趋势之间的相关系数，其结果与表 6-1 所显示的效应没有太大的差别，而且在相应的情境之下，我所发现的最好的一组备选项是：(60，10)、(250，10)、(250，25)。

与上述情况相反，我们发现：相应的赫斯特指数是 0.44，而方差比检验也未能拒绝"随机游走"的假设。

那么，我们要如何将两个矛盾的结果协调一致呢？当我们针对相关性运行相应的检验模式之时，相关的时间序列（正如许多其他金融时间序列一样）在不同的时间框架之内分别展现出动量属性和均值回归的属性，在某些特定的时间框架之下，相关系数会远高于相应的均值水平。对此，方差比检验模式是无法测试的。

6.2 时间序列的交易策略

对某个特定的期货而言，如果我们发现回溯期所应对的过往收益率与持单期所对应的未来收益率之间的相关系数较高，而相应的概率 p 值却很小，那么我们就可以继续看看：动量型交易策略能否使用这组被发现的最佳时期而获取收益。对于两年期美国国债期货而言，表 6-1 显示出 250 日 -25 日所对应的收益率的相关系数为 0.27，概率值为 0.02，那么，我们将选择这个回溯期和持单期进行测试。我们从莫斯科维茨、姚和彼得森的论文中得到提示，确定了一个简单的时间序列型动量交易策略，即如果相应期货的 12 个月收益率为正（负）时，我们就买（卖）此期货且头寸持有的时间为 1 个月（莫斯科维茨、姚和彼得森，2012）。我们将对原始的交易策略的一个细节进行修改，即由每月做出交易决策改为每天做一次决策，而每一天的投资只有总资本的 1/25。例 6-1 是两年期美国国债期货 TU 相关的动量交易策略。

例 6-1　两年期美国国债期货 TU 相关的动量交易策略

下列这段程序代码设定：相应收盘价被包含在一个 $T \times 1$ 型的数组 cl 之中，且这段代码包含在平台 TU_mom.m 当中：[⊖]

```
lookback=250;
holddays=25;

longs=cl > backshift(lookback, cl) ;
shorts=cl < backshift(lookback, cl) ;

pos=zeros(length(cl), 1);

for h=0:holddays-1
    long_lag=backshift(h, longs);
    long_lag(isnan(long_lag))=false;
    long_lag=logical(long_lag);

    short_lag=backshift(h, shorts);
    short_lag(isnan(short_lag))=false;
    short_lag=logical(short_lag);

    pos(long_lag)=pos(long_lag)+1;
    pos(short_lag)=pos(short_lag)-1;
end

ret=(backshift(1, pos).*(cl-lag(cl))./lag(cl))/holddays;
```

从例 6-1 运行情况来看，2004 年 6 月 1 日至 2012 年 5 月 11 日，夏普比率是 1，非常理想；1.7% 的年化收益率（APR）看起来可能很

[⊖] pos：position，持仓头寸；long_lag：多头持仓；logical() 函数用于判断单元格的数值是否为逻辑值。backshift() 函数指的是二次变换；h=0 指的是初始持仓日；long_lag 指的是多头持仓期限；short_lag 指的是空头持仓期限。——译者注

低，但我们的回报是基于期货合约的名义本金来计算的，约 200 000 美元，而本合约之保证金的要求只有大约 400 美元。所以，你当然可以采用合理的杠杆来提高相应的收益率，但你也必须面对 2.5% 的最大跌幅，不过，相关收益率曲线看起来却很有吸引力（见图 6-2）。

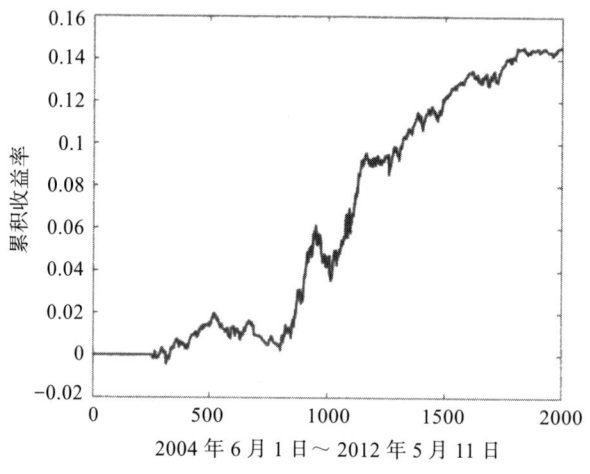

图 6-2　动量策略相关的 TU 期货收益率曲线

上述这个简单的策略可以应用到各种各样的期货合约之中，只不过最优化的回溯期与持单期略有不同，我在表 6-2 中列出了三种期货的测试结果。

表 6-2　时间序列相关的各类期货的动量交易策略

商品期货符号	回溯期	持单期	年化收益率（%）	夏普比率	最大跌幅（%）
BR（CME）	100	10	17.7	1.09	−14.8
HG（CME）	40	40	18.0	1.05	−24.0
TU（CBOT）	250	25	1.7	1.04	−2.5

那么，为什么许多期货的收益率会表现出序列相关性呢？还有，

为什么这些序列相关性要发生在一个相当长的时间跨度之内呢？相应的解析来源于我们在第 5 章讨论过的构成期货总收益之重要组成部分的滚动收益率。在通常情况下，连续收益所相关的行情迹象并不是经常变化的，换句话说，相应期货处于期货溢价或现货溢价状态分别要经历很长一段时间，然而，现货收益率所相关的行情变化却非常迅速，相应变化幅度也很宽泛。如果我们长期持有某一种期货，且连续平均收益在总收益中所占的比重很大，那么，我们会发现相应的总收益率就具有序列相关性。前述解析可以从表 6-2 中得到证明，表 6-2 列出了巴西雷亚尔期货 BR、铜期货 HG 与两年期美国国债期货 TU 的测试结果，从中我们可以看出：相关连续（循环）收益率的比重高于滚动收益率。（只是这里有个问题：尽管玉米期货 C 的连续收益率在总收益中的比重远大于其现货收益率，但相应的测试程序对期货 C 似乎无效，我没有发现其中的原因，但也许你可以发现！）

如果我们接受上述的解析，认为时间序列相关的期货动量型交易策略的理论基石是具有可持续性的、连续收益率所对应的市场行情，那么，我们就可以设计一个更清洁、更有潜力的动量型交易信号，而运行此种模式比参照具有滞后性的总收益指标要好。同时，我们可以将具有滞后性的总收益指标作为一种交易信号——当收益率高于某个阈值时，我们做多；当其低于某个阈值的负值时，我们便可做空或平仓离场。我们将这种经过修正的策略模式应用于美国国债期货 TU，同时以 3% 的年化滚动收益率为阈值，然后检测 2009 年 1 月 2 日至 2012 年 8 月 13 日的相应数据，最后，我们得到较高的 2.5% 的年化收益率，夏普比率为 2.1，其间伴随着 1.1% 的最大跌幅。

除了简单的"收益率交易信号"指标，可能还有许多其他入场信号，例如，当相应价格点位达到 N 天内的一个新高时，或者，当价格点位超过 N 天的移动平均线或指数移动平均线之时，或者，当价格点位超过布林带线的上轨之时，或者，在一个移动的期限内，当升势天数超过降势的天数时，我们都可以做多。

还有一个经典的动量策略叫作"亚历山大过滤法则"，此法则告诉我们：如果日收益率的数值上移至少若干个百分点时，我们做多；当其从之后的高点下移至少若干个百分点时，我们做空或平调前面的多单（法玛和布鲁姆，1966）。

有时，我们将均值回归的交易策略与动量型交易策略的规则加以组合运行的模式可能比分别只运行这两个策略本身要好。这里有一个交易原油期货 CL 的范例，即如果相应的当期收盘价低于 30 天前的收盘价，但高于 40 天前的收盘价，我们即可做多；反之，做空。如果做多和做空的条件都不具备，那我们就应该平调所有的头寸，此种策略相关的年化收益率是 12%，夏普比率为 1.1。如果我们以例 6-1 为模板，向动量型交易策略加入一个均值回归的过滤法则，那么，我们就需要在表 6-2 中添加 IBX 指数期货（西班牙期货与期权交易所，MEFF）、咖啡期货 KT（纽约商业交易所，NYMEX）、SXF 指数期货（德意志交易所，DE）、国债期货 US（美国芝加哥期货交易所，CBOT）、利率期货 CD（芝加哥商业交易所，CME）、天然气期货 NG（纽约商业交易所，NYMEX）以及小麦期货 W（芝加哥商业交易所，

CME）。如此，则可提高表中现存期货合约之收益率和夏普比率。

事实上，如果你不想建立自己的时间序列型动量交易策略，那就参考一个现成的指数，其由 24 个期货构成，如标准普尔多元化趋势指标（DTI）。而相关指数背后的基本交易策略是：如果相关价格点位高于其指数移动平均线，我们就买入此期货，而如果其价格点位低于其指数移动平均线，那我们就做空此期货，同时每个月进行一次调整。这里还有一个共同基金（RYMFX 基金），以及一个交易所交易的 ETF 基金（WDTI 基金），这类基金主要是跟踪指数，关于此类基金，通过迈克尔·德弗对 1988 年 1 月至 2010 年 12 月的相应数据所进行的计算，我们所得到的夏普比率为 1.3，其间伴随的最大跌幅是 –16.6%（德弗，2011）（根据作者的考量，相同测试期限的标准普尔 500 指数 –SPX 的夏普比率为 0.61，并伴随 –50.96% 的最大跌幅）。然而，与许多其他动量交易策略一样，2008 年金融危机以来，此类策略的性能很差，这一点稍后将予以论述。

由于我们大量使用相关的持单期限，因此在相对有限的测试数据之内，没有多少交易能够产生，而且还有一个风险，即相应的测试结果存在探测的偏差。所以，像往常一样，对相应策略所实施的、真正的测试方法是：我们需要运行一个真实的、样本外数据的检验模式。

6.3　从期货与 ETF 基金之间的套利交易中攫取连续收益

如果期货的总收益率 = 现货收益率 + 连续收益率，那么，提取连续收益的一个明显的方法是：如果连续收益率是负值（例如，在期货溢价的情境之下），那我们就购买标的资产，同时做空期货；如果连续收益率是正值（在现货溢价的情境之下），那我们就进行反向操作，此种模式可一直延续至连续收益率相关的信号迹象之变化趋缓，如往常一样之时。前述这种套利策略也可以导致生成较短的持有仓期限，同时，它比在 6.2 节中所讨论的"买入并持有"的策略的风险要低，因为在这一策略的情境之下，我们需要在很长一段时间内持有期货，同时现货收益率所引起的噪声变化会因长期的时间序列而被平滑处理掉。

然而，购买尤其是做空基础标的资产的流程并不简单，除非你所持有的资产是一个交易所交易的 ETF 基金，这种 ETF 基金也可以交易许多贵金属，例如，黄金期货 GLD 实际上拥有实物黄金，从而可以密切跟踪黄金的现货价格，而且，1982 年 12 月至 2004 年 5 月，黄金期货 GLD 的年化连续收益率为 −4.9%，同时，在回测一个于 2007 年 8 月 3 日至 2010 年 8 月 2 日期间的、由多头形式的黄金期货 GLD 与空头形式的黄金期货 GC 所构建的投资组合之时，相应的测试结果是：年化收益率为 1.9%，其间伴随 0.8% 的最大跌幅，这可能看起来很有吸引力，鉴于 5 倍或 6 倍的杠杆，且下浮的收益率被控制在合理的风险范围之内，所以此组合还是可以交易的，但事实并不是这样。我们要记住的是：与拥有其他期货不同，拥有黄金期货 GLD 实际上会增加融资成本，那么，在回测期间之内，收益率不可能是 1.9%！所以，这个策略的超额回报则接近于零（这里，机敏精明的读者可能会注意到：在对 GC 黄金期货与 GLD 黄金期货所构建的组合所进行的快速回测过程当中，还有另一个问题，即 GC 期货的清算或收盘价格的登录时间是美国东部时间下午 1:30，而期货 GLD 的清算或收盘价格的登录时间为东部时间下午 4:00，这种时间的不同步性就是我在第 1 章提到过的一个陷阱。然而，前述这种情况对我们来说并不是太可怕，因为我们仅仅根据 GC 期货的收盘价格就可以生成相应的交易信号）。

如果我们试图看一看外围的贵金属相关的 ETF 基金当中是否存在一种套利的机会，那我们就会被难住。没有相关的 ETF 基金持有实物商品与商品期货，主要是由于相关商品的、非常昂贵的存储成本。因此，如果所依据的 ETF 基金包含商品或商品期货，那在我们攫取连续收益之时，就是一种不确切的套利模式。但是，包含商品生产企业的 ETF 基金往往与相关商品的现货价格具有协整关系，因为这些商品在相关资产当中占有很大的一个比重，所以，我们可以用相关 ETF 基金的价格取代相应商品的现货价格，进而提取相应期货的滚动收益率的数值。

这里有一个很好的例子，即能源行业的 ETF 基金 XLE 和西得克萨斯（WTI）原油期货 CL 之间的套利，由于 XLE 基金和 CL 期货的收盘时间不同，所以，我要在 XLE 基金与美油基金 USO 之间进行套利，如此则更加便利一些，而相应的合约也只是涉及了 CL 期货的近月合约，相关策略也很简单，即包含了近月合约 CL。策略很简单：

（1）当CL处于期货溢价的情境之时，我们则做空USO基金，做多XLE基金。

（2）当CL处于现货溢价的情境之时，我们则做多USO基金，做空XLE基金。

对上述策略进行测试，相关期限自2006年4月26至2012年4月9日，而相应的结果是年化收益率非常可观，为16%，而相应的夏普比率约为1。相应的累积收益率曲线被刻画于图6-3之中。

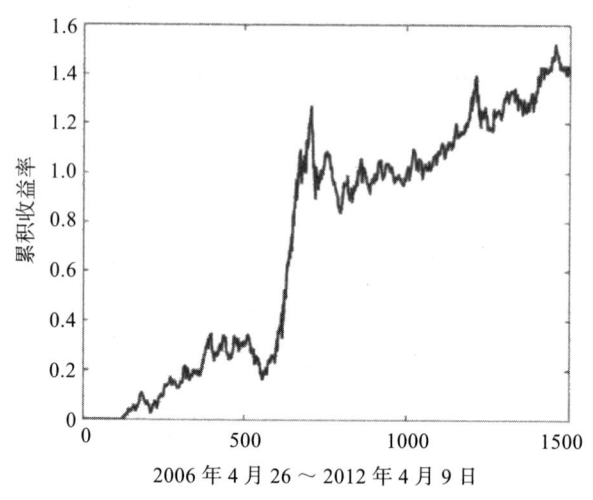

图6-3　XLE基金-USO基金的套利组合所生成的累积收益率

那么，如果相应期货的基础资产根本不是可交易的商品，那该怎么办呢？VX就是典型的这样一个期货：维持一篮子期权以复制基础标的资产——VIX指数基金的做单方式是浪费资金的，没有哪个ETF赞助商会蠢到进行此种操作。但是，我们不需要找到一个金融工具去准确跟踪现货的价格，我们只需要找到一个与现货收益率具有高度相关性（或反相关性）的金融工具即可。相对于波动率指数 VIX 基金而言，我们所熟悉的 ETF 基金 SPY 就是一个很适合的工具，因为 E-迷你标普 500 指数期货（ES）的年化连续收益率是微不足道的（约 1% 左右），它与其标的资产具有几乎相同的回报，因为它肯定是比 ETF 基金更容易交易的期货，所以，我们会调查之前的套利策略的性能是否适用于 ES 期货。

波动率期货相对于股指期货的套利工具：瑞达克斯（Redux）

如果我们想要提取连续收益，VX 期货是一种很自然的选择：此期货的年化连续收益率可以低至 -50%；与此同时，其与 ES 期货具有强烈的反关联性，两者日收益率之间的相关系数达到 -75%。在第 5 章中，我们使用了 VX 期货和 ES 期货之间的协整关系，开发了一个有利可图的均值回归策略。在这里，我们将利用 VX 期货较大幅度的连续收益率的变化，同时，依据 ES 期货较小幅度的连续收益率的变化，并且，根据两者的反相关性，进而开发相关的动量交易策略。

上述这一战略是由西蒙和卡姆帕萨诺提出的（2012），其运行过程如下：

（1）如果 VX 期货的近月合约的价格比波动率指数期货 VIX 高出 0.1 个百分点（期货溢价），且交易期限直至结算日，那么，我们就做空 0.3906 份 VX 期货的近月合约，同时做空 1 份 ES 期货的近月合约，持单期限是一天。

（2）如果 VX 期货的近月合约的价格低于 VIX 波动率指数期货 0.1 个百分点（现货溢价），同样，交易期限直至结算日，那么，我们就做多 0.3906 份 VX 期货的近月合约，同时做多 1 份 ES 期货的近月合约，持单期限也是一天。

现在，让我们回忆一下，如果期货的近月合约的价格高于现货的价格，那么，相应的连续收益率就是负的，所以，价格波动率指数基金 VIX 和期货 VX 的价差除以截止至到期日的期限就是连续收益率。如此，当相关连续收益率是正值的时候，我们就可以买入 VX 期货。那么，我们为什么不按照例 5-3 的程序使用期货远期价格之对数曲线的斜率来计算滚动收益率呢？这是因为式（5-7）对 VX 期货不适用，因为 VX 期货的远期价格并不在一条直线上，这在第 5 章已经解释过了。

这里需要注意的是：上述这种交易策略所确定的对冲比率与西蒙和卡姆帕萨诺所提到的略有不同，它是基于 VX 期货和 ES 期货的价格之间的回归拟合方程式（5-11）来确定对冲比率的，而作者原始的论文是按照相关收益率之间的协整属性来确定对冲比率的。同时，所谓的结算日期指的是期货合约到期后的第二天。通过对上述策略于 2010 年 7 月 29 日至 2012 年 5 月 7 日之间效应的测试（这一时期并没有用于对冲比率确定），我们发现相关的年化收益率是 6.9%，夏普比率是 1，相应的累积收益率显示在图 6-4 中，同时，你也可以在我的网站平台 VX_ES_rollreturn.m 中找到这种策略相关的 MATLAB 编程代码。

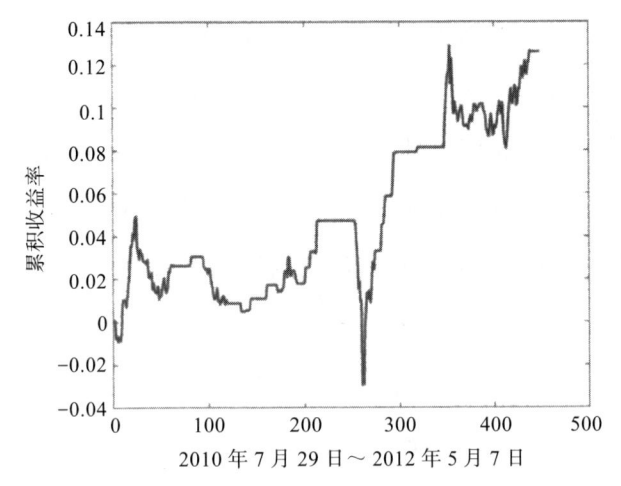

图 6-4　VX 期货 -ES 期货的连续收益率间所应用的套利策略的累积收益率

6.4　横向型动量交易策略

除了购买和持有，或相对于标的资产（或凭借与标的资产具有相关性的金融工具）所进行的套利交易，还有第三种方法可以从期货当中提取高额连续收益。这第三条路径是一个跨部门的横向型交易策略，即我们可以在现货溢价的情境之下，买入一个期货的投资组合，同时，在期货溢价的状况之下，做空相关期货的投资组合，如此则有希望将相应现货价格的收益率进行彼此的抵消［如果我们相信大宗商品的现货价格与经济增长，或其他宏观经济指标呈正相关性，那么，此种期望就不是不合理的］，这样的话，抵消之后所遗留的就是连续收益了。丹尼尔和莫斯科维茨描述了这样一个简单的"横向型"动量交易策略，它几乎就是汉丹和罗在第 3 章所述的线性多空股票均值回归模型的一个镜像,只不过,本章的策略有更长的回溯期和持单期(丹尼尔和莫斯科维茨,2011)。

上述策略的简化版本是:每天将一组52种实物商品按12个月的收益率水平进行排序(或在我们下面的程序中,使用252个交易日的天波动率),买入并持有收益率最高的期货,期限是1个月(或25个交易日),同时,做空并持有收益率最低的期货,期限与前同。我以前述之策略测试了从2005年6月1日至2007年12月31日的相应数据,其运行所生成的结果是:年化收益率非常好,为18%,相应的夏普比率为1.37,累积收益率被绘制在图6-5中。然而,此种策略模式在2008年1月2日至2009年12月31日期间的运行状况非常糟糕,年化收益率是-33%,尽管其性能在后来得以恢复,但是,我们却回避不了这样一个事实:2008~2009年的金融危机毁掉了这一动量交

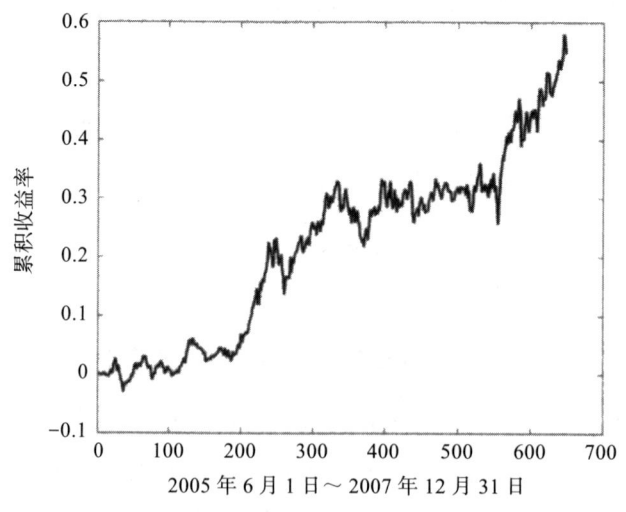

图6-5 期货之横向型动量交易策略相关的累积收益率

易策略的增长势头，其他许多策略都未能幸免，这里也包括之前提到的标准普尔的 DTI 指标系统。

丹尼尔和莫斯科维茨也发现上述策略适用于世界性的股票指数期货、货币交易、国际股市和美国股市。换句话说，几乎一切在阳光下的金融交易均可适用于此策略。很明显，在货币交易和股票交易中，横向型动量交易策略已不再被解释成连续收益率相关的具有持久性的行情趋势。而我们可能掌握的序列相关属性是：在货币交易中，世界经济和利率增长与其具有相关性，而在股票交易中，一个新的信息要经历缓慢扩散、分析和接受三个过程。

上述这种策略如果应用到美国股市，我们可以如此操作：购买和持有12个月展期收益率排在前10的股票，持有期限为一个月，而对于最差的10只股票，我们则可进行反向操作，对此策略的说明被描述在例 6-2 中。

例 6-2　股票交易相关的横向型动量交易策略

下列编程密码设定：相应的收盘价格包含在 $T \times N$ 型的数组 cl 之内，T 代表的是交易天数，N 代表的是标准普尔 500 指数中的成分股。同时，此编码所使用的函数是 smartsum（加总）与 backshift（二次变换），程序编码本身可以从平台 kentdaniel.m 处下载，具体程序语言如下：⊖

⊖ smartsum 是指 smart 属于程序中的调用函数，sum() 函数只对区域内的数值有效。——译者注

```
lookback=252;
holddays=25;
topN=50;

ret=(cl- backshift(lookback,cl))./backshift(lookback,cl);
  % daily returns
longs=false(size(ret));
shorts=false(size(ret));

positions=zeros(size(ret));
for t=lookback+1:length(tday)
    [foo idx]=sort(ret(t, :), 'ascend');
    nodata=find(isnan(ret(t, :)));
    idx=setdiff(idx, nodata, 'stable');
    longs(t, idx(end-topN+1:end))=true;
    shorts(t, idx(1:topN))=true;
end

for h=0:holddays-1
    long_lag=backshift(h, longs);
    long_lag(isnan(long_lag))=false;
    long_lag=logical(long_lag);

    short_lag=backshift(h, shorts);
    short_lag(isnan(short_lag))=false;
    short_lag=logical(short_lag);

    positions(long_lag)=positions(long_lag)+1;
    positions(short_lag)=positions(short_lag)-1;
end

dailyret=smartsum(backshift(1, positions).*(cl-lag(cl)) ...
   ./ lag(cl), 2)/(2*topN)/holddays;

dailyret(isnan(dailyret))=0;
```

上述程序的运行结果表明：在2007年5月15日至2007年12月31日，年化收益率为37%，夏普比率为4.1，累积收益率如图6-6所示（丹尼尔和莫斯科维茨发现：相应策略在1947～

2007年的平均年化收益率为16.7%,夏普比率为0.83)。然而,从2008年1月2日至2009年12月31日,相应的年化收益率非常可怜,约为 -30%,2008~2009年的金融危机摧毁了这一策略的增长态势。2009年行情稳定之后,尽管相应收益率还没有回到昔日的较高水平,但市场情况基本恢复正常。

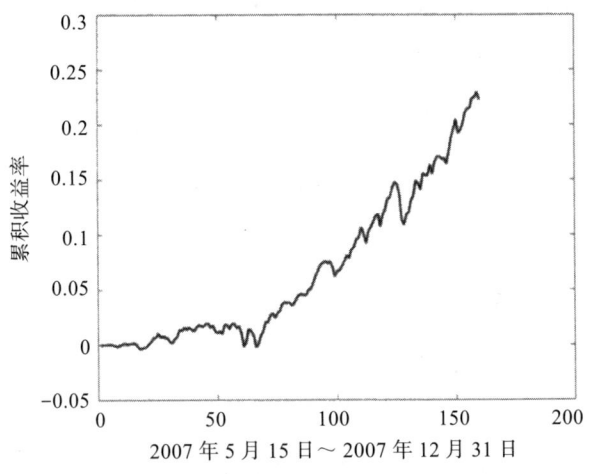

图6-6 股票相关的横向型动量交易策略的累积收益率

正如第4章中关于"横截面"式的均值回归型交易策略的相关论述那样,我们可以摒弃以展期收益率来为相应股票排序的做法,代之以很多其他类型的且与相应股票关系密切的变量或要素来为股票排序。我们知道:相对于期货而言,总收益 = 现货收益 + 连续收益;对于股票而言,总收益 = 市值收益 + 要素收益。由股票所构成的跨行业的横向投资组合,无论是基于均值回归策略,还是动量交易策略,都会排除相关成分股的市值收益,而相应总收益就只有靠要素生成了。至于相关要素，其可以由基本面分析所产生，例如，相关企业的收益增长率、相关股票的市净率以及一些线性组合因素等。同时，相关要素还可能是一些统计因子，例如《量化交易》(*Quantitative Trading*)（陈，2009）里的"资本成分分析"（PAC）一节当中所涉及的因子，除却这些因子，前述各类要素的变化很慢，所以，以此类因素为股票排序的话，相应效能的展示时间亦会很长，其跨度基本与本节中所描述的第一种类型的横向型动量交易模式中的持单期限一样。

当我们讨论因素这个话题的时候，我们需要注意的是：要素模式也适用于期货所构建的投资组合相关的横向型交易策略，而在此情境之下，我们所要探究的是一些宏观经济要素，比如国内生产总值（GDP）或者通货膨胀率，同时，我们要确定这些要素与每一个期货工具的收益率的相关性，或者我们可以直接引用"资本成分分析"之中的因子。

最近几年，随着计算机自然语言的运行能力与理解能力的提高，金融领域出现了另一种因素分析模式，我们称之为"信息敏感度评价"系统，这就是我们的下一个话题。⊖

6.4.1 基本面分析要素之信息敏感因子

随着机器可读模式，还有"要素化模式"，以及新闻填充模式的出现，我们现在可以通过编程的方式捕获所有公司的新闻信息，而不仅

⊖ 在计算机里，所谓"自然语言"是指人类语言，如英语、俄语、德语等，而指令语言、编程语言属于"人造语言"。——译者注

仅是获取那些诸如收益公告或并购活动所形成的一个整齐且狭窄的新闻类别。此外，自然语言所处理的算法规则现在已经足够先进，可以分析相关新闻之中所包含的文本信息，并为每一篇新闻文章配置一个"敏感性评价"体系，进而描述其对股票价格的影响，同时，一个来自特定时期的、由多个新闻文章的敏感性评价体系所聚合而成的系统可以预测相关股票的未来的收益率，例如，哈菲兹和谢（Hafez and Xie）就曾使用雷文·帕克（Raven Pack）的信心指数去开发一种交易策略，即当某个由股票所构建的投资组合相关的情绪变化是正值的时候，我们就做多此组合；当某个由股票所构建的投资组合相关的情绪变化是负值的时候，我们就做空该组合，如此操作所生成的年化收益率可以从52%升至156%，夏普比率可以从3.9变为5.3，至于之前所提到的交易成本则取决于投资组合当中所包含的股票的数量（哈菲兹和谢，2012）。前述这些具有代表性的成功交易策略非常清楚地表明：信息新闻缓慢扩散的模式是股票动量势头升降的原始动因。

股票相关的信息评价系统的供应商除了雷文·帕克，还有一些其他的供应商，如预测分析引擎Recorded Future、thestocksonar.com网站，以及汤森路透社的新闻分析系统（News Analytics）等。这些供应商将不同范围的新闻报道集中起来，同时利用相应的算法生成相关信息的情绪评价体系。如果你相信自己对于情绪的算法比他们好，那你就可以直接订阅一个要素化的新闻反馈系统，同时，将你的算法应用到此系统之上。我之前提到的一个新闻软件系统可以提供一种相关类型信息之低成本的版式，但此产品的网速稍慢；彭博社的事件驱动之交易系统（Bloomberg Event-Driven Trading）、道琼斯要素化新闻反馈系统（Dow Jones Elementized News Feeds）、汤森路透社之机器可读的新闻体系（Thomson Reuters Machine Readable News）能够提供覆盖面更广的新闻信息。

除了非常合理地利用新闻情绪作为横向型动量交易策略的要素，还有相应的研究表明，社会的一般"情绪"可以显露于微博网站之上，其内容对市场指数本身也具有一定的预测作用（博伦、毛、曾，2010年）。事实上，尽管此项研究本身的有效性受到某些人的攻击（被指为"炒作型购买"，2012），然而，以实现这个古怪的想法为目的，数百万美元的对冲基金已经建立起来了（布莱恩特，2010）。

6.4.2　共同基金资产的减价出售与强制购买

研究人员科沃尔和斯塔福德（2007）发现：经历了大赎回的共同基金可能会导致现有的股票头寸减少或消失。前述现象并不奇怪，因为共同基金通常是相应资本几乎完全被投入市场且现金储备很少；更有趣的是基金如果经历大型的资本流入，那它只会增加现有的股票头寸，而不是将额外的资本投资于其他股票。这也许是因为新的投资理念不容易被实现，而业绩不佳的共同基金就会面临被赎回的局面，如此，相应股票的持仓比例就会失调，相关收益率的数值就是负的。此外，业绩不佳的共同基金所导致的资产"甩卖"现象是会被传导的，因为减价出售会压低股票的价格，如此则会抑制其他持有相关股票基金的表现，也会进一步导致这些基金被赎回。如果共同基金的业绩极佳，那就会导致巨额的资本流入，那么，相应股票的持仓比例同样会出现失调的情况，基金被赎回的情况也会出现。因此，对于普遍持有的股票而言，其升降的两种形式、两个方向都可以引发动量模式的运行。

（上述由订单流入所引发的价格动量模式实际上是一个相当普遍的现象，它甚至可以发生在最短的时间跨度之内。我们在高频交易的情境之下，可以发现更多的细节问题，相应论述将在第 7 章予以体现。）

我们可以构造一个因子，以之来衡量经历了赎回（或资本流入）的基金所持有的某只股票的沽出（购入）之压力的净百分比，更准确地说，即

$$PRESSURE(i,t) = \frac{\sum_j (Buy(j, i, t) | flow(j, t) > 5\%) - \sum_j (Sell(j, i, t) | flow(j, t) < -5\%)}{\sum_j Own(j, i, t-1)} \quad (6-1)$$

其中，$PRESSURE(i, t)$ 是第 i 只股票于 t 时段期末之时的压力因子；如果基金 j 在 t 时段增持 i 股票，且该基金的资金流入超过其净资产（NAV）的 5%［即式（6-1）中的"$flow(j, t) > 5\%$"］，那么，变量 $Buy(j, i, t) = 1$，否则，$Buy(j, i, t) = 0$；而变量 $Sell(j, i, t)$ 指的是对第 i 只股票的减持情境；$\sum_j Own(j, i, t-1)$ 指的是共同基金于 t 时段的初始时刻所持有的第 i 只股票的总数量。

这里需要注意的是：压力变量 $PRESSURE$ 并没有考虑基金净资产的规模（NAV），而购买函数 Buy 是一个二进制的变量。有人会就此产

生疑问：以净资产（NAV）的规模来确定变量 Buy 的权重之方法是否会给出更好的结果呢？

科沃尔和斯塔福德发现：如果相应的市场中性组合在抛售压力最高的时候（相关压力因子的排名居于后 10% 的位置）卖空相关股票，且于购买压力最高之时（相关压力因子的统计排名居于前 10% 的位置）做多相关股票，那么，在不考虑交易成本的情况之下，其所生成的年化收益率约为 17%（因为股票的可用数据通常只按季度配置，所以，我们的投资组合是每季度更新一次）。

此外，共同基金之资本的流入、流出可以根据其过去的表现和以往资本的流动状况被准确地预测出来，而且，散户投资者的羊群行为也能反映其资本的流动情况。在此预测的基础之上，我们也可以预测上述压力因子的未来价值，换句话说，我们可以在沽出（购买）相应的共同基金所属股票之前，抢先运行相关的交易策略，这种抢先运行的模式可以再次生成 17% 的年化收益率（不包括交易成本）。

最后，因为相应股票由于流动性驱动的原因，都要经历这样或那样的多空压力，同时，它们的价格还要通过无过错或自身优势的测试而受到抑制或被标高，而当共同基金买卖压力结束之后，相应的股票价格通常都要向均值回归——的确，做多股票所要经历的最强卖压可以从第四季度持续至下一周期的第一季度，反之亦然，而其生成的年化收益率可以多出 7 个百分点。

我们把三种策略（动量型交易策略、抢先运行策略和均值回归策略）结合在一起，除去交易成本的因素，能够生成一个大约 41% 的总收益率[一]。然而，交易成本所形成的利差却是不容忽视的重要一环，因为于相应季度序列的末期，在共同基金持有信息的获取问题上，我们可能会经历一个时间上的延迟。此外，前述战略在实施的过程中是不畏惧"暴风骤雨"的，因为基金当中的各类股票被相互持有——干净、准确且具有对冲性，同时，收益率的相关数据也会从证券价格研究中心（CRSP）处购买，成本大约每年10 000美元。

由于资产可能被迫出售或回购等问题的存在，共同基金并不是唯一可以诱发股票相关之动量交易策略的基金类型。在第7章中，我们会发现：指数基金和杠杆式ETF基金也会引发类似的动量模式。事实上，对冲基金中存在迫使资产出售和回购的模式，也能导致股票相关的动量交易模式，这也是2007年8月量化基金崩溃的原因所在，对此，我会在第8章中予以解析。

6.5　动量交易策略的优势与劣势

动量交易策略，尤其是日间动量策略，与均值回归交易策略相比，其回报和风险的特征正好相反，我们将在本节比较它们的优缺点。

先说缺点，就我的交易经验而言，我常常发现：创建有利可图的动量交易策略很困难，即使那些收益不错的动量模式与均值回归策略相比，其夏普比率往往很低，这有两个原因。

首先，正如我们所看到的那样，到目前为止，许多老牌动量策略

[一]　17%+17%+7%=41%。——译者注

都包含回溯期和持单期，因此，其间显而易见之独立交易信号的数量是十分稀少的（我们每天都可以对动量策略相关的投资组合进行再平衡，但这并不能使相应的交易信号更加独立）。而较少的交易信号自然会导致较低的夏普比率。例如，在第 4 章所描述的标准普尔 500 指数成分股相关的线性均值回归模型要依赖于短期的、具有横向均值回归性质的股票，其持有期大都小于一天，且有一个较高的夏普比率，为 4.7，而同样是仓内的股票，在本章前面所描述的横向型动量交易策略对其所持有的期限是 25 天，虽然它在 2008 年以前的运行效果与前述策略比较相像，但在金融危机期间，此策略崩溃了。

其次，丹尼尔和莫斯科维茨的"动量交易策略崩溃"的研究表明，在金融危机之后的几年时间里，期货或股票相关的动量交易策略的运行效果也是非常惨淡的（丹尼尔、莫斯科维茨，2011）。从标准普尔 DTI 指数的图形（见图 6-7）之上，我们可以很容易地发现，自 2008 年 12 月 5 日至本文撰写之时，其所遭受的降幅是 25.9%。同样，股票相关的横向型动量交易策略在 2008～2009 年股市崩盘之后也消失殆尽，取而代之的是强劲的均值回归之交易模式。我们仍然不知道这个均值回归模式会持续多久：1929 年股市崩盘以后，具有代表性的动量交易策略有 30 多年没有回到高水准的位置！而崩溃的原因主要是由于金融市场发生危机之后，空方头寸的动能会出现强劲的反弹。

除上述两个原因外，这里还有一点：此因素主要涉及短期信息驱动型动量交易策略，关于这个问题，我们将在第 7 章进行讨论，但是，随着越来越多的交易者的理解，动量交易策略持续的有效时间则越来

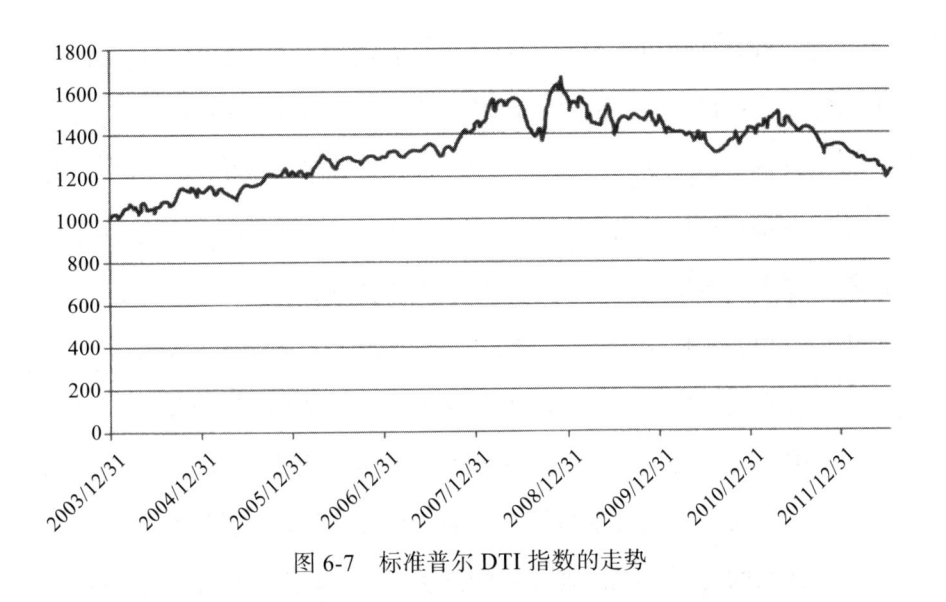

图 6-7 标准普尔 DTI 指数的走势

越短。例如，价格动量模式就是由最后几日的收益公告所驱动的，而现在，此模式几乎要持续至市场的收盘时刻——如果我们认为价格动量模式是由信息的缓慢扩散而生成的，那前述现象就很容易被理解了。随着越来越多的交易者对信息了解的速度更快且时间更早，那么，依赖于信息扩散的动量模式也就会更早地结束，这当然会给动量型交易者增添一个问题，因为他们可能不得不常常缩短持有期，但是却没有可预测的时间表。

为了避免让你误以为我们应该放弃动量型交易策略，现在，让我们来看看动量策略的优势列表，此列表以风险管理的宽松模式开始。至于为什么如此，我们需要观察动量交易策略相关的两种常见的退出模式，即基于时间和止损的离场规则。到目前为止，我们已经探讨过的所有的动量策略只涉及基于时间的离场形式，即我们指定一个持有期间，当持有期结束之时，我们就会平仓离场。然而，我们也可以设置一种止损退出模式，或者，将其作为一个额外的离场条件。止损模式是完全符合动量交易策略要求的。如果动量的势能改变了方向，我们就应该持有相反的头寸。由于原有的头寸将会消失，那么，现在我们就应该平仓离场，而相应机制所生成的新的交易信号则有效地承担了止损的功能。相比之下，止损模式与均值回归的交易策略是不一致的，因为它们与均值回归策略的入场信号是背道而驰的（这一点将在第8章被再次提及）。基于时间的退出模式或止损机制的存在，动量交易策略相关的头寸损失总归是有限的。相反，如果相关头寸只涉及一个均值回归的交易策略，则有可能产生巨大的跌幅（但是，这并不是说因动量型交易策略而引发的头寸连续损失所形成的累积损失不会使我们破产）。

尽管动量交易策略存在生存风险，但它还是有其可取之处的（尽管我们已经看到其在风险事件之后的消极表现）。就均值回归的交易策略而言，其优势则受制于自然利润的上限（其是根据价格恢复的特质，而被设置为"均值"），但是，此策略的劣势可以是无限的；而动量型交易策略，其优势是无限的（除非任意强加一个利润上限，但这是不明智的），而此策略的劣势则是有限的。而且，越是有类似"黑天鹅"式的事件发生，动量型交易策略就越有可能受益。收益率分布曲线的尾部形态越"厚"，其峰值就越高——动量型交易策略相关的市场行情就越好（还记得例1-1中的模拟运算吗？在此案例之中，我们按照无序列自相关模式，以两年期美国国债期货为样板，以期货序列价格的同等峰度为基准模拟计算了相应的序列化的收益率数值，从中我们发现：在随机实现的情境之下，动量交易策略所生成的国债期货的收益率仍然是12%）。

最后，由于大多数期货和货币对经常展现其动能的属性，于是，动量型交易策略可以使我们将相应的风险在不同的资产类别或国家之间进行多元化的管理。在均值回归的策略当中添加一个动量型的交易策略所构建的投资组合，可以让我们获得更高的夏普比率，同时，可以经历一个比单独类型的策略要小得多的跌幅。

• 本章要点 •

1. 时间序列型动量交易策略是指一系列价格的过去与未来的收益率呈正相关性的比例关系。

2. 横向型动量交易策略是指在某个投资组合之中，相对于其他价格序列，某一价格序列的过去和未来的相对收益率呈正相关性的比例关系。

3. 期货所呈现的时间序列型动量运行模式的主要原因是：滚动收益率所关联的行情迹象具有可持久性。

4. 如果你能发现一种金融工具（如ETF基金或其他类型的期货），其与某个商品的现货价格或收益率具有协整性或相关性，那你可以在现货溢价时通过做空此类工具而攫取此类商品期货的连续收益。或者，你也可以在期货溢价时做多此类金融工具。

5. 由期货或股票所构建的投资组合经常表现出横向型的动量属性，所以简单的、收益率相关的排序之算法是可行的。

6. 基于信息敏感性评价体系的动量型盈利策略表明：新闻信息缓慢扩散的模式是股票价格走势的动因。

7. 共同基金之间的资产减价出售和强制购买模式的扩散会导致股票价格的动量走势。

8. 动量交易模型在类似"黑天鹅"事件发生的情境之下会有很好的表现，同时，其与相应的收益率分布曲线的峰值呈正比关系。

| 第 7 章 |

盘中动量型交易策略

在第 6 章中,我们看到大多数的金融工具,无论是股票还是期货,大都表现出横向型的动量模式,同时也经常呈现时间序列的性质。但不幸的是,这种动量行为模式的时间周期往往是一个月或更长的时间。而较长的持有期存在两个问题,即从统计学意义的回测程序上看,其所导致的夏普比率比较低,这主要是因为其间的独立交易信号比较罕见,进而在财政危机发生之后,相应的交易模式就会表现不佳。在本章当中,我们将描述短期的盘中动量型交易策略,此策略不会受前述诸般劣势的制约。

我们之前列举了动量策略生成的四个主要动因,而在本章中,我们将会看到除一个外的所有相关要素在日内的时间框架下仍然发挥其各自的作用(被唯一排除的要素是:具有可持续性的连续收益,因为它的波幅与波动率太小,与日内盘中交易的关系不大)。

就动量交易策略而言，这里还有一个额外的动因要素，其主要适用于短期时间结构，它就是止损的触发机制，此触发机制通常会导致所谓的"破位策略"。对此，我们将会看到一个实证案例，即于开盘之时的入场模式。同时，还有另外一个案例，其所涉及的是基于各种各样的支持位或阻力位的盘中交易的入场模式。

盘中动量交易策略可以触发的特定事件不仅仅是价格的运行模式，相关事件还包括诸如盈利公告之类的企业信息，或者分析师的更改建议，以及宏观经济新闻等，这些事件所生成的时间序列型动量交易策略早已为人所知，但是现在，我要对每个特定类别事件的影响做一些新的研究。

盘中动量交易模式也可以由大型基金的行为所引发，我所要测试的是，每日对杠杆基金的再平衡式的调整是如何生成短期动量交易模式的。

于本章最后，我要说明的是：在尽可能最短的时间范围内，买卖报价的不平衡性、订单流动的变化性，或者上述止损订单分布的非均匀性等，都可以诱发相关价格的动量运行模式，而一些常见的高频交易策略会利用这种动量运行模式进行相关的操作。

7.1 "敞口"交易策略

在第 4 章中，我们讨论了一个缺口买入型的、股票相关的均值回归策略，而于同等情境之下，动量型策略在操作期货和货币交易之时，其运行模式正好相反，即当相关金融工具的价格向上跳开时做多，而在其向下跳开时做空。

在对一系列期货进行测试之后，我们发现：上述之动量交易策略被证明在操作欧洲期货交易所（Eurex）之道琼斯公司的斯托克（STOXX）50 指数期货（以下简称 FSTX）时，其效果被证明是最好的，且相关期限是自 2004 年 7 月 16 日至 2012 年 5 月 17 日。例 7-1 显示了敞口型动量交易策略的程序编码（相应语言可以从平台 gapFutures_FSTX.m 处下载）。

例 7-1　FSTX 指数期货相关的敞口型动量交易策略

下列这段代码设定：相应的开盘价、最高价、最低价、收盘价各自包含在 $T \times 1$ 型的数组 op、hi、low 与 cl 之中，其使用的实用程序函数 smartMovingStdd 和二次变分函数 backshift 可以从平台 epchan.com/book2 处购买，而相应程序语言如下：

```
entryZscore=0.1;

stdretC2C90d=backshift(1, smartMovingStd(calculateReturns ...
   (cl, 1), 90));

longs=op  > backshift(1, hi).*(1+entryZscore*stdretC2C90d);
shorts=op < backshift(1, lo).*(1-entryZscore*stdretC2C90d);

positions=zeros(size(cl));

positions(longs)=1;
positions(shorts)=-1;

ret=positions.*(op-cl)./op;
```

上述运行模式相关的累积收益率曲线被刻画于图 7-1 中。

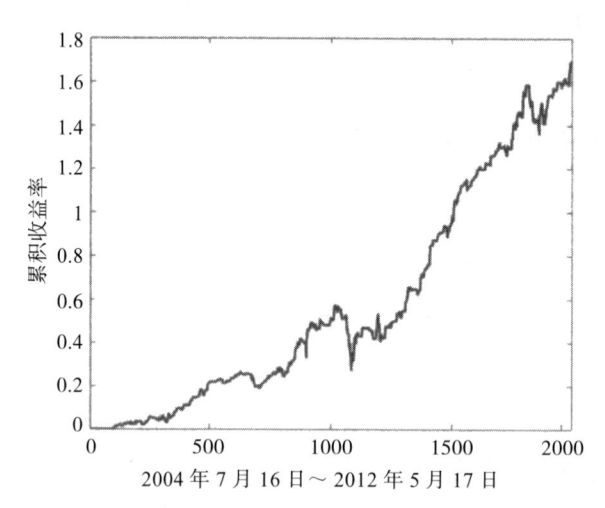

图 7-1　FSTX 指数期货相关的敞口型动量交易策略的累积收益率曲线

与上述运行模式相同的交易策略也适用于一些货币交易。然而，每日的"开盘价"和"收盘价"需要加以区别对待。如果我们定义的收盘时间是美国东部时间下午 5:00 点，开盘时间是美国东部时间上午 5:00 点（相对于伦敦的开盘时间），然后，将上述策略应用于英镑 / 美元（GBP.USD）的交易当中，自 2007 年 7 月 23 日至 2012 年 2 月 20 日，则其间的年化收益率为 7.2%，夏普比率为 1.3，当然，你也可以尝试对不同的货币定义不同的开盘时间与收盘时间。对相应的策略而言，大多数货币市场的闭盘时间是从周五下午 5:00 点到周日下午 5:00 点，所以，这期间存在一个突然的"缺口"。

那么，隔夜或隔周的时间缺口在触发动量交易模式方面有什么特殊性吗？其实，长时间内没有任何交易则意味着开盘价格往往与收盘价有很大的不同，因此，某些设定在不同价格点位的止损订单于开盘时刻可能会被一次性触发，而执行这些止损订单往往会导致价格的动量运行模式，因为级联效应可能使被触发的止损订单之价格点位远离相应的开盘价格；或者，隔夜之间可能有重大的事件发生，而正如在7.2节中所讨论的那样：许多类型的新闻事件会导致相关价格的动量运行模式。

7.2 信息驱动的动量交易策略

正如许多人认为的那样：价格的动量运行模式是由缓慢扩散的新闻事件所导致的。当然，我们可以在一个有新闻价值的事件之后的前几天、几小时甚至几秒之后有所受益，这就是传统的财报收益报告公布之后的行情漂移的基本原理模型（post-earnings announcement drift models，PEAD模型）；同时，还有一些其他的模型，它们大都基于不同企业或宏观经济新闻等因素来生成相应的动量运行模式。

7.2.1 财务收益报告公布之后的行情漂移（PEAD模型）

财务收益报告公布之后，相应股票价格会发生变化，这一点毫无意外，然而令人奇怪的是：在收益报告公布之后，相应价格将按照此变化之同一个方向持续一段时间，从而使应用动量交易策略的交易人员从中受益；更令人惊讶的是：即使这个事实已经广为人知，并且自1968年以来就被研究了（伯纳德和托马斯，1989），但是，即使行情漂移的持续时间有可能被缩短，而其相应效能却仍然没有被应用于套利之中。在本节当中，我将展示一个事实，即直到 2011 年为止，如果在前一个交易日收盘之后，股票相关企业公布其收益报告，我们于第二个交易日的开盘时刻入场——如果相关收益率为正，我们就做多该股票；如果相应收益率为负，我们就做空该股票，同时，在当天清算所有头寸，那么，这个交易策略仍然是有利可图的。这里需要注意的是：这种策略不需要交易员解释收益报告是"好"还是"坏"，甚至不要求交易员知道相应收益是否高于或低于分析师的预期，我们可以让市场行情告诉自己相应的收益是好还是坏。

在回测上述这种交易策略之前，我们必须拥有相关收益公告之历史数据的时间节点。你可以使用在专栏 7-1 中的函数 parseEarningsCalendarFromEarningsDotcom.m 去检索 earnings.com 平台之上一年左右的数据，同时，在既定的仓位之内，我们要指定相应股票代码的数组 allsyms。这个程序的重要特征是：它很小心地且只选择前一交易日收盘之后发布的收益公告，而且此公告一定要在今天开盘之前发布，发生在其他时刻的收益公告不应该成为触发我们于今日开盘时刻入场交易的指令。

专栏 7-1　自 earnings.com 平台检索相关财报日志的相应函数

标题中的函数需要输入一个 $1 \times N$ 型的股票代码之单元格数组 allsyms，并创建一个 $1 \times N$ 型的逻辑数组 earnann，此数组可以告诉我们相应股票的收益公告是否公布于前一天的下午4点（美国市场收盘时间）之后，且当前是否处于今天的9:30（美国市场开盘时间）之前（同时提供相应数值的真伪辨识）。我们还要输入前一日函数 prevDate 和今日函数 todayDate，相应的名称格式为 yyyymmdd，而相应附带自然语言的程序如下：○

```
function [earnann]= ...
    parseEarningsCalendarFromEarningsDotCom(prevDate, ...
    todayDate, allsyms)

% [earnann]==parseEaringsCalendarFromEarningsDotCom
% (prevDate,todayDate, allsyms)

earnann=zeros(size(allsyms));

prevEarningsFile=urlread(['http://www.earnings.com/earning ...
    .asp?date=', num2str(prevDate), '&client=cb']);
todayEarningsFile=urlread(['http://www.earnings.com ...
    /earning.asp?date=', num2str(todayDate), '&client=cb']);

prevd=day(datenum(num2str(prevDate), 'yyyymmdd'));
todayd=day(datenum(num2str(todayDate), 'yyyymmdd'));

prevmmm=datestr(datenum(num2str(prevDate), 'yyyymmdd'), ...
    'mmm');
todaymmm=datestr(datenum(num2str(todayDate), 'yyyymmdd'), ...
    'mmm');

patternSym='<a\s+href="company.asp\?ticker=([%\*\w\._ ...
    /-]+)&coid';

% prevDate
patternPrevDateTime=['<td align="center"><nobr>', ...
    num2str(prevd), '-', num2str(prevmmm), '([ :\dABPMCO]*) ...
```

○ regexp 是指表达式的对象；assert 是指测试一个条件，并可能使程序终止；syms 定义基本符号对象。——译者注

```
    </nobr>'];

symA=regexp(prevEarningsFile, patternSym , 'tokens');
timeA=regexp(prevEarningsFile, patternPrevDateTime, ...
    'tokens');

symsA=[symA{:}];
timeA=[timeA{:}];

assert(length(symsA)==length(timeA));

isAMC=~cellfun('isempty', regexp(timeA, 'AMC'));

patternPM='[ ]+\d:\d\d[ ]+PM';  % e.g. ' 6:00 PM'

isAMC2=~cellfun('isempty', regexp(timeA, patternPM));

symsA=symsA(isAMC | isAMC2);

[foo, idxA, idxALL]=intersect(symsA, allsyms);
earnann(idxALL)=1;

% today
patternTodayDateTime=['<td align="center"><nobr>', ...
    num2str(todayd), '-', num2str(todaymmm), ...
    '([ :\dABPMCO]*)</nobr>'];

symA=regexp(todayEarningsFile, patternSym , 'tokens');
timeA=regexp(todayEarningsFile, patternTodayDateTime, ...
    'tokens');

symsA=[symA{:}];
timeA=[timeA{:}];

symsA=symsA(1:length(timeA));

assert(length(symsA)==length(timeA));

isBMO=~cellfun('isempty', regexp(timeA, 'BMO'));

patternAM='[ ]+\d:\d\d[ ]+AM';  % e.g. ' 8:00 AM'

isBMO2=~cellfun('isempty', regexp(timeA, patternAM));

symsA=symsA(isBMO | isBMO2);
```

```
[foo, idxA, idxALL]=intersect(symsA, allsyms);
earnann(idxALL)=1;
end
```

在每天的回测过程当中，我们都需要调用上述程序来测试 PEAD 模型的可靠性，我们可以将 $1 \times N$ 型的 earnann 数组所生成的结果与一个大型历史性的 $T \times N$ 型的 earnann 数组相链接，其中，T 代表的是回测天数。

我们可以设定：将相应历史性的收益报告编辑在相关的逻辑数组之内，而相应路径可以是使用上面的函数，或通过其他方式解决此类问题。实际上，如例 7-2 所示，对 PEAD 策略的回测程序非常简单——我们只需要计算自前一日收盘时刻至第二日开盘时刻（previous-close-to-next day's-open）之 90 日收益率的移动标准差，并以此为基准来确定相关收益公告是否"令人惊讶"到足以产生相应的漂移行情。

例 7-2 对收益公告发布之后的漂移性交易策略的回测程序

在此程序当中，我们设定：历史性的开盘、收盘价格被存储在 $T \times N$ 型的数组 op 和 cl 之内，同时输入一个 $T \times N$ 型的逻辑数组 earnann 以其判明：相关收益公告是否发布于前一天的市场收盘之后，且在当日之市场开盘之前。相应的效用函数是：二次变换之 backshift 函数、移动标准差之调用函数 smartMovingStd、数据汇总之调用函数 smartsum，这些函数可于平台 epchan.com/book2 处下载。而相应回测程序本身的命名是 pead.m。相应编辑语言如下：

```
lookback=90;

retC2O=(op-backshift(1, cl))./backshift(1, cl);
stdC2O=smartMovingStd(retC2O, lookback);

positions=zeros(size(cl));

longs=retC2O >= 0.5*stdC2O & earnann;
shorts=retC2O <= -0.5*stdC2O & earnann;

positions(longs)=1;
positions(shorts)=-1;

ret=smartsum(positions.*(cl-op)./op, 2)/30;
```

就标准普尔500指数成分股而言，从上述程序运行情况来看：自2011年1月3日至2012年4月24日，相应的年化收益率为6.7%，而夏普比率非常可观，为1.5；相应的累积收益率曲线被显示在图7-2当中。这里需要注意的是：我们使用30作为分母来计算相应之收益率，因为在回测期限之内，每天最多只有30个仓位头寸。当然，在使用这个数字之时，存在一定程度的前视偏差，同时，我们也不知道最大的数字应该是什么。但是，鉴于每日公告的最大数量是可以在相当的程度之上进行预测的，所以，前述此类偏差不是一个非常严重的问题。另外，由于此类策略是在盘中运行的，所以，它所能承受的杠杆比例至少为4倍，如此，进行年化折算的平均收益率则可以接近27%。

你可能想知道：持有相关的头寸能否在一夜之间产生额外的收益

呢？答案是否定的，因为隔夜的平均收益率是负值；相反，许多 10 年或 20 年前发布的测试结果表明：PEAD 策略的持续时间可以超过一天，这可能是一个生动的案例。它说明由于大众对动量相关的行情走势的认知程度有所增强，所以，此类策略的持续时间便被缩短了。还有一个问题需要被测试，即一个较短的持续周期能否生成比较理想的收益率呢？

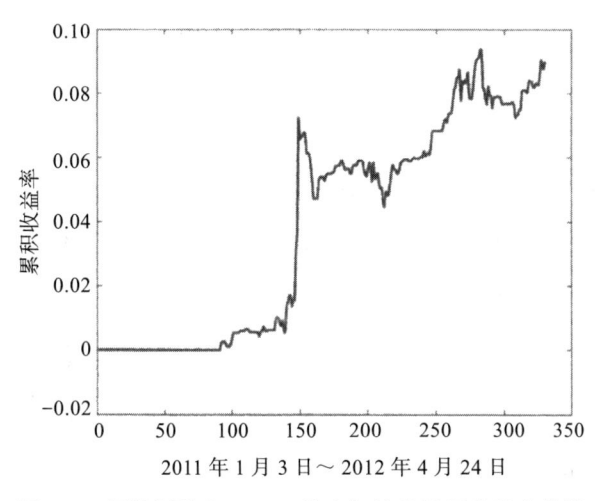

图 7-2　行情漂移之 PEAD 策略相关的累积收益率曲线

7.2.2　由其他事件所引发的漂移行情

除收益公告外，还有一些其他的可能出现在收益公告之后的公司事件会引发相应的漂移行情，比如有一个不完整的列表，其中包括对收益的预期、分析师的评级，以及头寸更改的建议，甚至还有同行业界的销售额、航空客座率等（一个现存的、合理的每日数据的供应平台是由Newsware终端的道琼斯新闻专线所构建的，因为它有特定的、对每一个事件进行分类的编程代码，以及相应的机器可读设置）。从理论上讲，任何对股票相关企业的公平市场价值所进行的重新评估的公告都应该引起股价的变化，从而使其达到一个新的均衡点位（最近一次对所有这些事件及其对相关股票的后续影响的综合研究证明了这一点，详情可参看哈菲兹，2011）。在这些事件当中，并购问题理所当然地会引起那些对并购方与被并购方企业有深入了解，且非常专业的对冲基金的深度关注。然而，如前所述的PEAD之类的纯技术模型仍然可以从并购（M&As）当中提取一个大约3%的年化收益（这里存在一个有趣的现象，即与普遍的理念相反，哈菲兹发现：在最初宣布并购之后的时段内，被并购方企业相关的股票价格的下跌幅度会超过并购方的股票价格下跌的幅度）。

在第6章当中，我们描述了由于大型基金被迫买进或卖出相应的股票，而此种行为作用于该股票之上，则必然引发其相应的动量运行模式，对指数基金（无论是共同基金，抑或是交易所交易的基金）而言，其强制买卖类型有一个众所周知的原因，即指数的成分股发生了变化。当一个股票被添加到指数之中时，我们的预期是它要承受来自多方的压力；反之，当一个股票从指数中被删除，那它就要承受来自空方的压力。而相关这些指数的调整，会在公布之后立即生成相应的动量交易模式。尽管一些研究人员在报告中指出，前述这种动量模式常常会持续很长一段时间，而我最近的测试数据表明：相关行情的漂移时间已被压缩至盘中的序列（尚卡和米勒，2006）。

当我们的动量交易模式与定期发布公告的时间表相关之时，相应的宏观经济政策，如联邦公开市场委员会的利率决策，或最新发布的消费者价格指数（CPI），会造成什么影响呢？目前，我已经测试了其对欧元/美元（EUR.USD）的影响权重，但不幸的是，我们没有发现什么有意义的动量运行模式。然而，克莱尔和考特尼在相应的报告当中指出：在英国政府发布宏观经济数据，以及英格兰银行公布利率政策之后，其至少会引起英镑/美元（GBP.USD）的动量运行模式达10分钟左右（克莱尔和考特尼，2001）。这些测试结果所依据的数据截至1999年，因此，我们预期：如果相关价格的动量运行模式继续存在的话，其持续的时间序列在近年以来，应该是有所缩短的。

7.3 ETF 基金的杠杆交易策略

我们现在假设：由股票所构建的投资组合现在跟踪的是摩根士丹利资本国际（MSCI）之美国房地产信托（REIT）指数（以下简称 RMZ 指数），只是，你想使此投资组合保持 3 倍的杠杆，且特别想在市场收盘时刻做单。而正如我在例 8-1 中所展示的那样：这个常数杠杆要求有一些违反直觉的且重要的效应——如果有一天 RMZ 指数急剧下降，这将意味着你需要通过出售股票来大幅降低投资组合的头寸，进而保持相关的杠杆常数；反之，如果有一天 RMZ 指数急速上升，那你就需要通过购买股票来增加相应的头寸。

现在我们设定：你实际上是 ETF 的赞助商，而且你的投资组合是一个3倍杠杆的ETF基金，如达尔文（DRN）基金（房地产相关的ETF基金）等；同时，你的股本金超过1亿美元。如果你认为靠近市场收盘时刻的再平衡过程（当相关投资组合的收益率为负值时，则做空成分股；反之亦然）会使相应投资组合的市场价值产生动量运行模式，那你可能是正确的。

（一个市场指数之大规模的变化可以生成同一方向的动量运行模式，其对ETF杠杆基金的多、空双方都是有效的——如果这种变化是升势行情，那么，ETF基金的空方会减少股本，而它的赞助商也需要减少其空头头寸，因此，它也需要买入股票，如此行为就等于做多ETF基金。）

我们可以通过构建一个非常简单的动量型交易策略来测试上述这个假说是否成立，即如果在前一日金融市场收盘之前的15分钟，DRN基金的收益率大于2%，那我们就做多此基金；如果收益率小于2%，那我们就做空此基金；在收盘之时，我们平掉所有头寸。这里需要注意的是：前述这个动量交易模式是基于基础标的资产的，即依照相关股票的走势而定，所以，于靠近收盘时刻，它应该能够影响到那些非杠杆式ETF基金（如SPY基金）的收益率。我们使用杠杆式ETF基金作为交易工具，可以简单地放大其回测的效果，即从2011年10月12日至2012年10月25日，交易DRN基金所得的年化收益率为15%，相应的夏普比率为1.8。

自然，随着所有ETF杠杆基金之总资产的增加，上述这种策略所相关的收益率也会因之而上涨。据报道：2009年1月底，ETF杠杆基金的总资产（包括多头基金和空头基金）多达 190 亿美元（章和玛德哈万，2009）；相关的作者还估计：在收盘时刻所进行的统计数据之中，标准普尔指数（SPX）移动 1% 所引发的买进或卖出的股票数量占大约总交易量的 17% 左右，这显然是动量运行模式所诱发的重大市场变化（相关数据来自最新公布的分析报告，作者：罗迪尔、哈扬托、沈、赫亚兹，2012）。

当然，还有一个事件会影响到 ETF 基金（无论加杠杆与否）的净资产收益，即投资者的现金流动。如果大量资金流入多头形式的 ETF 杠杆基金，那将会导致作为标的资产的股票价格呈现正向的动量运行模式；如果大量资金流入空头形式的 ETF 杠杆基金（逆向流动），那将会导致反向的动量运行模式。所以，从理论上讲，有可能在同一天，当市场指数的正向收益率处于高位之时，很多投资者会出售多头形式的 ETF 杠杆基金（这也许可以被看作是均值回归策略的一个部分），如此，则会使相关的动量运行模式呈现"中性"的态势，但是，我们的回测程序显示：这种情况经常发生的概率不大。

7.4 高频交易策略

大多数高频动量交易策略所涉及的是从订单数据之内提取信息，其基本的思路很简单，即如果买入价相关的订单规模远远大于卖出价相关的订单规模，那么，相应价格就会小幅上升几个点位，反之亦然。这个想法是学术研究的结果。举例来说：在纳斯达克市场，我们发现了报盘规模与卖盘规模之间的一个不平衡性导致了一个线性关系的近似值（马斯洛夫和米尔斯，2001）。而正如所预期的那样：买卖价差对小盘股的影响更强烈。还有，价差的相关效应并不局限于全国最佳报价系统（以下简称NBBO）所生成的价格：在斯德哥尔摩股票市场上，整体订单价格的不平衡性也可以诱发相关股票的价格变化（赫尔斯特伦、西蒙森，2006）。

有许多高频动量交易策略都是基于上述这种现象而生成的，而且，许多细节大都被描述于市场微观结构，或高频交易所相关的图书当中（阿诺与萨鲁，2012；德宾，2010；哈里斯，2003；辛克莱，2010）（在我的描述当中，我主要专注于初始的买盘交易，但是对空方而言，当然也存在一个对称的机会）。

在按比例填充订单的金融市场［如芝加哥商品交易所（CME）的欧元/美元（Eurodollar）期货交易市场］之上，从上述预期获利的最简单方式是立即"加入报盘序列"，所以，只要有一个订单填充在报价序列，我们就要于此价位配置一部分资金。为了确保添加订单之后，相应的买入价和卖出价上移而不是下移，我们要在初始报盘规模远远大于卖盘规模之时，才能进入买盘序列，这就是所谓的比率交易。因为我们预期：在买入价序列，原始植入订单的比例等于我们自己的订单规模和总体订单数量之间的比率。一旦买盘压力导致买入价格向上移动一个或几个点位，那我们就可以卖出获利，或者，我们可以在最佳卖出价点位植入一张空单（其前提情境是买卖价差要大于每次交易往返的佣金）。而如果买入价格没有上升，或卖出的限价订单没有了，那我们仍然可以按照原始最佳买入价格出售所购入的订单——尽管买盘的规模很大，而我们的损失也仅限于佣金而已。

在买卖价差超过两个点的金融市场，还有一个简单的交易模式，其可于报升机制（uptick）相关的行情预期当中获取收益。简言之，即在最好的买入价基础上加上一个点，然后植入我们的买单；如果此订单被填充至交易系统，那么，我们在最好的卖出价基础上减去一个点，植入我们的卖单，然后等待此卖单被填充至交易系统当中；如果相应行情不符合我们的预期，我们仍然可以在初始的、最佳买入价的点位平调之前的买单（以卖出的形式），相应的损失不过是佣金加上一个点差而已，此种模式被称为"点数或报价匹配"；为了使这种交易有利可图，我们需要确保相关交易的每股佣金的数值必须小于买卖价差减去两个点，而此种策略的交易模式被显示在图 7-3 中。

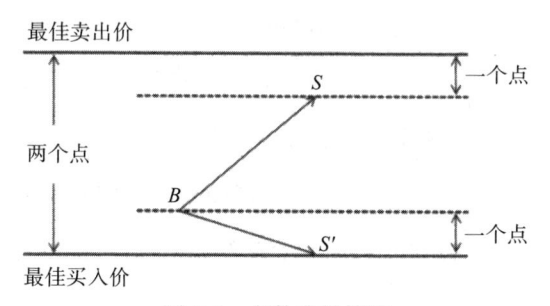

图 7-3　点数交易策略

初始的点差必须大于两个点，买单于 B 点被填充之后，我们将尝试在 S 点将其售出，从而获利至少一个点。但是，如果卖单没能被系统所单填充，那我们就在 S' 点平掉之前的买单，相应亏损是一个点。

（当然，点数模式并不是一个简单的交易策略。如果某位交易员知道他已经抢先植入订单，那么，初始最佳买入价于抢先操作之前可能被取消，从而给我们的数据库留下较低的买入价格；或者，相应点数交易的整体情境本身就是为我们设置的一个陷阱：按最佳买入价格植入订单的交易员实际上想以优于自己订单的价格将股票卖给我们，所以，一旦我们加上一个点，买入他的股票，那他就会立即取消相应的报价。）

即使没有既存的购买压力或买卖规模的不平衡态势，我们也可以创造一种类似的幻觉（通常称之为"动量诱发模式"），此种模式适用于按照时间优先机制而运行的市场，而不是按比例填补相关的订单。现在我们假设：在接近最佳形式的买入价 - 卖出价的情境之下，我们植入大量的买盘限价订单，从而创建一个市场存在多方压力的假象，同时，以最佳卖出价植入一个小额的卖盘限价订单，如此的战术则可以使相关交易者在最佳卖出价的点位植入他们的买单，因为他们预期市场将出现报升的行情，从而使我们的小额卖单得以填充。如果在相应点位成交了我们的卖单，那我们就要立即取消之前的大额买单，因为现在，理想的买盘规模与卖盘规模相匹配的模式已经不多见了，同时，因预期大规模多头行情而植入买单的交易者现在可能亏本出售其所持有的股票，那么，我们又可以按照原来的最佳报价购回相应的股票，这就是所谓的"炒卖"。

在制造买盘压力之错觉的过程当中存在一种风险，即某些人被我们的虚张声势所蛊惑，真的植入大量的买单，在这种情况下，我们可能就要以亏本的方式平调之前的卖单；相反，如果我们怀疑一个大额买单是"炒卖者"所为，那么，我们就可以卖给这些炒卖者，从而压低相应的买入价格。我们希望相关的炒卖人士"认栽"，并且清空其新建的库存，进而压低相应的买入价，这样，我们就可以在低于初始的买入价点位平调我们的空单头寸。那么，我们怎么能在第一时间知道相关的大额买盘订单是炒卖者所为呢？我们可能需要记录大量的买入价被注销的频率，而不是其被系统填充的频率。如果你要从交易所订阅相关的私有数据提要，那么，可供参考的数据库有：纳斯达克的ITCH专线、Direct Edge市场（美国第四大电子股票交易市场）旗下的EDGX交易所的订单提要、BATS公司（高频电子交易做市商，其英文全称是Better Alternative Trading System，即更好的多元化交易系统）旗下的PITCH交易所的数据提要。同时，你所收到的是包含了修正的且部分被填充的一个订单的详细交易史（阿诺克与萨鲁兹，2012），而这些信息可以帮助你检测炒卖者的行为模式。

上述所有这些策略及相应的防范措施，还有虚张声势的模式、反虚张声势的模式等，都说明了一点，即高频交易商只能从动作较慢的交易者身上获利，如果市场上只剩下高频交易者，那么，对每个人来说，最后的平均净收益都将是零。事实上，正是因为"抢先"植入大额买盘或卖盘订单之类的高频交易策略的存在，许多传统做市商不再引用大尺度的报价机制，如此，在许多市场当中，NBBO系统的报价规模被大大地缩减，例如，即使对于诸如苹果（AAPL）一类的具有高度流动性的股票，NBBO系统的报价规模通常也就是几百股左右，甚至如ARCA（注册特许分析师公会）旗下的、最具有流动性的ETF式的 SPY 基金一类的金融工具，在 NBBO 系统中的报价规模通常都少于 10 000 股。只有在前述这些小额订单被填充之后，做市商才在相同价格的基础上重新报价，进而避免为高频交易者所利用（当然，避免显示大型的报价规模也有其他原因：做市商不喜欢持有大规模的库存头寸，而大规模的报价会使其大量的订单被填充进相应的交易系统）。同样，之前为大宗交易所执行的大额机构订单现在也被拆分成小额订单，其相关指令以全天候的形式被分散在不同的交易场所。

停损模式是另一个高频交易所心仪的动量交易策略。货币市场的研究表明：一旦支持（阻力）位被突破，价格会进一步下跌（或上涨）一段时间（奥斯勒，2000，2001），而这些支持位和阻力位的信息可以从每天的银行或券商所提交的报告当中获取，也可以在接近当前价格水平附近取整数而定值。由于止损的订单大都设置在相应支持位和阻力位的附近，所以，在止损之点位处，极易诱发短期的价格动量模式。

为了进一步理解上述这一观点，我们来看看相关的支撑线之点位（而随着形势的发展，其与阻力位的效应是对称的）：一旦价格下跌，且足以突破支撑点位，那么，卖盘形式的止损订单就会被触发，从而进一步压低相应金融工具的价格。鉴于前述这个知识点：当相应价格足够接近一个支撑点位之时，高频交易者当然可以通过提交大型的卖单创建一个人为的卖压情境，借此将价格再下压几个点位，而此种模式一旦触发止损订单和下行的动量模式，相关高频交易者就可以平掉空单，迅速获利。

如果我们获得订单流量（成交额）相关的市场信息，那么，这个信息来源是非常有价值的，其作用甚至超越了正常的买入价、卖出价或最终报价的信息价值。正如里昂在其关于货币交易所论述的那样："订单流量"就是一种背书的交易量（里昂，2001）。如果一个交易者从经销商、做市商或订单簿记之中买入 100 个单位的相关金融工具，那么，其订单（买单）流量就是 100；反之，如果他卖出 100 个单位的同种金融工具，那么，其订单（卖单）流量就是 –100。从订单簿记当中"买入"则意味着交易者需要按卖出价买入相关金融工具，或者，交易员需要提交市价买单。相应的实证研究表明：就相关金融产品的价格走势而言，订单信息是一个很好的预测工具，这是因为做市商可以从订单流量的数据当中提取重要的基本信息，并设置相应的买入价 – 卖出价。关于这一点，让我们举例说明：如果一个重要的对冲基金只是了解突发新闻的一部分内容，依据相关的算法，他们将在一瞬间提交大量的、迹象相同的市场订单，那么，做市商通过监控订单流量就会做出相当正确的判断，即如此之大的单向订单表明市场中存在知情交易者，于是，他们将立即调整相关的买入价 – 卖出价来保护自己。急速使用市价订单的模式表明：相关的信息是新的，还没有达到广为人知的程度。

由于我们大多数人都不是大的做市商或交易所的运营商，那么，我们怎样才能获得上述这样的订单信息呢？对于股票和期货市场而言，我们可以监测和记录每一个点位的变化模式（最佳买入价 – 卖出价的变化，还有交易价格和交易规模的变化），从而确定在买入价的点位是否会生成相关交易（卖盘订单流量的信息），或者，在卖出价的点位是否生成交易（买盘订单流量的信息）；对于货币市场而言，前述这种策略的运行是困难的，因为大多数经销商并不报告相关的交易价格，而我们可能不得不诉诸外汇期货交易所相关的策略模式，即一旦每笔交易的订单流量被计算出来，我们就可以很容易地计算出一段回溯区间之内的、累积的或平均的订单流量，然后，以其来预测相关的价格是否会向上或向下移动。

• 本章要点 •

1. 盘中（日内）动量交易策略不受制于日间动量交易策略的相关劣势，而且它们保留了一些关键的优势。
2. "破位"型动量交易策略所涉及的是价格运行超过了一个交易区间。
3. 开盘"缺口"买入型交易策略是一种期货和外汇相关的、有效的突破策略。
4. "突破"型动量交易模式可能是由止损订单所触发的。
5. 各种企业和宏观经济的新闻信息会引发短期的价格动量模式。
6. 相关股票被添加或从指数中删除之类的股指成分会引起相关动量运行模式的变化。
7. 于靠近市场收盘时刻所做的、对ETF杠杆基金的调整会引发自前一日收盘时刻伊始的相关市价收益率按照标的资产指数的同一方向运行相应的动量模式。

8. 许多高频的动量交易策略所涉及的是买盘规模和卖盘规模之间的不平衡态势，还包括一种被高频交易者自己所"人为"营造的失衡情境。

9. 停损模式是一种依赖于触发止损订单的高频交易策略，通常需要在当期价格点位附近以整数形式填充相关订单。

10. 订单流量可以在同一个方向之上，预测短期价格的波动模式。

| 第 8 章 |

风险管理

风险管理意味着对不同的人，要使用不同的概念。就交易新手而言，风险管理是由"损失厌恶"的情绪所驱使的，即我们只是不喜欢输钱的感觉。事实上，相关研究已经表明：人类平均需要 2 美元的潜在风险去补偿 1 美元的损失，这或许可以解释为什么数值为 2 的夏普比率如此具有感情上的吸引力（卡尼曼，2011）。然而，这种风险厌恶本身并不是理性的，因为我们的目标应该是：长期投资的权益增长要遵循最大化的模式。同时，我们要规避风险，而相应的前提是此种风险干扰了前述目标的实现。在这一章中，风险管理的相应理论就是基于这一目标而被加以论述的。

风险管理的关键概念是杠杆的谨慎使用，我们可以通过凯利公式或数值优化的方法使相关的复合增长率达到最大化的程度。但是有些时候，现实将迫使我们去限制账户之内所生成的最大跌幅——有一个明显的实现手段是"使用止损",但它通常是有问题的;另一种方法是:以固定的比例为相关的投资组合加上保险,从而试图将相关账户的收益最大化,同时又要防范巨额的损失,这两个问题都将在本章中进行讨论。最后,我们要探讨的是:在风险较高的交易过程当中,避免交易完全有可能是一种明智的选择。另外,我们还要调查:使用某些风险相关的领先指标的做法是不是一个规避风险的有效手段。

8.1 最优化的杠杆模式

我们需要谨慎地使用杠杆,这一点说起来很容易,但是,对于某些特定的交易策略或投资组合,我们实际上很难确定什么是谨慎的或什么是最优化的。其实道理很明显:如果我们将杠杆比率设置为零,那么,我们自然没有什么风险,但也不会产生任何的收益。

一些投资组合的经理人,尤其是那些管理自己的资金且只对自己负责的人,其交易的唯一目的就是长期资产净值的最大化,他们不介意某种程度的行情回调以及收益率的波动。所以,最优化的杠杆比例对他们来说则意味着一个能够实现资产净值最大化的或等价于复合增长率的相应比例。

我们这里将讨论三种方法,以之来计算实现最大化复合增长率的最优杠杆比例。每种方法都有它自己的前提假设和相应缺陷,对于你要应用哪种方法而言,我们采取的是不可知论。但是与之前一样:在所有的情境之下,我们必须设定相关市场的未来收益率的概率分布形式,尽管这通常是一个不正确的假设,但是到目前为止,它是最好的且能够操作的定量模型;更严格地来说,许多风险管理技术会进一步设定某种交易策略本身收益的概率分布情况。最后也是最严格的设定情境:收益的概率分布形式属于高斯分布的性质。通常,就是在这样的数学建模当中,最严格的情境假设会生成最优雅的、也是最简单的解决方案,所以,我将在高斯假设的情境之下,以凯利公式作为相应计量工作的开始。

如果一定杠杆比例条件下账户的最大跌幅是 -100%,那么,这个杠杆就不可能是最优化的,因为相应的复合增长率也是 -100%。所以,最优化的杠杆比例意味着:在交易历史上的任何时刻,我们都不能爆仓(股本金为零),这是不言自明的!但有些时候,相关的风险经理人(也许是独立交易商的亲密伙伴)告诉我们:有一种方法可以使相应的跌幅小于 100%——在这种情况下,且就杠杆比例最优化的问题而言,最大跌幅则是其一种额外的约束条件。

无论如何确定最优化的杠杆比例,其中心主题是:相应的杠杆比例必须保持不变。无论我们是否设定最大跌幅的约束条件,实现最优化的增长率是非常必要的。然而,保持一个恒定的杠杆比例可能听起来很平凡,但是在付诸行动时,你可能就要摇摆不定了。例如,如果你有一个多头形式的股票投资组合,且在以往的交易期间内,你的损益值(P&L)是正数,同时,在此期间内,恒定的杠杆比例迫使你买入更多的股票;反之,如果在以往的交易期间内,你的损益值是负数,那么,恒定的杠杆比例就会迫使你卖出股票以弥补相关的损失,例 8-1 正好说明了这一点。

例 8-1　固定杠杆比例之要求所涉及的深层含义

在本章的描述当中，其中心内容是：要求所有被优化的杠杆比例必须保持恒定不变，关于这一点，可以有一些违反直觉的结果。

如果你的股本账户在初始阶段是 100 000 美元，而你的交易策略所确定的最优杠杆比例是 5 倍，那么，你的投资组合的市值是 500 000 美元。

然而，如果你在一天之中损失了 10 000 美元，则股本相应减少至 90 000 美元，此投资组合的市值就是 490 000 美元。然后，你需要在投资组合当中进一步清算 40 000 美元，而其更新后的市值则是 $5 \times 90\,000 = 450\,000$（美元）。这种售出的损失金额可能让人感觉不舒服，但它是许多风险管理方案之中一个必要的组成部分。

假设：你于第二天获利 20 000 美元，那么，你的投资组合市值应该是多少呢？还有，你应该做些什么来实现这个市值呢？新的投资组合市值应该是：$5 \times (90\,000 + 20\,000) = 550\,000$（美元）。由于你目前的投资组合市值仅为 470 000 美元（450 000 + 20 000），这意味着你需要在投资组合当中添加价值 80 000 美元的证券（无论是以多头形式，还是以空头形式）。我希望：你的经纪人会借给你钱买入所有这些额外的证券！

许多分析人士认为，例8-1中这种"因出售头寸而导致的损失"所关联的风险管理技术是诱发金融危机蔓延开来的一个因素（特别需要引起重视的是：这种模式被认为是诱发2007年8月量子基金崩盘的一个动因；详情可以参看坎达尼和罗，2007），这是因为在通常情况下，许多基金于其所持有的投资组合当中，其头寸的构建模式比较相似。如果一个基金遭受损失，可能由于一些不相关的策略因素，且基于相应杠杆比例恒定不变的需求，它很容易在其所有的投资组合当中清算相关的头寸，如此，就会给所有相同头寸的其他基金造成损失，进而迫使这些基金进行平仓清算，从而加剧所有人的损失：这就是一个恶性循环。有人可能会认为这是一个公地悲剧，即一个基金的自我保护（"风险管理"）措施可能导致所有人的灾难。

8.1.1 凯利公式

如果我们假定收益率的概率分布形态属于高斯模式，那么，凯利公式给了我们一个很简单的确定最优杠杆比例 f 的答案，即

$$f = m/s^2 \tag{8-1}$$

其中，m 是超额收益的平均值，s^2 是超额收益的方差。

式（8-1）最好的解析方法被描述于爱德华·索普的论文当中（1997年），我也把《量化交易》（陈，2009）的整个一章引用过来对此公式进行解析。相关理论可以证明：如果假设所有的收益会被用来再投资，那么，高斯假设就会提供一个很好的近似值。然后，我们利用

凯利杠杆比例 f，就可以生成一个最高的股本复合增长率。然而，即使高斯假设是有效的，但是，当我们试图估计什么是"真正"的超额收益的均值和方差的时候，我们也不可避免地要碰到一些估计上的误差。无论多么优秀的估计方法，也不能保证未来的均值和方差与相关的历史数据是同步运行的。如果使用被高估的均值或被低估的方差数据，那结果是可怕的：因为这两种情况会导致一个被高估的最优杠杆比例，而如果杠杆比例过高，那它将最终导致"爆仓"的后果，即股权资金为 0。然而，使用一个被低估的杠杆比例的结果也就是获取有关次级的复合增长率。所以许多交易员无可非议地偏好后者的场景，他们经常设置一个杠杆比例，其数值等于凯利公式所得数值的一半，这就是所谓的"半凯利杠杆比例"。

我使用凯利最优杠杆比例的实际经验是：最好是视其为一个上限，而不是必须使用的杠杆比例。在通常情况下，回测系统（或短时间内的前向测试）所给定的凯利杠杆比例非常高，其远远超过我们的经纪人所允许的最大值，而在其他时刻，由于相关收益率也具有非高斯分布的属性，所以即使在回测系统当中，凯利杠杆比例也会使我们破产，换句话说，使用凯利杠杆比例在回测系统当中所诱发的最大限度之跌幅的数值是 -1，如此则意味着：我们需要按照非高斯分布的逻辑体系，利用数值优化的方法生成相应的复合增长率，进而设置一个更加实际的杠杆比例——这个方法可能更实用。另外，我们可能只是优化了实证的、历史性的收益率，而这两个方法将在 8.1.2 节中被讨论。

但是，将凯利最优杠杆比例作为上限的做法，有时可能给我们提供一些比较有趣的情境。例如，我曾经计算过罗素1000指数和罗素2000指数的凯利杠杆比例，其数值约为1.8。但是，交易所交易基金（ETF）的赞助商Direxion基金公司[⊖]在追踪罗素指数的BGU基金和TNA基金[⊖]之上加入了3倍的杠杆——通过相应的设计，他们将相应的杠杆比例设置为3倍。显然，这里有一个真正危险的杠杆比例，从而有可能使前述这些ETF基金的资产净值（NAV）趋近于零；同理，没有投资者会买进并持有前述这些ETF基金，而赞助商本身也欣然同意这个观点。

除了具有设置最优杠杆比例的功效，凯利公式还有另外一种形式，即它也能告诉我们如何以最优化的方式，在不同的投资组合或策略当中，配置我们的买盘资金。现在，让我们以 F 作为最优杠杆比例的一个列向量，同时，我们应该针对常见的股票池应用不同的投资组合（例如，如果我们有1美元的股票，那么 $F = [3.2 \quad 1.5]^T$，其意味着第一个投资组合的市场价值是3.2美元，而第二个投资组合的市场价值是1.5美元，T 是矩阵转置的符号）。凯利公式的数学表达式为

$$F = C^{-1}M \quad\quad (8\text{-}2)$$

其中，C 是投资组合之收益率的协方差矩阵，而 M 是相应投资组合之超额收益的平均值。

在《量化交易》当中，关于如何使用式（8-2）的问题，还有一

[⊖] 美国的一家基金公司。——译者注
[⊖] 全称 Total Nonstop Action Wristing。——译者注

个更具有广泛意义的案例。但是，如果经纪人所设置的最大杠杆比例 F_{max} 小于全体杠杆比例的总值 $\sum_{i}^{n}|F_i|$，那么，我们应该做些什么呢？（我们所关心的是杠杆比例的总值等于多头市值的绝对值与空头市值的绝对值之和除以股东权益，而不是由多头市值与空头市值的净值之和除以股东权益而得出的杠杆比例的净值）。我们通常的理解是：所有的 F_i 值乘以因子 $F_{max}/\sum_{i}^{n}|F_i|$，如此，则总杠杆比例的数值就等于 F_{max}。但是，这种方法的问题是：在这个最大杠杆比例之约束条件下，相关的复合增长率将不再是最优的。我会用例 8-2 来说明这一点——这个案例的结果是：当 F_{max} 远小于 $\sum_{i}^{n}|F_i|$ 时，对将大部分或全部资金投入某个资产组合或交易模式之中去寻求最大化的平均超额收益率的做法而言，这通常是最佳的情境（其所关联的是增长率的最大化问题）。

例 8-2　最大杠杆比例约束机制下的最佳资产配置策略

当我们拥有多个投资组合或交易策略之时，按照凯利公式的理论：我们在每个资产组合 i 之投资所相关的杠杆比例 F_i 则由式（8-2）所确定。但是在通常情况下，以式（8-2）所得的数值而计算的总体杠杆比例 $\sum_{i}^{n}|F_i|$ 会超过相关券商，或风险管理者所强加于我们的最大杠杆比例 F_{max}——由于存在这个约束条件，如果把所有的 F_i 值乘以因子 $F_{max}/\sum_{i}^{n}|F_i|$，那么，所得结果则不是最优化的，接下来，我将进一步说明。

假设：我们有两个交易策略。策略 1 所相关的超额收益率的年化均值和波动率的数值分别是 30%、26%；策略 2 所相关的超额收益率的年化均值和波动率的数值分别是 60% 和 35%；我们进一步设定：其收益率分布系统属于高斯分布，而且策略 1 与策略 2 的收益率之间的相关性是零。因此，以凯利公式所计算的杠杆比例分别是 4.4 和 4.9，且总杠杆率为 9.3，那么，年化复合增长率（索普，1997）就是

$$g = F^T C F/2 = 2.1 \qquad (8\text{-}3)$$

其中，我们假设无风险利率是 0。现在，如果相关的券商告诉我们被允许使用的最大杠杆比例是 2，那么，与上述两个策略相对应的杠杆比例就必须分别减少至 0.95、1.05。现在，相应增长率则降低至

$$g = \sum_{i=1}^{2} (F_i M_i - F_i^2 s_i^2/2) = 0.82 \qquad (8\text{-}4)$$

［由此可见，式（8-3）中的 g 值只适用于最优化的杠杆比例。］

但是，在相应最大杠杆比例受到限制的情境之下，我们能够以之获取最大化的增长率 g 值吗？现在，我们将 F_1[⊖] 设置为 F_{max}-F_2，设增长率 g 为 F_2 的函数，并刻画相应的曲线图（见图 8-1），同时，F_2 的波动范围是 0～F_{max}，即上限为 F_{max}= F_2。

⊖ 策略 1 所相关的杠杆比例，F_2 同理。——译者注

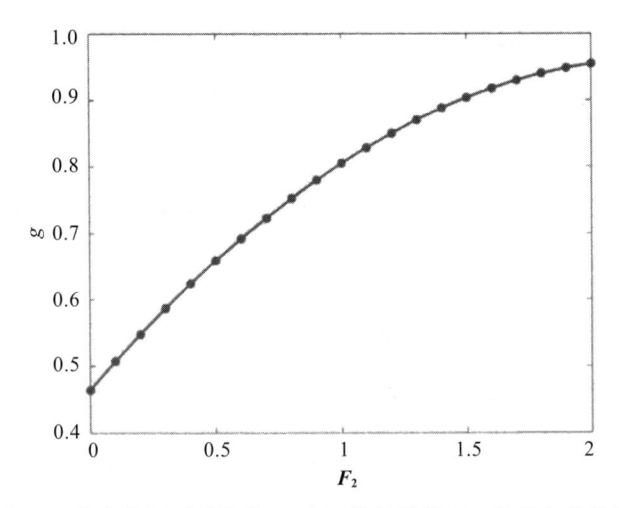

图 8-1　约束机制下的作为 F_2 之函数的增长率 g 的分布曲线图

很明显，当 $F_2 = F_{\max} = 2$ 时，增长率 g 是最优的，其数值是 0.96，高于式（8-4）所给出的 0.82，这表明当我们面对两个或两个以上的交易策略，且其各自拥有不同的独立增长率时，同时，当我们面临一个最大的杠杆比例约束机制，且其远低于凯利模式的杠杆比例之时，上述模式通常是一种最佳方案，其可以将我们所有的资金配置于增长率最高的交易策略之中。

8.1.2　以模拟收益率数据测试最优化的预期增长率

如果我们放松高斯假设的限制，或者以另一个分析形式进行替代（如学生的 t 分布形式），同时，对收益率的分布模式考虑使用厚尾的形态。于此，我们仍然可以遵循索普论文当中所涉及的凯利公式的推导过程来确定另一个最优化的杠杆比例，只不过，相应的公式不会像式（8-1）那么简单（不同之处在于，相应的概率分布形式需要配置有限数量的动量模式，例如，帕累托 - 莱维分布（Pareto Levy distribution），同时，对于一些概率分布而言，相应公式甚至不可能得到一个解析答案，但是，它还是能够提供一些帮助的，这就是蒙特卡罗模拟。

作为相应杠杆比例之函数的复合增长率 g 的预期值是（为了简单起见，我们假设无风险利率为零）

$$g(f) = \langle \log(1+fR) \rangle \qquad (8\text{-}5)$$

其中，$\langle \cdots \rangle$ 显示的是基于某种概率分布的 R 值，对交易策略相关的、随机抽样的、非杠杆模式的单位价格的收益率所取的平均值[我们通常基于日线上的价格来确定收益率 $R(t)$ 的数值，但相应的棒线可长可短]。如果相应的概率分布是高斯分布，那么，$g(f)$ 减至：$g(f) = fm - f^2m^2/2$，其在单一交易策略的情境之下，与式（8-4）是一样的。此外，$g(f)$ 的最大值当然可以在 $g(f)$ 与 f 之间求导且设置为零，这将复制式（8-1）中的凯利公式，也可以复制式（8-3）中单一策略情境下的最大增长率。但是，这些不是我所感兴趣的，我想使用非高斯分布的模式计算式（8-5）中的 R 值。

尽管我们不知道 R 值的真实分布情况，但我们可以使用所谓的皮尔逊系统将其模式化（可参照的网站有：mathworld.wolfram.com/PearsonSystem.html）。皮尔逊系统需要输入：R 值的经验分布所相关的均值、标准差、偏度和峰度，同时需要从七种概率分布的形态中攫取其一以建模，而可表现的分析形式包括：高斯概率分布、β 值、γ 值、t 分布模式等。当然，这些都不是最一般的概率分布形式。在实证当中，相应的概率分布一般都伴随较高的非零阶矩，而此种模式可能并不包含在皮尔逊系统当中，事实上，无限高企的阶矩值一般都包含在诸如帕累托－莱维形式的概率分布之中，但是由于通常可用的经验数据有限，较高频的阶矩在数据的探测过程中，容易出现一些误差。所以，出于实用的目的，我们在蒙特卡罗的抽样程序当中，所使用的仍然是皮尔逊系统。

我们在均值回归策略所相关的例 5-1 中，对蒙特卡罗技术进行了详细的解析。但首先，我们依据测试集中的日收益率就会很容易地计算出相应的凯利杠杆比例是 18.4；我们应该记住这个数字且与蒙特卡罗模拟的测试结果进行比较；接下来，我们基于相应日收益率所相关的初始四个阶矩来构造一个皮尔逊系统，并在系统中生成 100 000 个随机收益率的数值——在 MATLAB 统计工具箱中，我们可以使用 pearsrnd 函数进行相应的测试（完整的语言代码可以从平台 monteCarloOptimLeverage.m 处下载）。

专栏 8-1

我们设定：策略相关的日收益率的数据包含在一个 $N \times 1$ 型的数组 ret 之中，同时，我们使用 ret 相关的前四个阶矩来生成皮尔逊系统的概率分布形式，从中可以生成模拟收益率 ret_sim

的任意数值，而相应的编辑语言如下：㊀

```
moments={mean(ret), std(ret), skewness(ret), kurtosis(ret)};
[ret_sim, type]=pearsrnd(moments{:}, 100000, 1);
```

在专栏 8-1 的代码当中，ret 函数被包含在相应策略所相关的回测系统当中的日收益率数组之内，而 ret_sim 函数于 ret 函数所相关的四个阶矩之内生成 100 000 个随机日收益率的数值；同时，pearsrnd 函数也属于收益率的类型，其表明的是与我们的数据相匹配的概率分布的类别。在上例当中，相关的概率分布类型是 4，此类型的分布不是一个标准形态，如 t 分布模式（但我们并不关心它是否有一个名称）。现在，我们可以使用 ret_sim 函数来计算 $g(f)$ 的平均值。在我们的代码之中，$g(f)$ 是一个与杠杆比例 f 相关的内联函数，也是需要输入收益率 R 的序列函数（见专栏 8-2）。

专栏 8-2

一个复合增长率所相关的内联函数需要基于杠杆比例 f 与每一条价格棒线所对应的收益率的 R 值来进行计算，相应代码如下：

```
g=inline('sum(log(1+f*R))/length(R)', 'f', 'R');
```

根据上述编程语言，我们于 $f = 0$ 至 $f = 23$ 的区间谋划 $g(f)$ 的

㊀ moments 指的是"阶矩"，skewness（ret）函数指的是收益率的偏度，kurtosis（ret）函数指的是收益率的峰值。——译者注

数值，其结果显示：事实上，$g(f)$的最大值接近19（见图8-2），MATLAB优化工具箱中的数值优化函数fminbnd所生成的f之最优值也是19。如此，则非常接近凯利公式所计算的最优化f值，即18.4（见专栏8-4）。

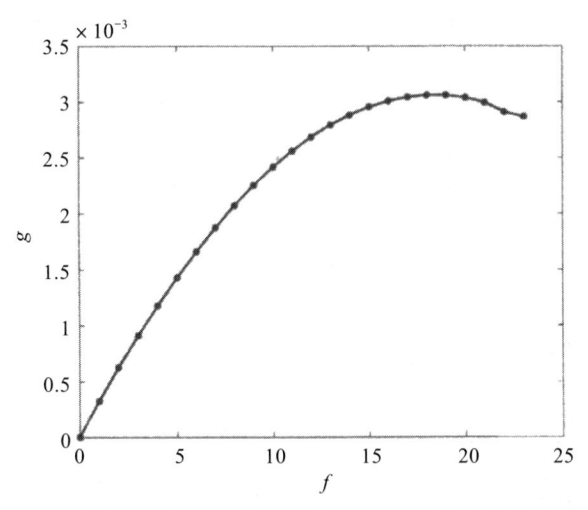

图8-2 杠杆比例f之函数——增长率g之期望值的曲线图

专栏 8-3

我们现在需要找到与杠杆f和收益率模拟函数ret_sim所相关的负数形式的最低增长率（以同样的方法也可以找到正数形式的最大增长率），而相应的编辑语言是：

```
minusGsim=@(f)-g(f, ret_sim);
optimalF=fminbnd(minusGsim, 0, 24);
```

当然，如果你以不同的随机数据与不同序列的模拟收益率来运行上述程序，你会发现一个不同的最优化的 f 值，但在理想情况下，它不会和我们所计算的数值有太大的不同（我们将 g 值最小化而不是最大化的唯一的原因是 MATLAB 工具箱没有将相应数值最大化的 fmaxbnd 函数）。

在运行蒙特卡罗模拟最优化的过程之中，还有一个有趣的结果，即如果我们试着将 f 值设置为 31，我们将发现相应的增长率是 -1，这就意味着"爆仓"、毁灭。因为在此种情境之下，每个时期收益率的最低值是 -0.0331，所以，任何杠杆率如果高于 0.0331 的倒数，即 $1/0.0331 = 30.2$，都将导致相关交易头寸的全损。

8.1.3 历史性增长率的最优化模式

作为我们之前使用的以收益率的概率分布形式来确定最优增长率的期望值的一种替代方法，我们可以在回测系统当中优化那些与杠杆比例相关的、历史性的增长率数值——我们只需要一个特定实现的收益率集合即可，同时，需要在相关的回测系统之中确保其曾经出现过。但是，在回测程序当中，这种方法的缺陷在于：其于数据探测过程中所产生的偏差会影响到参数的优化。一般来说，与交易策略相关的收益率之历史性的特定实现模式所生成的最优杠杆比例对于未来出现的各种不同形式的实现路径而言，其不一定是最优化的——与蒙特卡罗模拟的优化模式不同，历史性的收益率所提供的数据是不完整的，然而，以其为基础所确定的最优杠杆比例却在许多实现路径当中都适用。

尽管有这样那样的缺陷，但上述这种回测收益率的强力优化模式在某些情境之下，其所生成的结果与凯利公式和蒙特卡罗模式所计算的杠杆比例还是接近的。现在，我们应用 8.1.2 节的相关交易策略，小心谨慎地在优化程序当中填充历史性的收益率之数据 ret 以取代之前的模拟数据 ret_sim（见专栏 8-4）。

专栏 8-4

我们现在需要基于相应的杠杆比例和历史性的收益率数据 ret 来发现负数形式的最低增长率，相应程序如下：

```
minusG=@(f)-g(f, ret);
optimalF=fminbnd(minusG, 0, 21);
```

通过上述程序的运行，我们得到的 f 值是 18.4，与凯利公式所计算的最优杠杆比例是一致的。

8.1.4　最大跌幅的相关问题解析

对于那些管理别人资产而构建投资组合的经理人而言，保持最大化的长期增长率并不是其唯一的目标。在通常情况下，他们的客户（或雇主）坚持认为：相应资产的跌幅之绝对值（基于历史高水准的收益率而计算的）不应该超过某个上限，也就是说，这些客户决定了最大的跌幅应该居于什么位置，而这个需求则转化为相应杠杆比例最优化问题之一个额外的约束条件。

不幸的是，上述这个转化模式并不如想象的那么简单，即不是用无约束的最优杠杆比率乘以允许的最大跌幅和原始无约束的最大跌幅。我们于本节之中基于模拟收益率的 ret_sim 函数，使用最优化的预期增长率的范例进行相应的解析，而所得出的最大跌幅数据很可怕，是 -0.999——此数值所相关的无约束的最优化的杠杆比例 f 的值为 19.2。假设：我们的风险经理允许的最大跌幅是 50%，那么，最佳 f 值的一半是 9.6，其所生成的最大跌幅为 -0.963。通过反复的试验，我们发现：我们必须将杠杆比例降低 7～2.7 倍左右才能符合要求，即可以将最大的跌幅降至 0.5 左右（还有，前述所有这些数字取决于准确的一系列模拟收益率的取值，所以，其结果不能被准确地复制）（见专栏 8-5）。

专栏 8-5

现在，基于相同的模拟收益率序列函数 ret_sim 所相关的各种不同的杠杆比例，我们使用最大跌幅所相关的函数 calculateMaxDD 来计算其上限的数值，而相应程序语言如下：

```
maxDD=calculateMaxDD(cumprod(1+optimalF/7*ret_sim)-1);
```

当然，根据相应的损失上限来设置杠杆比例的做法只能防止被模拟的跌幅超过其被允许的边际，但是，此种方法不会阻止未来真实的跌幅超过我们的预期。限制未来跌幅的唯一途径是：要么使用风险比例的固化机制，要么构建止损模式。我们将在接下来的部分进行讨论。

这里值得注意的是：上述最大跌幅的估计方法是基于一系列策略相关的模拟收益率的数据而形成的，其不是根据策略相关的回测系统所生成的历史性的收益率而得出的。我们当然可以使用策略相关的历史性的收益率数值来计算最大的跌幅，并以之确定最优化的杠杆比例。在这种情境之下，我们会发现：只需要将无约束的最优杠杆比例 f 的数值降低 1.5 倍（保持 13 倍的杠杆），相应的最大跌幅就会降至 −0.49 以下。

那么，我们应该使用上面所涉及的哪种方法呢？使用模拟收益率的优势是：此种方法具有更高价值的统计意义，其类似于被许多主要银行或对冲基金所使用的"在险值"（VaR）工具，即在一定时期内，确定未来发生一定数量资产损失的概率。而此种方法的缺陷是：在模拟情境之下，相应最大跌幅可能发生的概率非常低，可能 100 万年也不会发生一次（当某些基金经理遭难之时，这是一个他们最喜欢的借口），此外，由于历史性的收益率所表现出来的相关性可能会持续到将来，所以，这些相关性可能在现实世界中减少最大跌幅的尺度，而模拟收益率的方法必然会错过一些重要的序列相关性。如此，使用策略相关的历史性收益率的优势则在于：此种模式完全捕捉了前述这些相关性，而且，相应的最大跌幅也能够覆盖策略相关的实际寿命（不是 100 万年）。当然，此种模式的缺陷是：其数据过于有限，难以捕捉最坏的情境。我所知道的一个好的妥协方法是：结合上述两种模式，于其所具备的优势之间生成一个理想的杠杆比例。

8.2 投资组合相关的风险比例之固化模式（CPPI 模式）

在实现复合增长率最大化与限制最大跌幅的两个愿望之间，往往存在相互的矛盾，这个问题已经被讨论过了。现在，有一个方法能够同时满足我们前述的两个愿望，它就是：投资组合相关的风险比例之固化模式（constant proportion portfolio insurance，CPPI）。

我们现在假设：相应交易策略相关的由凯利公式所计算的最优杠杆比例为 f，同时假设被允许的最大跌幅为 $-D$[⊖]，那么，我们可以在初始的资产账户之中留出 D 权重的资本金额进行交易，然后，开立一个公账户（subaccount），以杠杆比例 f 来确定相关投资组合的市场价值；在另一个账户，我们以 $(1-D)$ 的权重存入现金。我们可以保证：我们不会失去公账户中的所有资产，或者说，我们总账户的损失不会超过 $-D$。如果我们的交易策略是获取收益。而且总账户的股本业已达到一个新的水平，那么，我们就可以重置公账户中的资产，使其他在总股本中的权重仍然是 D，然后，将多余的现金移回"现金"账户。然而，如果相关的交易策略遭受损失，我们不会在现金账户与公账户之间传输任何现金，当然，如果继续亏损，我们就会失去公账户中的所有资产，那我们也不得不放弃这一交易策略，因为它已经达到了我们所允许的最大跌幅 $-D$ 的临界点。因此，除了限制相关的最大跌幅，前述这一计划是很优雅的，它会有原则地去关闭一个失败的交易策略（更常见的、次于最优模式的清算策略是由投资组合经理人的情绪崩溃所驱动的）。

这里需要注意的是：由于账户是分离的，所以，在上述这个计划

⊖ 百分数。——译者注

中，账户总股本所对应的杠杆比例 L 不等于 fD。我们没有保证：最大跌幅不会超过 $-D$ 的边际，即使杠杆比例降至 fD 也不行。那么，如果我们进一步以 $-D$ 为上限设置止损，或者，相关跌幅自始至终没有低于 $-D$，情况会是如何呢？其实，即使在此情境之下，以 fD 作为杠杆比例并应用于整个账户之中的方法也不能准确地生成 CPPI 形式的复合收益率，除非每一期的收益率都是正值（例如，最大跌幅为零）。只要我们面临一个跌幅，相对于其他形式而言，CPPI 固化模式会在更大程度上减少订单的规模，从而使相关账户几乎不可能接近最大跌幅 $-D$ 的水平（由于我们在公账户中使用的是凯利公式所计算的杠杆比例）。

我不知道是否存在一个数学方法能够证明，如果 CPPI 模式将杠杆比例 fD 应用于长期增长率之上，能否会收到同样的效果。但是，我们可以使用与 8.1 节相同的模拟收益率来证明：100 000 天后，在一个模拟的 $D = 0.5$ 的情境之下，CPPI 相关的增长率与相应替代方案所实现的增长率非常类似——0.002 484/ 天和 0.002 525/ 天。CPPI 模式的主要优势是：当我们查看最大跌幅的状况时，其效果非常明显。通过设计，CPPI 模式中的最大跌幅小于 0.5，而没有使用止损的替代方案在将最优杠杆比例削去一半的情况下，其最大跌幅仍然是令人痛苦的 0.9。而相应计算 CPPI 模式相关之增长率的程序代码被显示于专栏 8-6 中。

专栏 8-6　计算 CPPI 模式相关的增长率

根据前面的计算，我们设定收益率序列为 ret_sim，最优杠杆比例为 optimalF，同时，设定可允许的最大跌幅 $-D = -0.5$，而相应的程序语言如下：

```
g_cppi=0;
drawdown=0;
D=0.5;
for t=1:length(ret_sim)
    g_cppi=g_cppi+log(1+ ret_sim (t)*D*optimalF*(1+drawdown));
    drawdown=min(0, (1+drawdown)*(1+ ret_sim (t))-1);
end
g_cppi=g_cppi/length(ret_sim);
```

这里需要注意的是：上述这个交易计划应该只适用于一个账户，且只对应一个策略。如果对应多个策略，那它很可能是相应的有利可图之策略的"补充"模式，其使得无利策略的跌幅不会超过"可怕"的边际。其实有一点很明显：没有一个情境是完美的，除非你认为失败的交易策略会使相关价格回归至盈利的点位。

在使用CPPI模式的过程中存在一个问题，即它与止损机制分庭抗礼：它不能阻止因隔夜缺口所产生的较大尺度的跌幅，同时，它也不能防止因交易市场暂停所造成的损失——在可预期的市场收盘之前，价外期权的多头形式（买入期权）可以消除前述这些风险。

8.3　止损机制的解析

有两种情境可以使用止损机制。常见的用法是：在未实现损益低于一个阈值时，我们应用止损机制平掉现有的头寸，但在退出相关头寸之后，再经历一段时间，我们甚至可以依据一个相同的信号，重新入场，进而构建一个新的头寸。换句话说，在此情境之下，我们并不关心特定交易策略所对应的累计损益或相应跌幅。

还有一个不太常见的用法，即当相应跌幅降至一个阈值之下时，我们就会启动止损机制，完全退出策略相关的仓位头寸。止损模式的这种用法其实是很尴尬的，因为在相关交易策略的生命周期中，此种模式只会发生一次，而在理想的情境之下，我们是不会使用它的，这就是为什么对相同的保护措施而言，CPPI模式要优于止损模式。本节的其余部分主要是对更为常见的第一种止损模式进行解析。

无论我们持有何种头寸，相关的市场则总是要开盘的，而止损只能防止未实现的损益超过我们所自行构建的阈值，例如，如果市场收盘之后，我们不持有头寸；或者，如果我们交易货币或一些期货，而且这些工具在相关电子市场是全天候开放的（周末和假期除外），那么，在此情境之下，止损机制则是有效的。反之，如果在市场重新开盘之时，价格"缺口"忽上忽下地跳动，那么，止损指令就有可能在某个价位被执行，那它的功能则比设置最大损失范围的方法要差得多。正如我们前面所说的那样：我们必须以期权的多头形式来消除前述的这种风险，但是，此种模式的实施过程可能很费钱，而且，其只在预期的市场停机时间内，才具有一定的价值。

在某些极端的情况之下，止损是无用的——即使市场是开放的，但是，当所有流动性的提供者同时决定撤回他们的流动资金，止损指令是找不到人"接盘"的⊖。前述的这种状况发生在2010年的5月6

⊖ 原书缺少最后一句话，译者已补。——译者注

日，其间发生了闪电式的崩盘，其主要原因是：在市场压力下，现代做市商只需要维持 0.01 美元的报价即可（这就是臭名昭著的"存根引用"）（阿努克与萨鲁兹，2012）；这就是为什么一个价值数十亿美元的大型公司［埃森哲公司（Accenture）］的止损卖单于当日只能以每股 0.01 美元的价格被执行。

但即使市场是开放的，且具有正常的流动性，那么，我们是否应该构建与均值回归策略相关的止损机制呢？这是一个有争议的问题。乍一看：止损机制似乎与均值回归策略的中心假设存在矛盾，例如，如果价格下降，我们构建多头形式的仓位，而价格再下降一些的话，就会因之而产生相应的损失，如果我们相信这个价格序列具有均值回归的属性，那么，我们就会预期相应价格最终还是会上涨，所以，在如此之低的价位处运行"止损"机制而离场的做法是不明智的。事实上，我从来没有回测过任何因构建止损机制而使年化收益率与夏普比率增加的均值回归型的交易策略。

这里只有一个问题：如果均值回归模型已经永久性地失效，而我们恰好持有相关的头寸，那我们要怎样操作呢？与物理不同，在金融领域，相应的法则不是一成不变的。我一直在重复：以往真实的价格序列在未来可能就不是真实的。所以，均值回归策略所相关的一系列价格应该可以接受其相应属性的更迭，进而在一段时间内成为趋势型的价格序列，也许是永远——在这种情况下，止损机制能够非常有效地防止灾难性后果的发生，它会使我们考虑：在承担 100% 的损失之前，我们是否应该停用某些交易策略。此外，诸如从均值回归到动量模式之类的变更策略属性的序列价格永远不会出现在我们的有利可图的均值回归策略所相关的交易目录当中，因为在回测过程中，我们的交易目录不包括那些失效的均值回归型交易策略。我之前曾经说过：当我们认为止损机制会降低均值回归策略的性能的时候，股票相关企业的退市问题所引发的"生存偏差"就会出现。更准确地说：如果相应价格继续保持其均值回归特质的时候，止损机制会降低均值回归策略的性能。但是，如果相应价格改变了其自身的相关属性，且变更为趋势运行之时，止损机制反而是提高了相应交易策略的性能。

在回测系统运行的过程当中，任何一种成功的均值回归策略都要面对"生存偏差"的问题，同时，此种成功模式也使相应的止损机制显得有碍其发展，而鉴于相关价格属性的更迭，以及对"生存偏差"等问题的考量，我们应该如何在均值回归交易策略当中构建相应的止损机制呢？显然，我们应该在回测系统所显示的盘中最大跌幅之处，再下（或上）移几个点位设置止损，在这种情况下，触发止损就不会影响回测周期，不可能影响回测的性能，但它仍然可以有效地防止未来发生"黑天鹅"之类的事件，规避了爆仓的风险。

相较于均值回归策略而言，动量型交易策略则受益于一个非常合乎逻辑的且很直观的止损模式。如果动量交易策略失效，这意味着行情将发生逆转，因此在逻辑上，我们应该退出当期的头寸，甚至反向做单。因此，不断更新的动量交易信号在事实上就是一种止损模式，这就是为什么动量交易模型在相关概率分布的区间之内，不存在均值回归模型那样的尾部风险。

8.4 风险指标

上面被讨论过的许多风险管理措施所引发的反应条件是：在损失发生之时，我们要降低订单的规模；或者，在相应的损失达到最大跌幅之时，我们就完全停止相关的交易。但是，在相应交易策略可能会招致损失之时，如果我们可以主动地避过这个时间段，那相应的止损机制会更具有优势，这就是领先风险指标的作用。

领先风险指标和次要风险指标的明显区别是：领先风险指标是预测下一时期内，我们的投资是否存在风险；一般的次要风险指标是测试与危险期同步的风险形式。

其实，没有一个风险指标能够适用于所有策略：一个策略所处的危险时期对于反向做单的一方可能是一个高度盈利的时期。例如，我们可以尝试测试 VIX 指数，即隐含波动率指数，而相关的领先风险指标预测次日，"缺口"买入策略（在第 4 章被描述过）所相关的 VIX 之收益率会面临一定的风险，同时，自 2006 年 5 月 11 日至 2012 年 4 月 24 日，相应策略的年化收益率约为 8.7%，且夏普比率为 1.5，但是，如果之前一天的 VIX 指数（波动率指数）超过 35 点，即高风险时期内一种常见的阈值，那么这一天，其年化平均收益率会是 17.2%，夏普比率为 1.4——显然，前述交易策略最终受益于所谓的风险！然而，如果 VIX 指数 > 35 点，那它就是一个 FSTX 指数（在第 7 章中被描述过）之"缺口"买入策略所相关的一个很好的领先风险指标——从 2004 年 7 月 16 日至 2012 年 5 月 17 日，前述交易策略相关的年化平均收益率约为13%，夏普比率为1.4。而如果之前一天的VIX波动率指数超过35点，那么，FSTX指数所相关的当日年化平均收益率就会降至2.6%，夏普比率为0.16——很明显，VIX指数的变化告诉我们：第二天，我们要避免交易FSTX指数。

除了VIX波动率指数，另一个常用的领先风险指标是泰德（TED）价差，它是三个月期的伦敦银行同业拆借利率（LIBOR）和三个月期的美国国库券利率之间的差值，其主要衡量的是银行的违约风险。在2008年的信贷危机期间，泰德价差上升至创纪录的457个基点。由于信贷市场由大型机构操纵，可能它们比基于指标分析的、具有"羊群效应"本能的股市散户投资者更了解它的估值（尽管Snide和Youle于2010年发现——伦敦银行同业拆借利率为相关银行所操纵，且很具有欺骗性地表现得很低，但是，泰德价差还是有用的。这里重要的要素是：随着时间的推移，我们所关注的是泰德价差的相对价值，而不是它的绝对值）。

在不同的时间序列，还有一些其他类型的风险资产可承担风险指标的任务，只不过，我们要仔细测试它们是不是领先指标。这些资产包括：高收益债券[具有代表性的如ETF形式的HYG基金（高收益公司的债券基金）]和新兴市场货币，如墨西哥比索（MXN）。在2011年的欧洲债务危机中，墨西哥比索对坏消息特别敏感，即使依然健康的墨西哥经济也不能改变此种情况。评论家认为，这是因为交易者一般都把墨西哥比索作为所有风险资产的代名词。

最近，交易者也可以参看ETF式的欧恩基金（ONN基金）和离落基金（OFF 基金）——当金融市场充斥着"冒险"的情绪时，欧恩基金的价格就会上升，也就是说，此时的高风险资产价格会被推高，因此，欧恩基金所持有的基本是一篮子的风险资产。而离落基金只是欧恩指标的镜像——较高值的离落基金价格可能是一个很好的风险领先指标。在撰写本文之时，前述这些 ETF 式的基金只有 7 个月的交易历史，所以，没有足够的证据来证实它们的预测价值。

正如我们在第 7 章的高频交易部分所提到的那样：在较短的时间范围内，那些获得订单信息的交易者可以检测突然性的以及大型的订单流量变化，但是，通常的情况表明，前述这些重要的信息大都为机构交易者所占有。而如果订单流量的大规模变化所涉及的资产具有风险（如股票、大宗商品，或高风险的货币），那么，此种变化就是逆向变化的[一]；反之，如果订单流量变化所涉及的是低风险资产（如美国国债、美元、日元、瑞士法郎），那么，此种变化就是正向变化的[二]。正如我们之前所了解的那样，订单的流向可以预测未来的价格变化（里昂，2001），因此，在订单流量信息被大范围扩散，且引发价格大幅波动之前，它是可以被用作一个短期的风险领先指标的。

还有一种与特定交易策略相关的风险指标，我们在第 4 章曾经提到，油价对黄金期货（GLD）相较于黄金指数（GDX）的配对交易而言，就是一个很好的风险领先指标，而黄金等大宗商品的价格对相关生产国与生产企业所构建的 ETF 基金的配对交易而言，也可以是很好

[一] 对空头有利。——译者注
[二] 对多头有利。——译者注

的风险领先指标；同样，波罗的海干货指数（Baltic Dry Index）对相关的 ETF 基金或出口导向型国家的货币而言，也可能是一个很好的领先指标。

虽然在回测相应领先风险指标方面存在一个问题，但我应该就此结束本书的撰写工作，因为金融恐慌的发生或金融危机的出现相对来说比较罕见，当我们试图确定哪一个指标有效时，我们就很容易成为数据探测之偏差的受害者；当然，没有什么金融指标能够预测自然的以及非金融性的灾难。如果我们认为订单流量指示器在更高频的交易当中有效，那么，它就可能是最有效的。

· 本章要点 ·

1. 最大化的长期增长率：

（1）你的目标是长期资产净值最大化吗？

如果是这样，你要考虑使用半凯利模式的最优杠杆比例。

（2）你的交易策略的收益率的概率分布形态是厚尾式的吗？

那你可能要使用蒙特卡罗模拟形式去优化相应的增长率，而不是依靠凯利公式。

（3）你要记住数据探测过程中所出现的偏见，有时，你可以基于回测系统之中的与收益率相关的复合增长率直接优化相关的杠杆比例。

（4）你想确保相应的跌幅不会超过一个预设的上限，却享受最高的增长率吗？

你可以采用投资组合相关的风险比例之固化模式。

2. 止损机制：

(1) 止损机制通常会降低相应回测系统之中的均值回归策略的交易性能，这主要是由相关企业退市所引发的生存偏差所导致的，但止损可以防止"黑天鹅"事件的发生。

(2) 为均值回归策略所设置的止损在回测程序当中永远不会被触发。

(3) 对动量型交易策略而言，止损机制是该策略自然的以及具有逻辑性的一个重要组成部分。

3. 风险指标：

(1) 你想避免危险的时刻吗？

你可以考虑使用下列领先风险指标中的一个作为参照标准，即VIX指数、泰德价差、HYG基金、欧恩基金、离落基金、墨西哥比索。

(2) 在测试领先风险指标的功效之时，我们要当心数据探测过程中所出现的偏差。

(3) 风险资产的订单流量的逆向增长模式可能是一个短期的领先风险指标。

结　　论

　　尽管本书包含大量的交易策略，而且这些策略对独立的交易者甚至是机构交易者而言，可能有一些益处且具有一定的吸引力，但是，本书没有什么交易策略相关的秘诀，或循序渐进的实施指南。本书所描述的策略只会说明一些通用技术或概念，不能保证没有诸如我在第1章详细描述的陷阱和误区。即使我曾仔细地清除相应策略的缺陷，然而，良好的策略仍然会成为相关属性变更的受害者。在本书中，读者被邀请和鼓励——自己来进行相关策略的样本外数据的测试。

　　与探索交易的诀窍不同，我所希望传达的是更深层次的理论且更基本的原则，即为什么某些特定的策略有效，而其他策略无效。一旦我们掌握了某些特定市场的无效性（如均值回归性、期货存在连续循环的收益率，以及杠杆式的交易所可交易基金需要于每天收盘之时进行调整的特质，等等），那么实际上，我们就会很容易地想出一个策略来捕捉这些特性。首先理解无效性的概念，之后构建相应策略的模式就是我所强调的简易型的、线性的交易策略。那么，当我们充分利用市场无效性之时，为什么一个简单的模型能够创建各种各样的任意规则呢？

我想传达的另一个概念是：交易的算法是相当科学的。按照科学的模式，我们先形成一个假设，并以一个定量模型进行表述，然后以新的、非可视的数据测试相关的模型是否具有预期功能。如果模型与特定数据的测试程序无效，我们要找出失败的原因，也许我们可以在模型之中添加某些变量，并再次进行相应的尝试，这个过程与相应的交易算法的推演形式非常相似。现在，让我们回忆一下：黄金期货（GLD）相较于黄金指数（GDX）配对交易的 ETF 基金于 2008 年失去了其所应有的协整属性（见第 4 章），而相关的假设是此种情况与高腾的原油价格存在某种联系的，所以，当把石油价格作为一个变量输入到相关程序之后，前述的协整模型就又开始生效了。这种科学的过程在相应交易策略于回测之时表现不佳的情境之下，是最有帮助的，而我们想知道为什么。同时，我们不要盲目地向模型当中填充更多的规则、更多的指标，以及希望其奇迹般地改善模型的性能，我们应该寻找根本性的要因，然后，定量测试这个根本要因是否有效。

尽管我们努力使相应的交易过程科学化且以规则为基础，但是，主观的判断能力仍然是很重要的。例如，当有一件迫在眉睫的大事时，你相信你的模型会像回测系统所显示的那样具有预测功能吗？或者，你能够先发制人地降低相关的杠杆比例，甚至暂时关闭相应的模型系统吗？另一个问题是：如果我们将凯利公式应用于一个投资组合的交易策略，那么，我们是否应该根据整个投资组合的资产，按照相应交易策略的要求分配仓内的资金，让一些性能良好的交易模式所生成的收益在短期内能够补偿其他表现不佳的交易策略所造成的损失吗？还有，我们是否应该将凯利公式应用于每种策略，以便快速减持最近那些表现不佳的交易策略呢？数学的理论告诉我们：前者解决方案是最优的，但是，其前提假设是策略相关的预期收益和波动率是不变的。那么，在最近期的一个重大损失发生的时间序列之内，我们真的能够确保前述这种预期是不变的吗？

（根据上述问题所做出的第一个判断是：根据我的经验，如果你的模型在回测过程中熬过了之前那段紧张的时期，那么我们就没有理由面对即将到来的危机降低相关的杠杆比例，在形势好的时候，我们以比较保守的形式确定相应的杠杆比例，这比在恶劣情境之下降低杠杆比例的做法要好得多。唐纳德·拉姆斯菲尔德曾说过："会伤害我们的是'未知的未知'，而不是'已知的未知'。"但不幸的是，在"未知的未知"发生之前，我们不能关闭相应的模型。而第二个判断是基于我的经验：将凯利公式独立应用到每一个交易策略，允许每个策略模式在表现不佳时迅速枯萎和死亡的做法比于所有的交易策略之中应用凯利公式进行资产配置的模式，会更加切合实际。）

正如上述这些例子所显示的那样：因为金融时间序列的统计特性并不是平稳的，所以，我们通常需要进行主观的判断，同时，我们要认清一个事实，即科学的方法只能处理平稳的统计数据（从某种意义上来说，我所使用的平稳性与第 2 章中的时间序列的平稳性是不同的，在这里，平稳性意味着与时间序列相对应的价格之概率分布形式是保持不变的）。在通常情况下，当我们发现实时的交易经验与回测效果背道而驰时，我们要清楚：此种背离并不是因为相应的回测系统存在任何的缺陷，而是因为市场结构发生了一个根本性的改变，即由于政府监管或宏观经济的变化，相应的策略属性也随之发生了转变。所以，即使相关的交易策略应该由算法和自动化的程序所构建，但是，基金经理人还是能够起到一个持续活跃市场的作用的——他们的具体作用是：基于其对市场的基本面的认知程度，使明智的高层人士能够判断相关的交易模型是否还在发挥效用。

然而，主观判断不可或缺的这一事实并不意味着发展量化规则是无用的，或者说，应用算法的交易员不如酌情交易员"聪明"。这里有一段经常被引用的丹尼尔·卡尼曼的格言："在每一个具有很大程度的不确定性和不可预测性的领域之内，专业人士的主观臆测相较于相应规则系统的算法而言，其总体表现是比较差劲的——从决定足球比赛的赢家到预测癌症患者的寿命都是如此。"我们可以预期：就前述规则而言，金融市场也不例外。

参考文献

Arnuk, Sal L., and Joseph C. Saluzzi. *Broken Markets: How High Frequency Trading and Predatory Practices on Wall Street Are Destroying Investor Confidence and Your Portfolio.* Upper Saddle River, NJ: FT Press, 2012.

Beckert, Walter. Course notes on Financial Econometrics, Birkbeck University of London, 2011.

Bernard, Victor L., and Jacob K. Thomas. "Post-Earnings-Announcement Drift: Delayed Price Response or Risk Premium?" *Journal of Accounting Research* 27 (1989): 1–36.

Berntson, M. "Steps in Significance/Hypothesis Testing Using the Normal Distribution." Course notes for Introduction to Sociology, Grinnell College, 2002.

Bollen, Johan, Huina Mao, and Xiao-Jun Zeng. "Twitter Mood Predicts the Stock Market," 2010.

Bryant, Martin. "Investment Fund Set to Use Twitter to Judge Emotion in the Market," *The Next Web*, December 16, 2010.

Buy the Hype, "The 'Twitter Hedge Fund' Has an Out-of-Sample Experience," *Buy the Hype* (blog), May 3, 2012.

Chan, Ernest. *Quantitative Trading: How to Build Your Own Algorithmic Trading Business.* Hoboken, NJ: John Wiley & Sons, 2009.

Cheng, Minder, and Ananth Madhavan. "The Dynamics of Leveraged and Inverse Exchange-Traded Funds." *Journal of Investment Management,* Winter 2009.

Clare, Andrew, and Roger Courtenay. "What Can We Learn about Monetary Policy Transparency from Financial Market Data?" Economic Research Centre of the Deutsche Bundesbank, 2001.

Coval, Joshua, and Erik Stafford. "Asset Fire Sales (and Purchases) in Equity Markets." *Journal of Financial Economics* 86 (2007): 479–512.

Daniel, Ken, and Tobias Moskowitz. "Momentum Crashes." Preprint, 2011.

Dever, Michael. *Jackass Investing*. Thornton, PA: Ignite LLC, 2011.

Dueker, Michael J., and Christopher J. Neely. "Can Markov Switching Models Predict Excess Foreign Exchange Returns?" Federal Reserve Bank of St. Louis Working Paper 2001-021F, 2001.

Dupoyet, Brice, Robert T. Daigler, and Zhiyao Chen. "A Simplified Pricing Model for Volatility Futures." *Journal of Futures Markets* 31, no. 4 (2011): 307–339.

Durbin, Michael. *All About High-Frequency Trading*. New York: McGraw-Hill, 2010.

Durden, Tyler. "Why the Market Is Slowly Dying," *Zero Hedge* (blog), April 14, 2012.

Engle, R. F., and C. W. Granger. "Co-integration and Error-Correction: Representation, Estimation, and Testing." *Econometrica* 55 (1987): 251–276.

Erb, Claude B., and Campbell R. Harvey. "The Strategic and Tactical Value of Commodity Futures." *Financial Analysts Journal* 62, no. 20 (2006): 69.

Falkenberry, Thomas N. "High Frequency Data Filtering," 2002.

Fama, Eugene F., and Marshall E. Blume. "Filter Rules and Stock-Market Trading." *Journal of Business* 39, no. 1 (1966): 226–231.

Friedman, Thomas. "A Good Question." *New York Times* Op-ed, February 25, 2012.

Gill, Jeff. "The Insignificance of Null Hypothesis Significance Testing." *Political Research Quarterly* 52, no. 3 (1999): 647–674.

Greenblatt, Joel. *The Little Book that Beats the Market*. Hoboken, NJ: John Wiley & Sons, 2006. Also see magicformulainvesting.com.

Hafez, Peter A. "Event Trading Using Market Response," July 22, 2011.

Hafez, Peter A., and Junqiang Xie. "Short-Term Stock Selection Using News Based Indicators," May 15, 2012.

Harris, Larry. *Trading and Exchanges.* New York: Oxford University Press, 2003.

Hellström, Jörgen, and Ola Simonsen. "Does the Open Limit Order Book Reveal Information About Short-run Stock Price Movements?" Umeå Economic Studies, 2006.

Hull, John C. *Options, Futures, and Other Derivatives,* 3rd ed. Upper Saddle River, NJ: Prentice-Hall, 1997.

Johnson, Barry. *Algorithmic Trading & DMA.* London: 4Myeloma Press, 2010.

Kahneman, Daniel. *Thinking, Fast and Slow.* New York: Farrar, Straus and Giroux. 2011.

Khandani, Amir, and Andrew Lo. "What Happened to the Quants in August 2007?" Preprint, 2007.

Kleeman, Lindsay. "Understanding and Applying Kalman Filtering." Course notes on Robotic Motion Planning, Carnegie Mellon University, 2007.

Kozola, Stuart. "Automated Trading with MATLAB-2012." Webinar, 2012.

Kuznetsov, Jev. "ActiveX vs Java API What's the Difference?" *Quantum blog,* November 25, 2010.

LeSage, James P. "Spatial Econometrics," 1998.

Lo, Andrew W., and A. Craig MacKinlay. *A Non-Random Walk Down Wall Street.* Princeton, NJ: Princeton University Press, 2001.

Lo, Andrew W., Harry Mamaysky, and Jiang Wang. "Foundations of Technical Analysis: Computational Algorithms, Statistical Inference, and Empirical Implementation." *Journal of Finance* 55, no. 4 (2000): 1705–1770.

Lyons, Richard. *The Microstructure Approach to Exchange Rates.* Cambridge, MA: MIT Press, 2001.

Malkiel, Burton. *A Random Walk Down Wall Street: The Time-Tested Strategy for Successful Investing.* New York: W. W. Norton, 2008.

Maslov, Sergei, and Mark Mills. "Price Fluctuations from the Order Book Perspective: Empirical Facts and a Simple Model." *Physica A* 299, no. 1–2 (2001): 234–246.

Montana, Giovanni, Kostas Triantafyllopoulos, and Theodoros Tsagaris. "Flexible Least Squares for Temporal Data Mining and Statistical Arbitrage." *Expert Systems with Applications* 36 (2009): 2819–2830.

Moskowitz, Tobias, Hua Ooi Yao, and Lasse Heje Pedersen. "Time Series Momentum." *Journal of Financial Economics* 104, no. 2 (2012): 228–250.

Osler, Carol. "Support for Resistance: Technical Analysis and Intraday Exchange Rates." *Federal Reserve Bank of New York Economic Policy Review* 6 (July 2000): 53–65.

Osler, Carol. "Currency Orders and Exchange-Rate Dynamics: An Explanation for the Predictive Success of Technical Analysis," 2001. Forthcoming, *Journal of Finance*.

Patterson, Scott. *The Quants*. New York: Crown Business, 2010.

Philips, Matthew. "Unlocking the Crude Oil Bottleneck at Cushing." *Bloomberg Business Week,* May 16, 2012.

Rajamani, Murali. "Data-Based Techniques to Improve State Estimation in Model Predictive Control." PhD thesis, University of Wisconsin-Madison, 2007.

Rajamani, Murali R., and James B. Rawlings. "Estimation of the Disturbance Structure from Data Using Semidefinite Programming and Optimal Weighting. *Automatica* 45 (2009): 142–148.

Reverre, Stephane. *The Complete Arbitrage Deskbook*. New York: McGraw-Hill, 2001.

Rodier, Arthur, Edgar Haryanto, Pauline M. Shum, and Walid Hejazi. "Intraday Share Price Volatility and Leveraged ETF Rebalancing." October 2012.

Schoenberg, Ron, and Alan Corwin. "Does Averaging-in Work?" 2010. Accessed January 10, 2010.

Serge, Andrew. "Where Have All the Stat Arb Profits Gone?" Columbia University Financial Engineering Practitioners Seminars, January 2008.

Shankar, S. Gowri, and James M. Miller. "Market Reaction to Changes in the S&P SmallCap 600 Index." *Financial Review* 41, no. 3 (2006): 339–360.

Simon, David P., and Jim Campasano. "The VIX Futures Basis: Evidence and Trading Strategies," 2012.

Sinclair, Euan. *Option Trading: Pricing and Volatility Strategies and Techniques*. Hoboken, NJ: John Wiley & Sons, 2010.

Snider, Connan Andrew, and Thomas Youle. "Does the LIBOR Reflect Banks' Borrowing Costs?" 2010.

Sorensen, Bent E. Course notes on Economics. University of Houston, 2005.

"The Wacky World of Gold." *The Economist,* June 2011.

Thorp, Edward. "The Kelly Criterion in Blackjack, Sports Betting, and the Stock Market," 1997.

作者简介

欧内斯特·陈是资本管理有限责任公司中的一位具有QTS资质（Qualification Test Specification，质量检定规范）的管业人员，负责商品池的操作。自1997年以来，欧内斯特曾就职于各种投资银行［如摩根士丹利（Morgan Stanley）公司、瑞士信贷（Credit Suisse）公司、枫木（Maple）公司］和对冲基金公司［如枫树岭公司（Mapleridge）基金、千禧伙伴（Millennium Partners）基金、美恩（MANE）基金］。他从康奈尔大学获得物理学博士学位，在加入金融行业之前，他是IBM人类语言技术组的成员。同时，他是指数型（EXP）资本管理有限责任公司的创始人和主要负责人，该投资公司的总部位于芝加哥。另外，欧内斯特还撰写了与量化交易有关的图书，比如《量化交易》(*Quantiatative Trading: How to Build Your Own Algorithmic Trading Business*)(John & Wiley, 2009)。